KB125412

너와 **나** 그리고 **우리**

시간과 인간의
운명정체성

도서
출판 **행복에너지**

시간과 인간의 운명정체성

초판 1쇄 발행 2016년 6월 6일

지 은 이   박요한
발 행 인   권선복
편   집   김정웅
교   정   정희철
디 자 인   이세영
마 케 팅   정희철
전 자 책   신미경
발 행 처   도서출판 행복에너지
출판등록   제315-2011-000035호
주   소   (157-010) 서울특별시 강서구 화곡로 232
전   화   0505-613-6133
팩   스   0303-0799-1560
홈페이지   www.happybook.or.kr
이 메 일   ksbdata@daum.net

값 15,000원

ISBN 979-11-5602-382-1   03110

Copyright ⓒ 박요한, 2016

도서출판 행복에너지는 독자 여러분의 아이디어와 원고 투고를 기다립니다. 책으로 만들기를 원하는
콘텐츠가 있으신 분은 이메일이나 홈페이지를 통해 간단한 기획서와 기획의도, 연락처 등을 보내주십시오.
행복에너지의 문은 언제나 활짝 열려 있습니다.

너와 **나** 그리고 **우리**

시간과 인간의 운명정체성

박요한 지음

도서
출판 행복에너지

신의 눈길과
우주정신 안에서

이 책을

모질고 가혹한 시간을 이겨내고 걸어가는

이 땅의 모든 우리들에게 바칩니다.

조강반려 김동신,

행복에너지 권선복사장님, 이세영 디자이너님,

고맙습니다.

책을 내면서

오늘 이 땅을 울며 걷는 젊은이들에게
모질고 가혹한 시간들입니다.
이 책의 시간은 대화와 공감, 치유와 생성에 있습니다.

초등학교 때부터 학원과 과외로 팽이 돌 듯 돌아다니고 중학교부터
는 성적순이라는 심판관 앞에 줄 세워지고 고등학교 3년간 온통 대학입
시라는 절대권력에 압제되고 대학에서는 취직난이라는 검은 장막의 공
포가 드리우고 30대에는 주름진 경제와 미래시간의 불안정성에 시달리
며 40대에는 지나온 여정을 대물림하는 아픔을 맛봐야 합니다.

반면, 한민족 한반도 분단의 남북은 전쟁의 시간이 대립하고 보수와
진보, 지역, 계층, 세대가 극단적으로 분열되고 고결한 영혼과 정신의
가치에 몸을 던지는 자는 사라지고 약육강식의 사악한 완력을 쥔 소수
금수저들의 만행에 최소한 저항력마저 잃은 채 짓밟힌 흙수저들의 좌
절, 여야로 양분되어 특권·진영화된 더럽고 추악한 정치판, 물질만능과

일등제일주의가 본질인 양 호도된 교육현장, 가면 쓴 합법적 폭력이 야만과 결합한 채 왜곡된 역사, 물신과 권력에 기생하는 괴물로 변이된 언론·법·종교, 지도자가 나서 죽은 생명을 살리겠노라고 기만하는 현실, 비인간·몰인격 세계의 한복판을 살아가고 있습니다.

어찌할 바 모르고, 오늘 울며 이 땅을 걷는 청년들에게 영혼과 정신 그리고 오늘과 내일의 건강성을 일깨울 수 있는, 아프지만 살아 있는 영감과 통찰의 메시지를 전하고 싶습니다.

첫째, 보이지 않는 시간을 세계와 운명의 중심축으로 움켜쥐고
둘째, 너와 나, 우리의 관계를 물렁물렁하도록 유연하게 맺으며
셋째, 항상 깨어 운명정체성을 새롭게 정립해 나가야 합니다.

이 세 가지 메시지를 삶의 중심축으로 심어 뿌리내리면 눈물과 절망감, 분노와 치욕은 새벽안개처럼 물러갑니다.

시간이란, 과거·현재·미래라는 말은 모두 가공의 허상이고, 오직 현재진행형(going)의 연결만이 있을 뿐입니다. 어제는 축적된 오늘이고, 오늘은 오래된 미래의 구현이며, 내일이란 오늘이 지향하여 가는 화살표입니다. 나와 너 그리고 우리에게 닥친 진정한 고뇌는, 너와 나 그리고 우리와 시간의 상관관계에서 비롯됩니다. 우리는 새로운 시간을 생성하고 비축하여야 살아갑니다.

인간이란, 똥물 한 바가지도 지혜롭게 삭혀 생명을 구하는 약으로 쓸 수 있지만, 보석을 눈에 담고도 허상과 미망 속을 헤매는 존재입니다.

우주적인 생명으로 탄생되었으나 하루살이보다 허망하고 신의 눈동자와 연합하고서도 야수로 전락하는 존재입니다.

관계란, 나는 너, 이, 그, 저, 우리에게 어떤 존재인지 수시로 점검할 때 포착되는 연결선입니다. 모든 인간의 눈에는 그 끈을 생성하는 보석이 박혀 있답니다. 그 동공에서 빛과 공감, 위로와 평안을 생성시키느냐, 어둠과 눈물, 증오와 저주를 증식시키느냐는 모두 우리 자신 내면의 대화와 상관성에서 비롯됩니다. 관계는 사람과 신, 사람과 사람, 사람과 사물의 만남입니다. 관계를 맺는 내용에 따라 운명과 삶의 노선이 결정됩니다.

운명이란, 나와 너 그리고 우리라는 관계생명의 탄생에서 죽음까지 시간과정입니다. 생명의 알파에서 오메가까지 현재진행형의 삶으로 전개된 지속과정입니다. 삶의 축적성과 지속성, 목적성의 연결고리의 총합이 운명입니다. 운명노선은 어디로부터 와서, 어떻게 살며, 어디로 가는가를 알려줍니다.

정체성이란, 나와 너 그리고 우리는 누구인가에 대한 자문·자답·자증입니다. 운명의 얼굴이 정체성이고, 삶은 정체성이 구동되는 양상입니다. 우주적 정신 속에서 생명 본연의 모습을 자각하고 우주적인 인격을 구현해가는 과정으로서 운명이 주어라면, 동사인 삶은 우주적 생명이 꿈꾸고 소망하는 드라마가 됩니다.

인간, 시간, 관계, 운명, 정체성
열한 글자(11자)에 우주적 진리성이 집약되어 있습니다. 진리(logos)의 세계는 자생성, 완결성, 자증성을 스스로 구동하는 자기충분성의 얼굴로 나타납니다. 열한 글자(11자)를 정립하면 자신도 모르는 사이에 삶의 중심이 잡히고, 각자 목표와 비전의 운명노선이 나타납니다.

청년들이여,
눈물을 그치라는 말은 하지 않겠습니다.
어차피 이 눈물의 순간은 영원히 씻거나 잊을 수 없답니다.
하여, 지금 울더라도 깨어 지평선을 바라보며 걸어가야 합니다.
시간과 인간 그리고 운명정체성이 바로 세워지면 오늘 이 길 위에 살아 숨 쉬고 있다는 것만으로도 벅찰 만큼 고마움과 도전의지, 환희와 기쁨의 열풍과 열정의 감동이 우주와 온몸에 가득 몰려오게 됩니다.

신 새벽 두 갈래로 난 길목에서 어느 쪽을 선택하든 꿈과 소망, 용기와 지혜를 생성하는 가슴만은 굳건히 세우고 초원의 사자가 되어 주어진 운명의 지평을 응시하고 개척해 나가야 합니다. 모든 삶은 시간과 인간 그리고 운명정체성에 있답니다. 스스로 운명의 지축을 뒤 바꾸는 혁명의 발걸음을 오늘, 지금 이 순간, 바로 이 자리에서부터 시작하십시오.

신(神)의 눈길과 우주정신(宇宙精神)의 가호가 눈물을 거둔 그대에게 함께 있기를 기원합니다.

2016. 5.

목차

제2부
신(神)·인간·화폐·핵무력·국가

1 신과 인간의 만남: 우주생명 전환적 사건

1. 만남: 운명정체성과 그 벡터의 변경

2. 베드로: 어부 시몬에서 교회의 기원 베드로

3. 바울: 박해자 군인 사울에서 위대한 사도 바울로

4. 요한: 인간 예수의 마지막 대리인

2 나, 인간: 인간의 창조적 진화, 역사의 신

1. 인간의 발걸음은 반드시 그 흔적을 남긴다

2. 세종대왕: 한글창제 문명개안의 성군

3. 이순신: 역사와 나라를 구한 전쟁의 화신

4. 안중근: 민족의 정기를 수호한 장군

5. 박정희: 국민을 배고픔에서 해방시킨 독재 영도자

6. 김대중: 국난 극복, 아시아 민주주의 상징

머나먼 여정

1. 다산 선생과 180년만의 만남과 대화: 시간의 역사
(만남: 2016. 3. 10. 전남 강진 다산초당)
우주 탄생의 기원이 밝혀졌다고?

요한박사   요한 인사올립니다. 선생께서 1836년에 서거하셨으니 꼭 180년 만에 뵈옵니다.

다산선생   당신은 누구이신가?

요한   상관관계를 물으신다면, 다산초당에 영정만 남아 있다고 해서 선생께서 죽은 것은 아닙니다. 우리 모든 한국의 지성들은 다산선생의 후예들이고, 그 후예들의 운명과 삶에 살아 맥동하고 계십니다. 선생은 조선뿐만 아니라 동양을 대표하는 개혁정치인, 교육가, 과학철학자, 종교철학자, 미래학자이셨습니다.

다산   어떻게 오셨는고?

요한   박석무 원장과 고규태 시인의 안내를 받아 180년을 거슬러 왔습니다. 남도의 3월 짙은 황토 언덕을 딛고, 동백꽃 숲길을 지나, 매화꽃 향기에 흠뻑 취해 왔습니다.

다산 동백이로세. 매화로다. 그래, 180년이 지난 세상에는 무엇이 변화하였는가?

요한 놀라운 사건이 많습니다만, 특히 '우리는 언제 어디로부터 왔는가'라는 질문에 대한 최소한의 해답이 제시되었습니다.

다산 어떻게 해답이 제시되었다는 말인고?

요한 선생의 안경이 눈의 시력을 도왔듯이, 망원경이 발명되어 우주를 관측할 수 있게 되었습니다. 허블 망원경이 대표적인데요. 실사구시와 격물치지에서 최소한 실사와 격물의 세계는 열었다는 의미에서 과학혁명의 산물이라고 할 수 있습니다.

다산 좀 더 자세히 말씀해 보시게나.

요한 미국항공우주국(NASA)과 유럽우주국(ESA)이 함께 무게 12.2t, 주거울 지름 2.4m, 경통 길이 약 13m의 반사 우주망원경을 개발했습니다. 1990년 4월 우주왕복선 디스커버리호에 실려 지구 상공 610km 궤도에 진입하여 우주관측활동을 시작했는데요, 지구에 설치된 고성능 망원경들과 비교해 해상도는 10∼30배, 감도는 50∼100배로, 50배 이상 미세한 부분까지 관찰할 수 있습니다.
137억 년 전 빅뱅(big bang: 대폭발) 후 대략 5억 년이 지나면 우주공간은 빛이 통과할 수 있을 정도로 투명해집니다. 허블은 그때부터 우주의 중심에서 시작하여 초속 18만 6000마일의 속도로 이제 막 지구에 도착하기 시작한 빛까지 포착할 수 있습니다.

허블을 통해 관측할 수 있는 별의 세계를 우리우주라고 합니다. 허블이 관측한 우리우주는 대략 137억 년 전 대폭발로 탄생하여 지금까지 팽창하고 있습니다. 따라서 우주(宇宙)란 팽창하고 있는 시간의 집과 공간의 집을 의미하는 현재진행형의 복수 동명사라는 사실이 입증되었습니다.

다산 대폭발이 있기 위해서는 또 다른 시공간이 있어야 하는 것 아닌가?

요한 예, 그렇습니다. 137억 년 전 대폭발(bigbang)이 있었다면, 이론상으로는 그 빅뱅이 있기 위한 또 다른 차원의 우주가 미리 존재해야 해야겠지요. 1980년대 벨기에 브뤼셀 자유대학 일리야 프리고진 교수는 그 상상의 시공간을 메타우주라고 가정했답니다. 메타우주는 우리우주가 있기 위해 이론적으로 존재하는 상상의 우주인 셈이지요. 그러면 우주는 메타우주 속 우리우주, 우리우주 속 태양계와 지구로 구성된다고 할 수 있겠습니다.

다산 그래, 메타우주 속에서 137억 년 전 빅뱅으로 우주가 탄생을 했단 말이지?

요한 예, 그렇습니다. 지금부터 우리는 최소 억 년 단위로 말씀을 나누게 됩니다. 137억 년 전 메타우주의 특이점, 즉 대폭발 사건으로 우리우주가 탄생하고, 그로부터 92억 년이 흐른 45억 년 경에 우리가 살고 있는 지구의 모형이 형성되었습니다. 그 터전 위에서 10억 년이 또 흐른 35억 년 전 지구에는 '드디어' 최초의 생명체인 박테리아 세포가 탄생합니다.

박테리아의 탄생으로부터 다시 13억 년이 흐른 22억 년 전 진핵세포가 탄생합니다. 그리고 5억 년이 지난 18억 년 전 산소로 호흡하는 생명체가 탄생합니다. 그로부터 3억 년이 흐른 15억 년 전 지구는 현재 상태의 지표면과 대기환경을 완성하게 됩니다.

그렇다면 선생님, 우리 지구의 나이는 45억 년일까요 아니면 137억 년일까요? 137억 년이 정답에 가깝지요. 92억 년 동안 그랬듯이 지금도 만들어지고 있으니까요. 정리하여 볼까요.

① 대폭발 이후 지구모형이 형성되는 데 92억 년 걸린다(지구 형성 45억 년).
② 10억 년 후 최초의 생명체인 박테리아가 탄생했다(박테리아 탄생 35억 년).
③ 13억 년 뒤 진핵세포가 탄생했고(진핵세포 탄생 22억 년),
④ 4억 년 뒤 산소호흡 생명체가 생성(산소호흡 생명체탄생 18억 년),
⑤ 3억 년 뒤 현재 상태의 지구(자연)의 원형이 완성되었다(현재 지구탄생 15억 년).

대폭발 이후 122억 년간이라는 머나먼 여정 끝(15억 년 전)에 지금과 같은 지구환경이 마련되었다고 할 수 있겠네요. 지구는 살아 진화하는 현재진행형이 맞지요? 이를 가이아이론이라고도 한답니다.

2. 다산선생과 180년 만의 대화: 시간이 우주의 중심축
(만남: 2016. 3. 10. 전남 강진 다산초당)
팽창하는 우주에서 인간의 탄생과 지위는?

다산 팽창하는 우주 속에서 생성·변역하는 존재가 지구란 말이지? 그러면 인간의 탄생과 지위와 역할과 기능은 어떻게 정리되는가?

요한 예, 이제 지구를 중심으로 하여 우리 인간이라는 생명체의 탄생과 진화과정으로 발걸음을 옮겨 볼게요. 고고인류학의 발전에 따르면, 직립 보행하는 오스트랄로피테쿠스에게 인류의 먼 조상의 지위를 부여한다고 해도 지구상에서 인간의 출현은 고작 400만 년 전입니다.

더욱이 현생인류인 호모사피엔스·사피엔스의 출현은 고작해야 10만 년에서 4만 년 전의 사건과정입니다.[1] 지구모형 형성이 45억 년 전, 현재의 지구환경이 15억 년 전에 이뤄졌다면, 인간 탄생 10만 년을 들이대기엔 너무나도 짧지요. 선생님. 이렇게 되면 좀 당황스럽지요.

다산 세계를 바라볼 때 공간이 아니라 시간을 중심축으로 잡고, 조망과 압축을 병행해야 한다는 말이지?

요한 예. 시간을 우주의 중심축으로 잡고 조망하자면, 영원무궁하고 불가측한 메타우주 영겁의 시간성 속에서 우리우주 137억 년을 비교하면, 손바닥 길이만큼 짧고요. 하물며 빅뱅 137억

---

1) James H Breastead, Maps of Time, Ginn and Company, Boston U.S.A. 1935, p.16, p.126, p.138.; Richard E Leakey & Roger Lewin,Origins, E.P.Dutton, New York, 1977, pp.12-13, p.84.

년의 시간성 속에서 우리조상 현생인류 출현 10만 년을 비교
하면, 손톱만큼의 길이도 되지 않는다 이겁니다. 한걸음 더 나
아가 성경말씀처럼 우리 인간에게 주어진 수명을 130년으로
길게 잡는다고 해도, 어휴, 한 올 먼지와도 같네요. 우리 인간
은 이토록 왜소한 존재이군요.

그러나 시간을 중심축으로 잡고 압축하여 본다면, 137억 년 전
대폭발의 원인이 없다면 10만 년 전 현생인류의 탄생이라는 결
과가 가능한 일인가요? 우리우주와 지구가 137억 년이라는 시
간을 통괄적으로 엮이어 진화를 이룩한 과정을 역사로 환유한
다면, 그 압축된 모태 속에서 인류가 탄생했다는 얘기가 됩니다.
한마디로 우리 인간은 '137억 년+α(알파)'라는 창조적 진화 과정
의 소산물, 즉 우주진화의 열매입니다.

팽창하는 우주, 창조적 진화과정으로서 우주자연과 인류문명
은 시간을 중심축으로 바라볼 때만 통찰할 수 있는 세계입니다.
인간이 포함된, 우주자연의 역사는 137억 년의 시간이 엮어낸
생명 생성과정의 연환고리입니다. 우리 몸에는 137억 년의 시
간성이 비축되어 있다는 얘기지요. 그 실례의 한 가지가 유전
자입니다.

다산 프리고진이라는 학자가 우주와 시간개념 관계성의 암호를 풀
었단 말이지?

요한 예, 세계학계에서는 아직까지 완전한 이론으로 인정되고 있지
는 않습니다. 그러나 노벨물리학상 수상자인 프리고진은 시

간을 중심축으로 잡고 세계를 바라본다는 사실만은 분명합니다. 그 시간은 비평형 무산구조 속의 비가역성이자 시간의 화살표인데, 열역학 제2법칙(엔트로피 법칙)과 꼭 맞아떨어지더란 말이지요. 엔트로피법칙이란 우주의 물질은 가용한 것에서 불가용한 것으로, 질서에서 무질서로 불가역적인 시간의 화살표를 갖는다는 게 그 골자입니다.

엔트로피법칙은 불가역적인 시간의 화살표 그 자체입니다. 이 불가역성이 생성한 생명의 역사가 우주생성의 역사이고, 전 지구의 모든 생물체의 구조와 조직과 양상이 다른 이유입니다. 사람마저도 설령 일란성 쌍생아라고 해도 얼굴생김과 유전자가 똑 사람은 단 한 명도 없는 이유인데요. 결국 1980년대에 와서야 프리고진은 우주자연이라는 무궁무진한 다양성과 통괄적인 그물망의 세계를 입증하게 됩니다. 선생님의 성기호설과 인간본연지성론을 입증했다고 할 수 있지요?

다산 인간에 대한 설명이 조금 아쉽구나. 설명을 좀 더 덧붙인다면.

요한 예.

현대 과학혁명은 그 나름 우리 인간의 기원을 밝혔습니다. 우주자연의 생명체 가운데 인간의 출현이 가장 늦고, 가장 힘이 약한 존재입니다. 인류의 탄생 이전에 온갖 비인간 생명체와 물질은 우주자연 속에서 평등한 시민의 일원으로서 존엄성과 생명세계를 당당하게 누려왔습니다. 인간보다 앞서고 힘센 존재라는 것이지요.

설령 찰스 다윈을 원용한다고 해도, 우리 인간의 생물학적 조상은 35억 년 전 박테리아에서 비롯되어 창조적 진화를 거듭하고, 선택과 변이에 의해 진화된 영장류로서 조상은 10만 년 전에 불과합니다. 물론 인류의 조상이 과연 원숭이 종족이었는지에 대해서는 아직 규명되지 않았습니다만.

다시 말해, 박테리아로부터 인간에 이르기까지 최소한 35억 년 동안 무수한 생명창진 행위자들이 존재하여 왔습니다. 인문세계의 역사는 비인간과 인간, 자연 환경과 사물과 인간 등이 함께 융합하고 창진하는 과정입니다. 알고 보면 만유가 모두 제각각 다른 얼굴을 하고 있습니다. 그 과정의 숨은 주인공은 다름 아닌 시간의 불가역성입니다. 시간은 우주역사의 숨은 행위자(hidden actor)입니다.

다산 불교의 무진연기, 주역의 변역, 성경의 창세기, 승랑, 원효, 의상의 중심이 모두 시간이었다는 말이지?

요한 예. 17세기 뉴턴법칙 출현 이후 인류는 우주의 역사를 모두 인간중심, 유럽중심으로 뒤바꾸려 했습니다. 신은 배제되고, 자연은 정복의 대상이며, 눈에 보이는 공간만이 보편자연 절대법칙의 기준이 되었습니다. 물론 시간도 일직선의 공간질서로 환원시켰습니다. 나아가 시간도 우리 시야로 관측가능한 해와 달, 별의 움직임으로 척도가 된 길이로 강제화했지요.

사실, 지금 우리의 손목에 있는 시간은 17세기 이후 지구적 차원에서 강제화·표준화한 시간 단위에 불과합니다. 우리 인류만의 일종의 강제화된 약속이라 할 수 있습니다. 눈에 보이지 않는 시간을 눈에 보이는 공간으로 계량화해 놓은 것이 우리

손목의 시계의 개념입니다. 과거·현재·미래로 구분된 시간, 길고 짧은 시간, 덧없이 흘러가거나, 정지된 시간, 돌아갈 수 있는 시간개념 등은 모두 공간적 비유에 해당합니다.

다산 선생님께서 중국을 통해 서양과학 문명을 받아들이던 때는 공간을 절대적 척도로 삼은 뉴턴법칙이 진리로 여겨졌습니다. 선생께서 서거하시고 나서 불과 80여 년이 지난 1920년대 상대성이론과 양자역학을 필두로 한 현대 과학혁명의 세계가 열립니다. 세계관은 경향성·충동성, 다층적 구조와 복잡성으로 요동치는 가능성과 확률성의 진화하는 세계로 전회됩니다. 시간이 주도하는 창조적 진화의 성격은 불가역적입니다. 돌이킬 수 없다는 것이지요. 우주 변혁의 중심축은 시간이었던 것입니다.

1990년대 초반 미국 대통령 후보였던 클린턴의 말을 비유하자면, "바보야, 문제는 시간이야."입니다.

3. 다산선생과 180년만의 만남과 대화: 현대 과학혁명과 시간 (만남: 2016. 3. 10. 전남 강진 다산초당)
프리고진 교수, 다산 세계관을 설명하다

다산 현대과학 혁명은 다산의 철학과 세계관을 어떻게 설명하고 있는가?

요한 네, 선생님. 현대 과학혁명이 내놓은 세계관과 중심개념은 다산사상과 정확히 일치합니다. 프리고진의 세계관은 비평형 무산구조 속에서 자생적으로 조직화되는 생명 연결망 체계를 의미합니다. 인간이라는 존재와는 아무런 상관없이, 우주자연의 생명체계는 '자기 충분성 속에서 스스로 생성·조직화되는 자증적인 존재'라는 것.

시간을 중심축으로 할 때, 우주와 자연(인간) 그 전체의 시간 137억 년 +α의 역사를 통괄적 시간, 역사라고 합니다. 부분적·개별적으로는 모든 생명체는 시작과 끝이 있는 한시적인 시간, 현전적 존재입니다. 우리가 살고 있는 우주자연 속에서 탄생과 죽음을 피해가는 존재는 없습니다.

사실 역사는 통괄적 시간성 속에 한시적 시간성이 융합·공진하는 사건과정인데요, 자기충분성의 역량과 구조를 갖춘 우주자연의 생명체계 속에서 온갖 개별적인 생명체와 사물의 다양성과 복잡성이 한시적으로 결합하여, 생명연장의 연환고리를 만들어갑니다.

이 시간의 연환고리의 엮임이 바로 자생적 조직화 과정인데요, 영원무궁한 통시성 속에서 온갖 한시성의 생명체들이 함께 결집되어 상호작용과 공명, 교직과 융합을 통해 관계생명을 창진하는 되먹임구조(feedback loop), 그 전방위적 양상은 요동과 분기, 전이와 확산으로 나타납니다.

바로 이 되먹임구조의 메커니즘이 다산의 상제론, 인간본연지성론, 성기호설 등 핵심 출발점과 맞물립니다. 다산사상이 성리학과 그 차원과 수준이 달라지는 분기점이 여기에 있습니다. 알고 보면 퇴계 이황의 이기이원론 등은 공간성을 중심으로 하고 있습니다. 중국 성리학의 전통선상에 있다는 얘기지요.

반면, 다산의 성기호설은 시간을 중심축으로 하여 실사구시요 격물치지를 넘어, 상제의 세계로 비월하여 버립니다. 바로 의상의 화엄일승법계도나 승랑의 이체합명설, 원효의 이문일심과 무진연기 차원으로 전화됩니다.

우주자연의 역사를 인간 중심의 인류 문명사만으로 축소시켜 버리면, 인간만을 유일한 주체적 행위자 삼게 됩니다. 즉 인간이 주인이 되어 우주자연의 구성원, 즉 다른 행위자와 그 지위와 역량과 기능을 배제하게 되는 오류를 범하고 맙니다.

눈에 보이지 않는다고 하여 시간, 초월자(신) 등 메타우주적 행위자를 인간정신의 산물이라면서 소거시키면, 뉴턴과 데카르트의 세계관과 똑같은 눈에 보이는 인간 세계만이 전부가 됩니다. 관측가능한 우리우주만 바라보고 메타우주의 가능성과 경향성을 배제하여 버린다면, 우리 인간은 우주 속의 메뚜기, 고작해야 원숭이를 조상으로 하는 선택과 변이로서의 물리적 인간이라는 존재로 단순정위 되고 맙니다. 중국철학에서 중(中)의 한계이기도 합니다만.

인간은 눈에 보이지 않는 시간의 행위역량을 붙잡고, 무궁무진한 경향성과 가능성으로서의 메타우주를 인정하게 될 때 기독교적 신적 차원의 다차원의 세계관과 결합할 수 있습니다.

다산선생의 상제론은 다차원의 홀론적 세계관이라는 점에서 부합됩니다. 우리는 우주와 시간과 사건이라는 통괄적인 역사의 개념을 3차원적 인간 범위로 제한·구속시켰음을 인정하고, 다차원적 우주자연적 차원으로 해방·확장되어야 합니다. 우주자연의 통괄적·일원적·창조적 진화의 연결망 과정으로서 자기 충분성의 세계와 역사 그 자체를 인정할 때, 인간의 인지, 통찰과 영감의 지평은 함께 확장됩니다.

우리 인간의 지평은 우주 역사적인 존재, 우주 생성질서를 통섭한 우주적인 인격의 차원으로 확장됩니다. 현대과학은 우리 인간은 통괄적 시간과 한시적 시간의 공진성속에서 운명을 영위하는 존재입니다. 최소한 우리 몸의 우주적 연령은 137억 년 +2016살인 것입니다.

프리고진은 통괄적 시간과 한시적 시간의 융합·공진하는 세계를 카오스모싱(chaosmosing, 혼돈 속의 질서)이라고 명명했습니다. 프리고진의 카오스모싱은 놀랍게도 다산선생의 상제론, 인간본연지성론, 성기호설을 공진하는 연결망의 통괄적 결집체로서 자증하고 있습니다.

상제론은 카오스모싱 그 자체. 즉 자기충분성 속에서 자생적 조직화의 되먹임구조를 전개해가는 통섭의 로고스(진리성의 세계)의 자증과정입니다. 신적 차원이랄 수 있는 홀론적(holon) 다차원의 메타우주와 3차원의 우리우주, 나아가 인간과 비인간의 결합·공진과정입니다.
홀론적 세계의 본질은 확정성과 확실성에 있는 것이 아니라 경향성과 가능성입니다. 경향성과 가능성만이 생명체의 다양성,

다중성, 통전성, 복잡성, 혼합성, 비가역성을 모두 껴안은, 자기충분성의 세계가 됩니다. 생명 창진의 비가역적 과정은 바로 모든 생명체의 양상(모습)을 제각각 다르게 합니다. 바로 다산의 성기호설입니다. 자주성을 지닌 인간의 본연지성은 인간만이 향유하는 격물치지와 실사구시의 창진성과 탁월한 지위와 역량을 말합니다.

상제론은 다차원의 메타우주와 3차원의 우리우주 그리고 인간과 비인간이 결합하여 창진하여 가는 경향성과 가능성, 상호작용과 공명, 교직과 융합, 요동과 전이의 되먹임구조(feedback loop)와 양상이 통섭되는 원리, 즉 '혼돈 속의 질서'로서 자생적 조직화의 원리입니다.

상제의 세계는 자기충분성 속에서 자생적으로 조직화되는 자증적인 존재의 세계입니다. 우주적인 인격 또한 자기충분성 속에서 자증되는 존재입니다. "해탈한 인간의 뇌에서는 새로운 우주가 생성된다."고 말한 박유빈이라는 영재중학생의 말 한마디는 고정된 우리의식을 때리고 남음이 있습니다.

결국 성기호설의 확장태가 인간본연지성이고, 인간성 지평의 확장태가 상제론이며, 이 세 차원이 3위일체로 융합교직되어 통괄 작동됩니다. 실사구시와 격물치지의 역량을 보유한 인간은 우주적 인격으로 격상됩니다.

성기호설은 인간과 비인간의 물질적 특성인 경향성과 가능성의 다양성과 복잡성을 총칭하고 있고, 인간의 자주성은 인간만이 가진 실사구시와 격물치지의 차원의 세계, 상제론은 메타우주와 우리우주 그리고 자연만물에 이르는 유기적인 생장소멸의 관계성의 세계입니다. 프리고진이 규명한 '혼돈 속의 질서'의 세계를 총칭한다고 할 수 있습니다. 한마디로 다산의 상제론은 카오스모싱을 깨달은 인간의 우주적 지성의 경지에 해당합니다.

다산 음, 180년 뒤 세계는 이렇게 변했더란 말이지.

4. 다산선생과 180년 만의 만남과 대화
chaosmosing(카오스모싱)과 cosmochaosing(코스모카오싱)
엄마, 나는 왜, 어떻게 태어난 것이야?

다산 그렇다면 현대과학은 생명 탄생의 기원을 규명했는가.

요한 예, 선생님. 다산선생께서는 우주의 경향성과 가능성을 말씀하셨습니다. 경향성과 가능성은 선생께서 정리하신 우주정신에 다름 아닙니다. 요한은 경향성과 가능성에 충동성을 포함시킵니다. 우주정신(경향성, 가능성, 충동성)은 생명의 기원이고, 모든 생명에게는 살려는 의지로 구현됩니다. 모든 물질은 제자리에 존속과 확장하려는 이중적인 경향성을 지니고 있습니다.[2]

문제는 시간이 핵심이라는 데 있습니다. 생명은 곧 시간의 물

---

2) 김충열, 김상일은 모두 우주의 특성으로 경향성과 충동성을 꼽는다. 프리고진은 충동성을 메타우주 특이점의 근원으로 설명한다.

리적 존속을 의미하고요. 호흡이 현재진행형으로 존속되고 있다는 것을 '살아 있다'고 하지요. 시간을 중심축으로 세계를 바라본다면, 모든 존재는 처음(알파, α)과 끝(오메가, Ω)을 지니기 마련입니다.

이 세상 모든 존재는 생명이 아닌 것이 단 한 가지도 없지요. 무기물에서 미생물, 동식물은 물론이요, 지구상의 모든 존재 즉 사물, 조직, 집단, 국가 등 어떤 조직과 기구도 모두 그 탄생과 죽음을 벗어나지 못하는 일종의 유기적 생명집단입니다. 이 세상에 죽지 않은 생명도, 망하지 않은 기업도, 나라도 없습니다.

결국 모든 생명체는 시작과 끝이 있게 마련입니다. 따라서 생명들은 대를 이어 시간을 연장합니다. 영원한 것은 통괄적인 시간성, 메타우주와 우리우주 137억 년 이후의 역사적 과정만이 있을 뿐입니다. 모든 부분적인 생명은 전체 속에 결합되고, 전체는 부분을 포용하여 조화롭게 공진하는데요, 이 4차원의 세계를 현대과학은 홀론의 세계라고 합니다.

우리 인간은 137억 년의 통괄적 시간성 속에 100여 년의 한시성을 공진하면서 생명 연장을 위해 대(代)를 이어가는 존재입니다. 통시성과 한시성, 카오스모싱과 코스모카오싱과 연결되어 있습니다.

환유성과 제유성이란 말이 있습니다. 전체를 한 올 부분으로 압축시키는 것을 환유, 부분을 전체로 확장하는 것을 제유라고 합니다. 우주와 인간관계, 통괄성과 한시적 시간성의 공진으로서 인간의 탄생과정을 환유하고 제유하여 볼까요. 엄마들은 아이들로부터 가끔 질문을 받고 당혹스러워합니다.

"엄마, 나는 어떻게, 왜 태어난 거야?"

다산 선생님, 요한은 엄마의 입장이 되어 이렇게 대답할까 합
니다.

"아가, 한 올 정자가 있단다. 아버지 몸의 모든 정보를 담고 있
는 일종의 씨앗이라고 할 수 있지. 현미경이 아니면 관측이 불
가능할 정도로 작아. 그래서 미생물이라고 부르기도 한다. 그
렇다고 정자는 애초부터 눈·코·귀·입·팔·다리 등 인간 형태를
갖춘 미생물적 축쇄판이 아니란다. 오직 눈도 없는 올챙이처럼
생긴 것이 머리와 꼬리만 지닌 형태이자, 그 내용은 나선형의
유전자(DNA)로서 간직되어 있을 뿐이지.

우리가 상상할 수 있는 한, 사람의 정자는 생물학적으로 가장
미세하고 연약하다. 한 올 정자는 어머니의 몸 안에 준비된 우
주생명 잉육을 위한 자궁이라는 성전 안에서 10개월 동안 사람
의 모습(pattern)으로 구현되는 시간을 비축하게 된다. 그 역사적
과정(historical dimension & streaming)을 창조적 진화라고 한단다.

엄마의 모태는 우주에서 가장 물렁물렁한 시공이란다. 모태라
는 혼돈의 세계 안에서, 한 올 미생물은 인간으로의 진화를 향
한 질서 있는 조직화의 과정, 즉 시간이 인도하는 로드맵을 충
실하게 이행하여 가는 것인데.

이 과정이 한 올 미생물인 정자에게는 혼돈 속의 질서, 즉 카오스모싱이라는 머나먼 여정(historical streaming)에 해당할 수 있지. 그러나 준비된 엄마의 입장에서 본다면 질서 속의 혼돈 과정, 즉 코스모카오싱 세계라고 볼 수 있겠구나.

엄마에게는 10개월이라는 한정된 시간이지만, 한 올 미생물에게는 시간의 개념이 있을 수 없겠지. 암흑 속에서 홀로 외롭게 걸어야 하는 그 세월은 길고 힘든 머나먼 여정이 아닐 수 없다. 사실 우리 인간의 고독(孤獨)이란 모태에서부터 비롯되고 있는 것이라 할 수 있지. 아직 눈도 생성되지 않은 한 올 미생물에게 모태는 혼돈, 외로움, 두려움, 그 자체일 수밖에 없단다.

시간의 흐름과 함께 유전자는 인간의 패턴으로 질서 있게 조직화된다. 이제 사람의 모습으로 구현된 아기는 어머니의 숨결과 맥동 그리고 들려오는 다정한 목소리, 배를 쓰다듬는 손길에 순간의 평안(질서와 안식)을 느낄 수 있고, 희망과 기쁨을 느끼게 되지.

하여, 날이 차갈수록 어머니의 얼굴 생김에 대한 호기심과 그리움이 쌓이고, 어머니의 얼굴을 볼 날에 대한 기다림을 열망하고 꿈꾸고 소망하게 되겠지. 외로움, 그리움, 기다림, 꿈과 소망이 모두 모태라는 성전에서부터 생성되는 것이지.

아가, 혼돈 속의 질서 있는 진화과정이라는 카오스모싱을 겪고, 어머니인 나는 질서 속의 혼돈이라는 코스모카오싱을 겪게 된다. 이토록 너의 탄생은 모태 안에서 창조적 진화의 되먹임 구조(상호작용과 공명, 융합과 교직)가 한 올 미생물을 인간태로 구현시킨, 우주적인 대사건이란다. 너의 탄생으로 말미암아 우주는 새롭게 탄생하게 되는 것이야.

이 머나먼 여정에서 한 올 정자에서 인간으로의 진화는 불가역적이고, 창조적 진화의 과정으로서 전체는 다시 부분으로 환원될 수도 없단다. 인간의 모습으로 구현되어 탄생한 갓난아기는 다시 정자로 되돌아갈 수 없으나, 그 몸속에 부모님으로부터 물려받은 유전자정보(DNA)를 오롯이 간직된다.
강조하자면, 어머니의 모태는 우주생명의 성전이고 너는 그 성전에서 잉육되어 태어난 우주적인 존재이다. 네가 얼마나 고귀하고 존엄한 존재인지 두말할 나위가 없다."

다산 선생님.
환유하면, 137억 년 우주자연과 생명체의 역사성을 통괄하는 시간관계의 물리적·조직적인 경향성·가능성·충동성의 구현(패턴과 구조) 과정이 한 올 정자에 오롯이 담겨 있습니다. 우리 인간은 137억 년 우주의 숨결이 축적되고 환유된 '우주적인 존재'라는 것입니다. 알고 본다면, 어떻게 137억 년 역사적 생명집결체로서 존귀하고 고결한 나(인간)의 몸의 가치란 혜량할 수 없습니다. 나아가 어머니라는 존재는 우주생명 생성의 위대한 근원이자 성전입니다.
제유하면, 인간은 우주적인 존재, 즉 인간은 우주역사의 집약체입니다. 이를 동양철학자 김충열 교수는 '우주 경영인격·인문세계의 창시자'라고 규정했습니다. 서양의 혹자는 우리 인간을 만인과 만인의 투쟁의 한복판에 던져진 존재라고 규정하기도 했습니다만, 개념의 차원이 전혀 다릅니다. 우리 인간은 우주적인 차원에서 생명존재로 생성되고, 탄생하여, 우주적인 가치를 실현하다가, 우주 속으로 돌아가는 우주적인 인격인 것입니다.

이 모든 과정은 우주적인 시간성. 통괄성과 한시성의 공진 속에서 이뤄집니다. 시간이 없는 공간은 그야말로 허무합니다. 공간만 바라보면 외눈박이가 되고 맙니다. 시간을 중심축으로 붙잡고 세상을 바라봐야 합니다.

다산 선생님, 저는 가장 어렵고도 중요한 세계관의 원리인 카오스모싱과 코스모카오싱, 통괄성과 한시성의 공진(coherent) 개념을 설명드렸습니다.

다산 매화로다. 잘 들었어요. 해가 떨어지기 전에 이만 하산하세요. 내려가는 길에 윤씨 문중 한옥집 마당에 흐드러지게 핀 목화밭을 꼭 들러 가세요. 목화는 꽃이랄 것도 없는 것이, 열매랄 수도 없습니다. 그 희디흰 솜 방울들이 우리 민족을 추위로부터 구해냈답니다.

요한 선생께선 동백과 매화를 좋아하시지만, 저는 목화를 가장 사랑합니다. 마치 제 몸과 일체화되었다는 동질감이 느껴집니다. 아마도 어릴 적 어머니의 포대기 속이 목화솜이었기 때문이 아닐까 합니다. 마음의 정리가 필요하거나 심신을 환기시키고자 할 때는 언제든지 찾아뵙겠습니다.

5. 함께(with), 현재진행형(going)
내 열 살아 정말 미안해: 외딴섬 소년의 첫 사랑 첫 이별

무슨 사연인지는 어른이 되고 나서야 알았지만, 전라남도 목포항에서 배를 타고 세 시간 걸리는 외딴 섬마을 바닷가에, 아홉 살 소년이 외갓집에 한동안 얹혀살았습니다.

소년은 공부와 달리기, 무엇이든지 1등을 하려고 애를 썼답니다. 소년은 늘 작은 포구에 나와 목포에서 들어오는 배를 기다리곤 했지요. 약속처럼, 서울에 계신 엄마, 아버지가 그 연락선을 타고 와서 일등 소년을 서울로 데리고 갈 것이란 꿈과 소망 때문이었습니다.

기다려도, 봄 여름 가을 겨울이 바뀌어도 엄마 아버지는 오지 않았답니다. 그리고 2학년이 되자, 그 소년과 함께 놀며, 기다려 주는 동무가 생겼습니다. 섬 아이답지 않게 원피스를 입은 얼굴이 하얀 아이, 교장선생님 딸이었습니다. 늘, 그 소녀는 새까만 섬 소년을 찾아와 주위를 맴돌며 함께 웃어주었습니다. 차츰 소년도 소녀와 그 친구들과 함께 외롭지 않고 즐거워하기 시작했답니다.

그러던 어느 날 이른 아침. 섬의 어른과 아이들이 모두 섬 부둣가에 몰려들었습니다. 연락선을 타고 떠나가는, 교장 선생님과 그 가족을 배웅하는 것이었습니다. 물론 그 소녀도 가족과 함께 조각배 위에 실려 흔들거리고 있었습니다. 하얀 원피스를 입은 소녀는 소년을 향해 금잔화 웃음으로 손을 흔들었지만, 소년은 마을 어귀에 서 있는 장승이 된 것처럼 온몸이 굳어버렸습니다.

그날 이후 말을 잃은 소년은 다시 홀로, 그 바닷가 방파제 언덕에 서서 누군가를 기다리게 되었지요. 이번에는 기다림의 차례가 그 소녀, 엄마, 아버지순으로 바뀌었습니다. 어떤 날에는 기다림의 순번이 엄마, 그 소녀, 아버지순으로 바뀝니다.

그렇게 긴 기다림의 시간들이 흐른 뒤 마침내 소년은 연락선을 타고 온 아버지의 손을 잡고 그 섬을 떠나게 되지요. 달리는 배 안에서 그 언덕을 바라보던 소년은 정물화처럼 일순 정지되고 맙니다. 그 소년은 언덕에 그대로 선 채 자신을 물끄러미 바라보고 있는 것. 나는 분명히 이 배 위에 서 있는데 저 언덕의 저 아이는 대체 누구일까?

먼 훗날 어른이 된 소년은, 무심결에 그 바닷가 언덕을 찾았습니다. 그리고 비석처럼 서서 누군가를 기다리는, 그 소년과 마주쳤습니다. 그 순간에야 그때 시간들이 첫사랑이고 첫 이별이었음을. 그리고 40년 전 섬에 두고 간 열 살, 자신의 운명이었음을 알게 되었습니다. 소년은 그 소년에게 무릎을 꿇은 뒤, 온 가슴을 열어 껴안고, 통곡했습니다.

"그래. 너 여기에 그대로 서 있었구나. 너무 늦게 찾아와서 정말 정말 미안해. 외로움, 그리움과 기다림으로 병든 채 돌덩이가 되어 박힌 내 소중한 열 살아."

외로움과 그 그리움의 소망, 그리움과 그 기다림의 꿈. 운명이라는 등대에서 까만 밤바다를 향해 직사되는 빛의 유선(乳腺)의 원환들이 전몰·유폐 시켜버린 진실들. 너와 나 그리고 우리의 구분 없는 파도가 밀려오면, 외로움, 그리움과 기다림으로 지쳐 누운 슬픈 갯벌에는 상처의 갈퀴가 깊게 새겨지고 박히고 있었음을.

이제는 반백의 머릿결로 하늘을 이고 그 바닷가 언덕에 서서, 열 살의 자아를 놓고 떠났던 스스로의 운명을 되새김질합니다. 어머니 뱃속에서 태동하던 순간부터 코끝 호흡이 멈추는 날까지 모든 순간들은 현재 진행형으로 내 몸속에 함께 있다는 진실을.

이 세상에 상처 없는 영혼과 정신이 어디에 있다고 합디까. 그 섬 소년은 아직도 그 바닷가 언덕을 떠나지 못한 것입니다. 열 살 소년은 아직도 그 바닷가 언덕에서 기다리고 있었습니다.

어쩌면 우리 인간은 우주적인 존재, 그 이상인지도 모릅니다.
아니면 우리 인간은 우주적인 인격, 그 이상인지도 모릅니다.

그 누구보다도 먼저 우리 자신을 껴안고 용서하고 사랑할 일입니다.

단 한 번뿐인 삶,
먼저 나 스스로를,
좀 더 깊고 넓게 응시하고
용서하며 사랑하며 껴안아 줘야 할 일입니다.
그런 다음 너의 이름을 불러 껴안을 때
진정한 한 몸을 이룬 우리가 될 수 있습니다.

서문

 인간의 발걸음은 반드시 그 흔적을 남긴다. 인간은 눈에 보이는 세상을 걸어왔다. 인간 앞에 펼쳐진 광경은 하늘과 땅과 바다, 지평선과 수평선, 그 안에서 숨 쉬는 동·식물을 비롯한 살아있는 생명계이다. 인간은 이들을 자연이라고 부른다. 인간은 그 자연의 일부이다. 그럼에도 인간은 자연을 소유물로 삼아 정복, 개조, 사용하고 황폐화시킨다. 지구상 생명체 가운데 오로지 인간만이 자연파괴는 물론, 동종 인간을 공격하여 약탈하고 대량 학살하는 존재이다.[3]

 17세기 데카르트·뉴턴 이래 엘버트 아인슈타인, 미셸 푸코, 스티븐 호킹에 이르는 3세기 동안, 서양은 공간을 인간과 세계 모두를 포괄하여 설명하는 진리의 척도로 구조화했다. 그 구조는 데카르트의 정신·물질 이분법과 뉴턴 역학이 보편절대 자연법칙으로 입법화된, 평형적인

---

3) 동종학살이라는 점에서 일본의 난징 대학살, 히틀러의 유태인 학살, 미국의 히로시마, 나가사키 원폭 등은 차이점이 없다.

공간세계이다. 이렇게 되면 시간은 공간개념에 수렴·환원된다. 시간은 공간의 길이로 측정되고, 초기 조건만 주어진다면 과거로 돌아갈 수 있고, 미래도 예측이 가능한 선형적이고 대칭적·가역적인 개념이다. 뉴턴의 공간 절대법칙은 산업혁명과 근대를 주도했다. 근대는 인간이 신(神)과 결별한 뒤 자연을 정복하고 세상 주인의 지위를 차지한 혁명과정이었다.

그러나 인간이 우주자연 속에 숨겨진 메시지를 읽게 되면, 우리의 안목은 가시적인 공간을 넘어 우주적 차원으로 전환·확장된다. 그 메시지는 생명과 시간이다. 생명의 기원과 생성원리는 시간 속에 감추어져 있다. 생명은 너와 나의 만남이고, 우리에로의 연결망이다. 만남과 연결망이란 '너희가 내 안에' 있고, '내가 너희 안에' 있어 '우리가 함께' 공진하는 시간의 자생적·창진적 조직화 과정이다.

현대과학이 갱신한 세계관과 시간개념은 혁명과 전회이다. 우주자연은 스스로 질서 있게 창진하는 자기충분성, 그 자체였다. 세계는 비평형 무산구조라는 혼돈 속에서 자생적 조직화를 통해 비가역적인 운명노선을 생성하며 창조적으로 진화하는 우주였다. 쉽게 말해 세계는 혼돈 속에서 질서가 스스로 생성되는 전일(全一)한 비가역적 과정이다. 이제 시간 개념에는 불가역성과 가역성이 공존하는 시간의 화살표(vector, 노선), 상호작용·공명, 교직·융합의 생성 메커니즘, 요동과 분기·전이와 확산 양상의 전방위성이 포함된다.

그렇다면 인간의 위치는 어디에 있는가? 앙리 베르그송 이후 현대과학이 제시한 세계관과 시간개념에 따르면 우주자연은 스스로 생성하고 조직화하는 자기충분성과 자기완결성을 갖고 있는 전일한 생명체계이다. 우주자연의 창진적인 역행과정은 알파(α, 시작, 탄생)와 오메가(Ω, 끝, 죽음)의 비가역적 시간성을 함유한다. 인간이 있으나 없으나[4] 우주는 장엄하고 도도하다. 결국 우주 속에서 인간의 지위는 실종된다.

도대체 무엇이, 어떻게 '우주의 주인'이라고 여겼던 인간의 존재론적 지위를 박탈하였는가? 그 해답은 다름 아닌 '공간'을 세계의 척도로 강제한 인간 스스로의 '관점(view point)'의 오류에 있었다. 근대 과학·철학은 진공상태의 공간성을 절대적 확실성의 세계상으로 입법했다. 그 결과 시간은 있으나 마나 한 존재가 되었고, 인간에게는 외눈의 착시가 동반되었다. 눈에 보이지 않지만 시간은 엄연히 존재한다.

외눈박이 인간은 기껏 3차원 공간을 사상화(寫像化, maping)하고 그 지주(地主)임을 뽐냈다. 뉴턴을 '모세'라고 예찬하던 시대에도 우주는 묵묵히 자기충분성(조직화, 자생성, 완결성, 자증성) 속에서 도도하고 장엄하게 운행되고 있었다. 인간의 측량을 허락하지 않는 우주는 '말이 없다'. 우주의 언어는 시간이고, 시간의 언어는 침묵이다.

시간은 관계생명을 잇고 엮는 실이다. 시간의 끈은 생명의 창진적 생성과정이자 연결망이다. 시간은 스스로를 자증한다. 우주의 언어인 시간을 버려둔 채, 뉴턴 이후 3세기 동안 우리는 공간만을 기준으로 삼고 기계적 결정론이 건설한 진공의 감옥에 갇혀 살아 왔다. 뉴턴 공간법칙으로는 살아 숨 쉬는 풀 한 포기도 설명하지 못한다. 시간이 없으면 생명도 없고 공간도 의미가 없다.

시간은 공간에 질서를 부여하고, 생명관계를 엮어가며 연결망 체계의 벡터를 생성한다. 137억 년 전 우리우주 탄생사건 이전에 영원무궁

---

4) 상관성은 지속적인 상호작용과 공명이 이뤄지는 관계이다.

한 메타우주의 시간이 있었다는 사실을 통찰해야 한다. 대폭발은 메타
우주가 지닌 경향성과 충동성이 만들어낸 특이점이다.

메타우주와 우리우주, 자연과 인간과 사물은 통괄적인 한 덩어리의
생명 연결망으로 엮이어, 그 안에서 민주주의 시민으로 존재한다. 인간
은 유일한(only one) 주인이 아니라 자연의 일원(one of them)일 뿐이다. 이 깨
달음이 우리들에게 다차원적 렌즈(영안, 심안, 육안)를 획득할 수 있는 길을
열어준다.[5] 동서양 세계관과 시간개념이 하나이고, 메타우주와 우주자
연과 인간사물이 모두 총괄적 집결체로서 연결된 현재진행형이다.[6]

시간은 생명탄생의 아버지요, 공간은 생명을 잉육·보호하는 어머니
이다. 생명이 있는 한 시공은 불가분의 '함께'[7]이다. 시간은 분명히 공간
에 선행하지만, 동시에 주도자, 반려자, 촉매자로서 전방위적 연결망을
교작하는 역할과 기능을 다한다.[8] 연결망의 메커니즘은 상호작용과 공
명, 교직과 융합의 되먹임구조(feedback loop structure)이고, 그 양상은 요동
과 분기, 전이와 확산성으로 나타난다.

프리고진은 베르그송의 생철학과 화이트 헤드의 과정철학에 영향을
받고, 비평형 무산구조의 혼돈으로부터 질서가 생성되는 현재진행형의

---

5) 동양의 우주자연관은 자기 충분성의 세계 그 자체이다. 우주자연(自然)은 스스로 존재하는 완
   전한 유기체적 구조이다. 인간은 그 완전무결한 우주자연의 운행원리를 취득하여 본받아 그
   안에서 인문세계를 창진하여가는 존재이다. 『김충열, 중국철학산고 l 』, '역용에 나타난 법자연
   의 인성론'의 요체이다.

6) 서양과는 달리 동양에서 자연은 스스로 살아있는 자기충분성의 존재이고, 인간은 자연에 속한
   존재이다. 고대로부터 동양적 자연은 시간이 공간에 앞서고, 근대 이후 아인슈타인까지 서양
   의 자연의 개념은 시간이 공간에 환원된다.

7) 너와 나, 인간과 사물의 만남과 연결망이다. 그 메커니즘은 상호작용과 공명, 교직과 융합이고,
   양상은 요동과 분기, 전이와 확산이고, 관계식은 지수함수적으로 전방위성을 띠며, 네트워크,
   연결망, 관계망, 네트워크, 결집망이 모두 동의어에 해당한다.

8) 양자역학의 원자모형의 양성자, 전자, 중성자가 함께 원자핵을 이루는 원리와 같다.

자생적 조직화 과정을 입증했다. 프리고진의 발견은 일반시스템이론, 가이아이론, 심층생태학, 열린 시스템이론, 인지과학(산티아고이론)의 길로 나아간다.

프리쵸프 카프라는 동양사상과 서양 현대과학의 이론체계를 섭렵한 뒤 살아있는 시스템(생명체계)의 3대 핵심기준으로 시스템의 본질적 특성을 결정하는 관계들의 구성인 '조직의 패턴', 조직패턴의 물리적 구현인 '구조', 조직패턴과 구조의 창진적인 구현활동을 '생명과정'으로 정리했다.[9] 조직의 패턴은 일종의 설계도로서 생명체 구조의 내부에 이미 구현되어 있다. 이 패턴과 구조의 자기제작(autopoiesis) 과정이 곧 생명 생성 과정이 된다.[10]

시간은 생명 창진과정의 핵심고리이다. 시간은 관계생명의 처음과 끝을 시간의 화살(arrow of time)로 관통하는 아리아드네의 실이자, 운명노선(運命線, vector)이다. 시간의 화살은 생명 연결망의 운명노선과 정체성 획득 과정을 주도한다. 시간이 없으면 운명도 정체성도 없다.

운명노선은 우주자연의 모든 생명체가 발현·창진·생장·소멸하는 불가역적인 과정이다. 운명선은 다양하고 복잡한 조직의 패턴, 살아있

---

9) Fritiof Capra, The Web of Life: A New Scientific Understanding of Living Systems, Anchor Books, Random House, New york, USA, 1997, pp.160-162.

10) 카프라는 마투라나와 바렐라(산티아고 이론)가 정의한 자기제작(autopoeisis)을 생명의 패턴(살아있는 시스템의 조직패턴: 설계도)으로 그리고 프리고진이 제기한 흩어지는 구조를 살아있는 시스템의 구조로서 그리고 인지를 생명의 과정으로 이해할 것을 제안하였다. Fritiof Capra, The Web of Life: A New Scientific Understanding of Living Systems, ibid, pp.160-162. 카프라에 따르면, 생명체(살아있는 시스템)의 경우 조직의 패턴(=설계도)은 항상 그 생물의 구조(=결집태) 속에 구현되어 있고, 패턴과 구조 사이의 연결은 연속적인 구현의 과정(=연결)으로 이뤄진다. 비평형 무산구조는 팽창하는 우주의 개념을 포함하고, 그 속에 비가역적 자기제작 과정(자생적 조직화 과정)이 갖추어져 있고, 그 융합생성과정인 생명과정은 산티아고 이론에서 말하는 앎·인지(cognition)의 과정이다. 즉, 정신이란 곧 과정이라는 것이 그 골자다.

는 물리적 구현체인 구조의 실현을 위한 자생적 조직화 과정이다. 생명체의 얼굴(진면목. 참모습)로 구현된 구조가 정체성이다.

운명선을 통괄하면, 연결망에는 '함께', '행위자', '현재진행형', '정체성' 4대 핵심원리가 내재된다. 이 4대 핵심주제어(keyword)는 운명정체성 입론의 준거축이다.

시간을 중심축으로 삼으면, 삶과 죽음의 경계인 우주적 공제선의 관점을 획득하게 된다. 우리 세계는 곧 우주 자연과 생명 관계가 맺어가는 연결망의 통괄적 구조이다. 인간은 숨은 시간을 인지하는 존재이다. 존재는 시간의 축적이자 운명의 현상적 실체이다.

관계적 존재론의 입장에서 볼 때, 모든 생명체의 공통된 본질은 '경향성'과 '충동'이 내재되고, 알파와 오메가를 지닌다. 탄생(알파)은 만남·연결망이고, 죽음(오메가)이란 연결망의 해체이다. 동양 김충열 교수가 정의한 '우주전체는 광대무궁한 생명계통이자 화해질서의 구조'라는 세계관은 이 연결망의 통괄적 집결태를 두고 말한 것이다. 운명은 동·식물, 인간 등 육체적으로 호흡하는 모든 생명체뿐만 아니라 과학과 기술, 사물, 공동체, 국가 등에 모두 해당된다.

인간과 사물의 만남과 결합과 공동체와 더 큰 공동체들의 총결집 구현체로서 국가는 살아 역동하는 네트워크이자, 육체를 가진 실존적 생명체이다. 그 생명체는 정신과 육체의 결합, 그 이상의 무엇이다.

이스라엘은 BC 732년 북이스라엘이 망하고, BC 587년 남유다가 망했다. 거의 600년이 지난 AD 1세기경 이스라엘은 로마제국에 저항하여 독립전쟁을 일으켰으나 패배하고, 그 민족은 디아스포라(Diaspora)의 운명으로 전락, 전 세계 속으로 흩어진다. 1940년 2차대전, 히틀러 치하에서 이스라엘 민족은 600만 명이 학살당하는 지옥의 참상을 겪는다.

그러나 그로부터 불과 5년 뒤 1948년 5월 14일 이스라엘은 재건국한다. 2600년을 거슬러 올라온 시간은 숨은 행위자(hidden actor)로서 가나안 민족을 되살려, 세계사 무대에 컴백(come back)시켰다. 실로 인간차원의 상상력을 비월한 사건이다. 국가운명에 생명과 시간의 알파와 오메가가 있음을 이보다 더 명증하고 생생하게 보여줄 수 있겠는가? 지금까지 제1부 이론 편이다.

제2부는 적용 편에 해당한다. 이 책은 시간, 운명, 정체성의 렌즈를 끼고 우리나라 대표적인 명시, 신과 인간의 관계, 역사적 인물, 발명품으로서 화폐와 핵무력, 주요 국가로서 미국, 중국, 북한, 남한 등 운명정체성과 그 벡터를 함께 누빈다. 이와 같은 주제들은 한국 사람으로 태어나서 죽을 때까지 모두가 만나는 보편적 네트워크들이다. 시간이 우리와 함께 창진적으로 엮어가는 운명정체성이 자증(自證)될지 어찌 알겠는가?

첫째, 벡터 구현된 시간, 운명, 정체성의 개념을 파악한다. 김춘수 시인이 포착한 「꽃」이라는 사물은 인간과 만나면 운명정체성을 지니게 된다. 인간인 나는 사물인 꽃이 되고(인간의 사물화), 꽃은 내가 되는(사물의 인간화) 상호작용과 공명, 교직과 융합이 일어나, 우주자연 속에서 합일된 제3의 관계적 존재(행위자)로서 탄생한다.

만해 선생은 「알 수 없어요」에서 타고 남은 재가 기름이 된다고 밝혀준다. 이 세상에 죽은 생명이란 없다. 거시적인 생명연결망이 해체된다고 해도 미시적인 생명 박테리아는 살아있음을 볼 때, 알고 보면 우리는 흩어지는 존재일 뿐이다. 타고 남은 재는 영겁의 연결망을 융합교직 하여 에너지로 진화한다. 에너지는 생명력이다.

이 머나먼 여정을 인지한 김소월은 「초혼」에서 산산이 부서진 이름이여라고 통곡했다. 이름은 살아있는 연결망의 총결집체적 구조, 운명정체성이다. 너의 운명 결집망이 한 올, 한 올 풀어져 흩어지고, 나의 운명과 연결선도 헤어진 사실을 뒤늦게 알아차리고, 시인은 절규한다. '허공 중에 헤어진 이름이여'라고. 분명, 죽음의 시간은 인간이나 신에게 무서운 사건이다. 인간인 나에게는 인간세계 시간과의 절단이고, 예수에게는 아버지 하나님 시간과의 단절이다.

조지훈 선생은 「승무」에서 인간과 사물, 즉 빈대, 황촉불, 잎새, 풀벌레 등까지도 예외 없이, 존재하는 만유가 우주의 참여자이자 주인공의 자격으로 공진의 무도로 율동하는 현재진행형의 시간을 알려준다.

윤동주는 「서시」에서 대지의 아들로 태어나 육신의 생명이 다하는 날까지 인간의 길이 아닌, 천도(天道, cosmic vector)를 가야 하는 사명을 깨닫고 외롭고 광오하고 외로운 맹서로 다짐한다. '하늘을 우러러 한 점 부끄럼 없기를'

김지하는 「타는 목마름으로」에서 독재의 야만과 폭력 속에 정지된 시간, 왜곡된 공동체의 자유와 운명을 각성하고 치를 떤다. 그리고 떨쳐 일어나 신 새벽을 깨우기 위해 몸을 던져가는 실천지성 청년의 저항에 가슴이 진동된다.

둘째, 신과 인간, 사물의 관계를 살펴보자. 사도바울이 말한 '복음의 비밀'은 다름 아니라 '예수는 복음(진리, logos)의 물리적 구현체'이다. 복음과 절대자는 자기충분성의 존재로서 인간의 도움이나 과학적 입증을 필요로 하지 않는다.

인간이 절대자(絶對者, lord)를 만나면 살아온 세상의 직업과 이름이 바뀌고, 운명의 정체성과 그 삶의 벡터가 전환된다. 어부 시몬의 운명정체성은 교회의 반석인 베드로로, 로마군 장교 사울은 위대한 보편 복음의 사도 바울로, 어부 요한은 효자 예수가 지명한 아들로서 평생 마리아를 모시고 요한복음과 계시록 등을 기술한 뒤 그 운명정체성이 완성된다.

시간은 역사적 과정 속에서 인간을 신으로 부활시키기도 한다. 세종 대왕은 한글창제 한민족 문명개화의 위대한 성군으로, 이순신 장군은 역사를 구한 전쟁의 화신(化神)으로, 안중근은 민족의 정기를 바로 세운 장군(將軍)으로 부활되어 한민족과 함께 영생한다.[11]

십자가는 인간이 만든 사물기구이다. 십자가라는 '저주와 죄악과 죽음'의 형틀은 예수와 결합한 뒤 '부활·구원·영생·복음'이라는 제3의 존재, 즉 '축복과 영광과 약속'의 운명으로 전회된다. 심지어 인간의 발명품인 화폐는 교환수단이 아니라 인류가 존재하는 한 생존의 피를 주관하는 영생불사의 물신으로서, 핵무력은 지구적 차원에서 국가와 전쟁을 배후 조종하는 패권무력의 현상적 실체로서 파멸의 화신이다.

셋째, 국가의 운명정체성과 그 벡터를 본다면, 미국은 세계 안보·경제 구심형 패권국가이고, 중국은 대미국 급부상 G2 원심형 대륙패권국가, 북한은 핵무력을 보유한 김일성 유일사상체계 국가, 우리 남한은 산업화와 민주화를 이룩한 분단 민족국가이다. 시간과 생명 속에 우리 인류의 길과 미래가 있다. 운명노선이다.

---

11) 이는 마르크스가 말한 사회유기체 혹은 사회정치적 생명체의 개념을 뛰어넘는다. 그것은 반쪽이다. 사회적이란, 정치적이라는 관념이 만들어낸 양상에 불과하다. 알렉산더 웬트는 "월츠가 제시한 국제질서는 무정부상태라는 말은 강대국이 만들어낸 관념적 허구"라고 비판한 바탕이다. 그러나 살아있는 연결망으로서 관계적 존재론의 세계의 입장에서 보면 신현실주의와 마찬가지로 사회구성주의 또한 생명이 없는 죽은 이론이다. 눈에는 보이지 않으나 분명히 버티고 있는 숨은 행위자로서 시간성을 포착하지 못했기 때문이다. 상대성이론과 양자이론이 시간의 화살표를 놓친 것처럼.

영감과 통찰력을 부여해준 선현들의 우주·역사적 차원의 발걸음과 그 자취에 전율하며, 우주의 숨결 속에서 재회하기를 기원한다. 감사드린다.

제1부
운명정체성 이론

1 세계관과 시간의 변천과정

1. 현대과학: 세계관의 혁명과 시간개념의 전회

1) 기원: 고정되고 기계적인 시간 · 공간은 '없다'.

우리는 시계가 가리키는 시간 속을 살고 있다. 시계는 우주자연에는 반복적이고 규칙적인 운동질서가 있음을 발견한 인간이 숫자와 길이로 변환시켜 표준화한 계량기계이다.

시계가 알려주는 시간은 마치 처음과 끝, 탄생과 죽음이 있는 것처럼 보인다. 시계바늘은 시간을 쪼개고, 합치고, 되돌리고, 당길 수도 있는 느낌을 준다. 그 시계의 제작과 작동원리는 유클리드 기하학과 데카르트의 정신과 물질의 이분법, 뉴턴의 운동법칙이다.

과거	현재	미래

[그림 1-1] 데카르트 · 뉴턴의 세계관과 시간의 벡터

성경 속에서 마치 카인이 아벨을 죽인 사건처럼, 17세기 근대 과학혁명은 공간이 시간을 살해하면서 시작되었다. 공간을 보편 자연법칙의 기준으로 입법하고 나면 결정적이고 물질적이며 기계적인 세계만 남게 된다. 진공상태와 같은 정지된 공간 속에서 일어나는 기계적 운동과 선형적 길이의 측정이 곧 시간이다. 17세기에서 19세기 말까지 300년이 흐른 뒤에야 착각임을 알게 된다.

절대공간은 그 어디에도 없는 허구의 개념이었다. 우리는 드러난 공간은 주목하면서도 숨겨진 시간을 보지 못하는 외눈박이였다. 일상(日常)의 공간 속에 나타나고 경험되는 사물과 질서(things & order)는 포착했으나 무상(無常)의 시간성 속에 함장된 관계와 질서(complicate relation & order)는 보지 못했다. 관계와 질서는 시간과 연관이 깊다. 시간은 관계생명을 생성한다.

시간 속에는 영원과 순간이 '함께(coherent)' 있다. 순간(now) 속에 영원성(eternal)이 담겨 있고, 영원 속에 순간성이 공진한다. 한 올 먼지 속에 우주의 역사가 감춰지고, 우주원리는 한 올 먼지 속에 내재되어 있다. 우리가 살고 있는 세계는 무수한 한 올 먼지들의 연결망이자 현재진행형 과정이다.

시간이 주도한 관계성과 다차원적인 연결망 과정의 총화가 공간이다. 공간이란 기껏해야 시간이 엮어낸 연결망의 구조, 시간이 조직화한 패턴의 양상에 불과하다. 공간은 시간의 얼굴이다. 우주의 역사는 공간이 아니라 시간의 역사이다.

현대과학은 팽창하는 우주론이라는 혁명적인 세계관과 전회된 시간개념을 제시했다. 팽창하는 우주는 우리세계가 공간이 아닌 시간의 역사라는 사실을 입증했다. 베르그송은 창진적 세계와 순수지속, 화이트헤드는 유기체적 관계망의 세계와 과정, 프리고진은 비평형 무산구조의 세계관과 시간의 화살, 김충열 교수는 생명의 연환고리, 김상일 교수는 영원한 현재(eternal now)로, 고규태 시인은 '오래된 미래'를 인용했다. 필자는 여기에 '현재진행형'을 덧붙인다.

우리는 지금 어떤 문 앞에 서 있다. 현대과학은 데카르트·뉴턴 법칙이 지배한 300년간 누적된 인식론상 절반의 실패를 인정하고, 시간과 공간, 세계관과 시공간의 개념을 갱신할 수 있는 전환점에 서 있다.

2) 시간, 공간, 시·공간이란

시간은 사건과 사건 사이의 간격, 어느 시점에서 시점까지의 운동의 간격을 측정하여 계량화한 형태를 의미한다(Sean Carrol, 2010a, p.10). 시간은 인간의 시야에 포착되거나 감촉되지 않기 때문에 사실상 관측이나 계량이 불가능하다.

고대로부터 시간은 전쟁과 생산, 노동력 동원을 위한 통치 권력의 핵심적인 기준이자 도구였다. 근대 이전까지는 태양의 운동, 달의 변화 등을 관찰하거나 진자의 운동 등을 개발하여 측정과 계량화의 대략적인 기준으로 삼았다.

산업화와 근대 이후부터 보편적인 시간의 개념이 본격적으로 정의되고 강제화된 측정방법이 출현한다. 산업혁명과 함께 시간이 노동과 생산력, 시장과 교역의 발달과 맞물렸다. 시간은 개인과 집단과 국가의 이익과 경쟁력이라는 인식이 확산되면서 객관적이고 정확하고 통일된 시간의 측정과 계량화가 요구되었다. 비로소 시간의 단위는 사건과 사건들 사이의 간격과 그 지속기간에 대한 양으로 단위화된다.

뉴턴은 보편절대적인 자연법칙의 결정론적 세계관에 따른 가역적이고 대칭적인 선형의 시간개념을 제시했다. 이론상 초기조건만 적합하다면, 현재를 기준으로 하여 과거로 돌아갈 수도 있고, 미래의 시간으로 갈 수도 있다. 그러나 뉴턴의 공간은 모든 것이 정지된 죽은 공간에 다름 아니다.

현대 과학혁명은 뉴턴의 시간을 4차원 시·공간 연속체로서 상대성의 시간으로(아인슈타인), 나아가 복잡계의 세계관과 비선형 불가역적 시간으로(프리고진 등) 그 개념의 지평과 차원이 확장·전회된다.

공간은 사물과 사물 사이의 간격이다(Sean Carrol, 2010a, p.11). 공간은 인간의 눈으로 볼 수 있고 거리로 계량화되어 단위로 환산된다. 공간은 인간이 관측하여 거리적으로 계량화가 가능한 지구적 우주적 차원의 생명활동의 현장을 통칭한다. 지구적 차원의 공간은 거리(미터법)로 환산되고 대기권을 벗어난 우주적 차원의 거리는 빛의 속도(시간)에 의해 계량화된다. 물리학에서는 분리된 물체 사이의 지리적 관계의 집합으로 정의되는 구조와 다양체의 좌표계를 의미한다.

뉴턴은 3개의 좌표축에 의해 고정된 유클리드 공간 속에서 전개되는 힘과 가속도의 관계를 증명했다. 모든 운동관계와 질서는 공간 속에서 일어나는 기계적인 법칙 속에 있고, 일직선으로 흘러가는 시간에 무슨 특별한 의미가 있겠는가? 뉴턴의 절대법칙 전통을 지키고자 한 아인슈타인은 4차원적인 시공연속체의 곡률을 제시하면서 시간을 아예 공간

성 속에 통합시키려 했으나 실패했다.[12]

그러나 프리고진은 뉴턴의 가역적이고 대칭적인 시간 개념은 아인슈타인의 상대성원리와 우주상수, 양자역학에서 슈레딩거 방정식에 잔존되어 있다고 입증하였다(Ilya Prigogine, 1997, pp.9–13).

시공간(time·space, 時空間)은 사건과 사건들이 발생하고 진행되는 생성관계의 총부(總府)로서의 터전, 즉 세계를 의미한다. 사건이란 인간과 인간, 인간과 사물, 사물과 인간, 사물과 사물 간의 만남과 결합 그리고 그 연결망을 짓는 과정이다.

아인슈타인은 일반 상대성이론에서 우주의 시공간을 최소 4차원의 시공연속체로 기술했다. 그러나 양자역학 이후 이 세계는 관계들의 연결망이고, 비평형계에서는 시간이 비가역적인 화살표를 갖는다는 사실이 입증되었다(Sean Carrol, 2010, p.9).

핵심은 살아 움직이는 시공간인 팽창하는 우주, 즉 관계적 존재들의 통괄적 연결망과 그 벡터에 있다. 우리는 생명의 터전인 공간이 없는 시간을 상상할 수 없듯, 시간이 결여된 공간개념도 없다. 사실, 공간이 만유가 생명의 창조적 진화과정을 유동하는 터전이라면 그 생명체의 시작과 끝, 생명 생성의 질서와 방향성 그리고 전개양상을 결정하는 현재진행형적 행위자는 시간이다. 시간은 생명탄생의 아버지요, 공간은 생명보호의 어머니로 비유될 수 있다. 시간은 알파요, 오메가이다. 과거는 우주만유가 스스로 '축적한 오늘'이다. 오늘은 '오래된 미래의 구현'이다. 미래는 '시간의 화살표'이다.

---

12) 천문학에서는 천체의 대기권을 벗어난 부분, 즉 우주공간을 말한다. 지구의 대기권과 우주공간 사이의 경계를 공제선(카르만선)이라 부른다.

3) 시간의식의 출현과 그 개념

우리는 언제부터 시간을 깨닫고 어떻게 활용하였을까? 시간의식의 기원에 해당하는 이 질문의 해답은 인류문명의 원형인 고대 희랍신화 속에 집약되어 있다. 희랍신화에서 나타난 시간개념은 이상하게도 현대과학이 내놓은 시간개념과 유사하다(물론, 신화와 종교의 세계관과 시간 개념은 데카르트와 뉴턴의 근대정신이 전복시켰음을 주지할 필요가 있다).

크로노스(Chronos)의 시간은 제우스신의 시간과 권력을 상징하고 결정론적 세계관을 제시한다. 크로노스는 과거와 미래의 두 점을 이어 균일하게 흐르는 기계론적 자연과학의 시간이다. 확실성의 세계관이자, 가역적이고 대칭적인 시간이다. 데카르트와 뉴턴의 시간개념은 발명품이 아닌 고대로부터 물려받은 유산이었음을 알 수 있다.

카이로스(Kairos)의 시간은 크로노스 구조 속에서 주어진 상대적인 비결정론의 시간, 즉 인간이 창진하는 세계관과 인간 중심의 권력을 상징한다. 카이로스의 시간은 주인인 인간이 얼마든지 늘리고, 줄여갈 수 있는 인간 주도의 화학적인 시간이다. 열역학 법칙이 제시하고, 프리고진이 교정한 현대과학의 시간개념 또한 고대신화의 유산에 해당한다.

아이온(Ion)의 시간은 크로노스나 카이로스와는 차원이 다른 세계관과 시간개념이다. 사실상 우리의 인지의 공제선 밖의 메타우주로서 세계관이다. 아이온의 시간은 혼돈미분의 비평형 무산구조와 전일성의 시간체계이다. 인간의 인지차원을 넘어선 메타우주의 시간으로, 우리는 이를 카오스(chaos), 혼돈미분, '무어라 말할 수 없음의 상태'로 일컫는다.

근대 이후 시간개념은 전통적으로는 '물리학적 시간'과 '인간 인식의 시간' 그리고 '사건으로서의 시간' 등 크게 3갈래로 구분되었다(김용운,

1988, pp.15~22)[13]. 현대과학에 들어와서 미셸 세르는 열역학의 세계를 기준으로 하여 가역적인 시간, 비가역적인 시간, 부(負) 엔트로피의 시간으로 나눈다(세르, 2008, p.50).

현대과학은 복잡계와 다양성, 열린시스템이론, 심층생태학, 인지과학이 공통적으로 제시하는 사건의 연결망으로서의 시간개념, 나아가 고전물리학과 신화의 시간까지도 수렴하여 포괄한다. 현대과학의 세계관과 시간개념은 한마디로 가능성과 경향성을 가진 확률로서의 세계'이자 비가역적이면서 전방위적인 시간이다.

필자는 현대과학이 제시한 시간개념을 ① 운동으로서의 시간 ② 생명과정으로서의 시간 ③ 사건으로서의 시간 ④ 연결망으로서의 시간으로 구분한다. 마치 손과 발이 한 몸인 것처럼 시간개념은 동서양이 같다. 그러나 그 전개양상은 다르다.

4) 시간의 역할과 기능

시간의 화살(arrow of time)은 세계관과 시간개념 전회의 핵심개념이다. 프리고진은 시간을 우리 존재의 핵심적인 차원으로 규정하고, 시간 패러독스(time paradox)를 풀면서 양자 패러독스(quantum paradox)를 해소했다. 진화하는 우주의 비가역성은 시간의 화살을 만들고, 시간의 화살은 엔트로피를, 엔트로피는 창조적인 진화를 의미한다. 시간의 화살표 속에서 파동과 입자는 함께 공진하며 관계를 생성하는 새로운 차원의 존재가 된다.[14]

---

13) 김용운은 시간을 고전물리학의 시간, 상대성이론에서의 시간, 생물학적인 시간, 심리적인 시간, 문화적인 시간, 한국인의 시간관으로 나눈다.

14) 뉴턴의 시간가역적인 세계에서 어떻게 시간의 화살이 가능한가 하는 질문이 시간패러독스의

시간은 오직 현재진행형(going)일 뿐이다. 시간의 화살은 에너지의 전방위적이고 자유로운 운동(이동)양상, 전이성과 확산성에 의한 사건의 결합으로 전개된다. 비평형상태에서 '-(음)'과 '+(양)'이 한 번씩 번갈아 가며 만날 때 상호작용과 공명, 교직과 융합이 일어나 관계를 생성, 연결, 확장, 소멸한다. 상호작용과 공명은 빛의 속도로 일어난다. 운동이란 주어가 동사로 치환되고 동사가 주어로 역전될 수 있는 가능성의 융합세계이다. 시간의 화살은 비가역적이며 현재진행형이다. 현재진행형이란 통괄성 속에서 한시성이 공진하는 과정이다. 과거는 '오래된 미래'인 오늘의 현재진행형 속에 축적되어 있고, 미래는 시간의 화살표(벡터)로서 존재한다.

시간은 공간을 번역하고 사건을 축적한다. 뉴턴의 기계적 자연법칙이 제시하는 공간은 죽어 있는(靜的) 구조에 불과하다. 시간의 화살표와 함께 공진할 때 공간은 비로소 생명력과 질서 있는 양상을 구비하게 된다. 시간은 쉼 없고 끝없이 유동한다. 시간은 관계성의 시작점이자 관계 세계의 터전이다. 관계는 모든 행위자의 결합과정이자 창조적인 진화이다.

시간은 존재의 이동양식을 결정한다. 시간이 주도하는 관계들은 존재들의 이동 또는 방랑의 양식들이다.[15] 관계의 속도는 생각의 속도이고 생각의 속도는 빛의 속도이다. 다양하고 개별적인 인간과 비인간들은 복합적 중층적인 관계성들로 창조되고 엮이어 간다.

요체이다. 클라우지스는 우주 에너지의 총화는 일정하고 엔트로피는 증가한다는 열역학의 법칙을 발표했다. 제2법칙인 엔트로피 법칙이 비가역성이며, 비가

15) 미셸 세르, 1992, pp.120-124

시간은 에너지의 이동이며, 에너지는 곧 엔트로피를 생산한다.[16] 엔트로피는 곧 시간의 화살표이자 비평형 복잡계의 시공간이다. 시간은 권력과 질서를 생성·배분하고, 관계 속 사건의 선후성과 인과관계를 통제하고 결정한다. 시계는 시간과 인간의 결합이자, 권력 질서의 배분이자 묶음을 표준화한다. 시지프스의 신화는 시계의 기계적 질서의 근원에 비유된다.[17]

시간은 문명의 초기부터 인간사회 집단에 권력으로 작용했다. 시간은 통치자 집단과 노동집단의 계급질서를 배분한다. 고대희랍의 신화의 시간의 신들이나, 로마의 황제력, 중세기 교황력, 뉴턴의 절대보편의 시간이든, 현대물리학의 시간이든 그 시대의 정치현실과 권력관계와 본질적으로 엮여있다.[18] 시계의 소유자는 곧 권력 통치 계급을 의미한다.[19] 시계는 곧 인간집단의 통치질서를 그려놓은 강령적 지도(code·roadmap)에 해당한다. 시간은 곧 질서를 강제하는 권력이다.

137억 년 전 '우리우주'가 탄생한 빅뱅의 사건이 있기 전에 메타우주의 시간이 있었다.[20] 시간은 분명히 공간에 앞서고(선행성), 공간의 변화를 주도하고(주도성), 공간과 공간을 재단(연결하고, 분할하고, 중층화)한다. 시간이 없는 공간이란 죽어 있는 상태에 불과하다. 시간은 관계생명 생성의 알파이자 오메가이다. 관계생명의 총집결적 형태가 바로 우주 공간이다.

---

16) 리프킨, 1983, pp.24–25
17) 세르, 1977, p.331, p.171
18) 던컨, 1999, pp.24–25
19) 뤼프케, 2011
20) Ilya Prigogine, 1997, pp.163–164

오직 시간집결망의 총화가 있을 뿐이다.

2. 혁명과 전회: 나, 나와 너 그리고 우리의 세계

1) 혁명과 전회는 공짜로 주어지지 않는다.

우리는 상대성이론과 양자역학은 현대 과학혁명이고, 근대과학과 구별되는 기준으로 삼는다. 과연 그런가? 아인슈타인과 슈뢰딩거 방정식은 뉴턴역학으로부터 자유로운가? 그렇지 않다. 자유는 공짜로 주어지지 않는 법이다. 이 두 이론은 혁명의 발화점은 될 수 있었지만, 혁명의 완성은 아니다.

시간을 중심축으로 본다면, 아인슈타인은 상대성이론 속에서도 우주를 통일하는 상수를 부여한 뒤 공식 철회하는 오류를 범한다. 슈뢰딩거 파동함수 방정식은 시간 가역적이고 대칭적이며, 스티븐 호킹의 우주는 공간 결정론의 한계를 극복하기 위해 허수의 시간까지도 덧붙인다. 이들의 공통점은 뉴턴역학의 절대법칙 유산(DNA)의 전통과 유혹 앞에 시간을 소홀히 여겼다는 데 있다.

혁명이란 실천의 전개과정이다. 그 실천에는 반드시 인식의 전회가 전제된다. 혁명의 실천과 인식의 전회는 뗄 수 없는 한 몸이다. 현대과학 혁명은 시간개념 인식의 전회와 함께 진행되었다. 세계관이 시간개념의 전회를, 시간개념의 전회가 세계관의 혁명을 야기한다. 그 틀은 상호작용과 공명, 교직과 융합이다. 혁명의 발화점은 상대성이론과 양자역학에서 비롯되었고, 혁명과정은 베르그송, 화이트헤드, 프리고진에 의해 계속 진행되고 있다.

근대 이후 세계관과 시간개념은 세 번의 변곡점을 맞는다. ① 17세기 데카르트·뉴턴 이후, ② 1905년 이후 상대성이론과 양자역학, ③ 1950년대 이후 베르그송, 화이트헤드, 프리고진이다. 이 세 갈래 변곡점은 근대에서 현대과학 문명, 산업혁명에서 세계 2차대전, 나아가 현대 우주시대에 이르는 인류문명사 전반을 포괄한다. 세계 제1, 2차대전, 핵무력 전쟁체제 구축과 우주개발 시대에 이르는 시대의 과학과 기술의 혁명 그리고 인식론의 전회를 포괄한다.

2) 프리고진, 비평형 불안정한 세계, 화살표와 전방위성의 시간

현대과학의 시간개념은 프리고진 이전과 이후로 나뉜다. 프리고진은 시간을 이 세계 번역의 중심축으로 잡고, 베르그송과 화이트헤드의 입론을 사실로서 입증했다. 프리고진에 와서 뉴턴적 세계관과 시간개념은 완전히 뒤집히고, 상상 불가능했던 전회된 새로운 세계관과 시간관이 정립된다. 프랑스 과학철학자 미셸세르(Michel Serres)의 세계관과 시간개념은 프리고진을 알기 쉽게 설명한다.[21]

"태초에 혼돈이 있었다. 혼돈은 무질서이다. 무질서에서 시간의 개념이 출현했다. 시간은 질서와 결합하여 체계를 낳고, 체계는 권력을 낳는다. 권력은 질서를 원하고 지식은 권력에 질서를 제공한다. 권력은 바로 이 순서배치이자, 순서관계의 구조, 곧 질서이다. 그러나 시간이 체계에 의해 산출되는 것이 아니라 체계가 시간에 의해 산출된다."

사실 카오스(Chaos)를 우리말로 '혼돈'이나 '무질서'로 번역한다면 옳지

---

21) 미셸 세르, 1977, p.171

않다. 카오스가 혼돈이나 무질서로 번역된다면 이미 '그 무엇인가가 있음(being)'의 차원이 전제된다. 따라서 정확하게 번역하자면 카오스는 노자가 말한 '지자불언·불립문자(知者不言·不立文字)', 즉 '무엇이라 말할 수 없음의 상태'이다.[22] 카오스란 프리고진이 주장한 비평형 무산구조를 의미한다. 이 카오스적 세계에서 질서가 출현했다. 질서는 시간의 화살이다.

"시간은 타오르는 불처럼 다양하며, 역동적이고, 가변적이며, 불가역적이다."

이보다 더 명증할 수 없을 것 같은, 세르의 언명은 베르그송과 화이트헤드의 시간개념을 열역학 제2법칙적 차원으로 변용시켰다. 열역학의 제2법칙(엔트로피 법칙)은 프리고진 시간개념의 출발점이자 핵심기준이다. 세르의 시간은 비평형 열역학에서 창발되는 화학적인 시간으로 프리고진의 시간에서 만난다.

프리고진(Ilya Prigogine)은 세계관의 혁명과 시간개념의 전회시켜 근대 자연법을 폐기시키고 그 자리를 현대과학으로 대체했다. 뉴턴의 절대 보편적 자연법칙에 따른 결정론적 세계관과 일직선석 시간개념, 즉 가역성과 대칭적이고 선형적인 시간개념은 폐기된다.
프리고진은 복잡성과 다양성의 연결망으로서 세계관으로 혁명시키고, 비가역성과 열역학적 전방위성, 시간의 화살표를 가진 비가역성과 가역성을 모두 가진 시간개념으로 전회시켰다. 그 과정에서 상대성이

---

22) 동양 도가에서 그의 도덕경 첫머리에 '도가도비상도 명가명비상명(道可道 非常道 名可名 非常名)'이라고 적시한다. 양자역학에서 입자와 파동을 구분하여 이것이라고 말할 수 없는 것과 같다.

론, 양자역학의 슈레딩거 방정식, 대폭발이론의 시간개념은 상호작용과 공명, 확률과 비가역성, 요동과 분기에 의해 교정되어 카오스와 비평형 무산구조의 복잡계 이론에 수렴되었다.

프리고진을 분기점으로 하여 세계관은 데카르트−뉴턴의 '죽어있는' 공간의 세계관을 뒤엎고 '살아 약동하는' 시간 중심축의 연결망으로 혁명된다. 프리고진의 시간은 비가역적이고, 크기와 방향성을 가진 화살표(vector)를 가지며, 복잡하고 다양한 양상으로 사건을 주도하는 우주의 중심축이다. 그 기준은 엔트로피 법칙이다. 1865년 클라우지스(Rudolf Clausius)의 열역학의 제2법칙의 비가역과정 때문에 일어나는 엔트로피를 근거로 하여 우주의 진화론을 정립했다.[23]

"우주의 엔트로피는 증가한다."
"비평형 무산구조(chaos)로부터 질서(cosmos)가 생성(becoming)된다."

질서란 비가역과정이다. 이로써 시간의 화살표가 생겼고 세계관과 시간개념은 전회된다. 가역적인 시간과 비가역적인 시간의 모순은 19세기 유산이자 생물학과 물리학의 대립이었다. 프리고진은 이 모순을 해결하면서 질서와 무질서가 모두 비가역과정에서 비롯됨을 입증하여 세계관과 시간개념의 새로운 지평을 확장한다.[24]

---

23) 중력장이 에너지로 변환되기 때문에 우주의 에너지의 총화는 변화한다.

24) 프리고진은 '평형상태에서 멀리 떨어짐'과 '비선형성의 무산구조' 사이의 상호관계 속에서 자기조직화가 일어난다는 사실을 통찰했다. 그에 앞서 1950년대 포어스터는 자기조직하는 시스템은 에너지가 풍부한 물질을 취해서 그것을 그 자체의 구조 속으로 통합시킨 다음 그 내적 질서를 증가시킨다는 것을 나타내기 위해 '잡음 속에서의 질서(order from noise)'라는 신조어를 만들었다. 이를 미셸 세르는 밑바탕으로부터의 소음이라고 표현했다.

3) 생명은 혼돈 속의 질서(Chaosmosing) 속에 합생(合生)한다

프리고진이 이룩한 현대과학의 혁명이란 시간개념의 혁명이다. 현대 표준물리학이 제시한 세계는 팽창하는 우주이고, 시간은 빅뱅과 함께 비롯되었다. 공간성이 시간을 수렴하는 뉴턴, 아인슈타인, 스티븐 호킹의 세계와 시간개념도 마찬가지다.

그러나 프리고진에 따르면, 우리우주의 탄생(Big Bang) 이전에 메타우주의 시간이 엄연히 존재했다. 메타우주의 경향성이 특이점을 낳고 빅뱅이란 그 특이점의 사건에 불과하다. 우리우주 137억 년은 시간이 주도한 물리적 구현체일 뿐이다.

시간개념이 공간성구조를 뒤엎고, 절대공간이나 절대시간이란 모두 복잡성과 다양성의 연결망으로 바뀐다. 우리 눈앞에 펼쳐지는 세상은 시간의 얼굴이다. 세상에 고정된 것은 없고 관계성에 의해 연결된다. 그 연결과정은 변역(變易)이다. 그 변역의 양상이 우리 앞에 현상화된 광경이 우주자연이고, 그 본질에는 숨은 행위자(complicate & hidden actor)로서 시간이 존재한다.

[그림 1-2]의 생명 생성의 원환고리 도해는 현대과학이 제시한 시간개념의 구현이다. 결론적으로, 우리는 뉴턴과 프리고진이 통괄하여 제시한 가역성과 비가역성의 시간성과 세계를 함께 살고 있음을 보여준다.[25]

---

25) Ilya Prigogine, 1997, p.43, pp.158-159

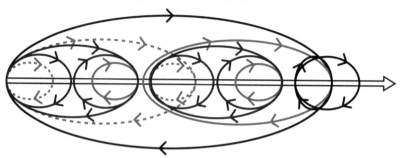
[그림1-2] 동서양 세계관과 시간개념의 벡터도해

⟩ : 주도자, 양(+)의 개별적인 나선형 벡터이다.
⟩ : 반려자, 음(−)의 개별적인 나선형 벡터이다.
⟩ : 주도, 반려자가 시간의 매개로 음과 양의 융합벡터이다.
⟩ : 총괄적 세계이자 시간의 가역적 비가역적 융합벡터이다.

시간의 화살이 바로 질서를 가져온다. 엔트로피가 열의 흐름을 고려하지 않고서는 생각할 수 없는 질서를 만들어 낸다. 질서와 무질서가 모두 비가역성에서 비롯될 수 있다. 자연의 구조가 고도로 정교하고 복잡한 것은 시간의 화살과 관련된 비가역과정 때문이다. 생명현상은 비평형의 우주에서만 가능하다. 자생적 조직화와 무산구조도 비가역과정 때문에 나타나게 된다. 존재에서 생성으로, 동력학은 비가역성 때문에 확장되어야 한다.

이 사고의 대전환에 대한 상세한 분석을, 흩어지는 구조가 외부로부터 에너지를 받지만 불안정성과 새로운 조직형태로의 도약은 양의 피드백 루프에 의해 증폭된 요동의 결과임을 푸앵카레의 공명으로 입증했다.[26]
카오스에서 질서가 생성된다는 원리는 열역학에서 또 하나의 관점을

---

26) Ilya Prigogine, 1997, p.26

전환하는 복잡계의 혁명적인 세계상이다. 열역학의 제2법칙은 평형구조로부터 카오스가 창발되고, 그 엔트로피는 증가한다는 것이었다. 그러나 프리고진은 이와 함께 비평형 무산구조로부터 질서가 생성된다는 혁명적인 세계관과 시간개념을 제시했고, 따라서 시간의 벡터(화살표)는 반전이 가능하게 되었다. 이제 시간은 가역적이면서도 비가역성이라는 개념을 획득하게 된다.[27] 그리고 시간은 주어지는 것이 아니라 만들어지는 진화과정의 개념으로 통괄된다. 우리는 시간을 만들면서, 동시에 그 시간성, 질서와 무질서의 공진성 속에서 살아간다.

현대과학, 곧 상대성이론, 양자역학, 복잡계이론, 일반시스템이론, 심층생태학, 심리학, 인지과학, '시간의' ANT, 웬트의 구성주의이론 등에 통괄적으로 공유되고 있는 일관된 개념이 무엇인지 추적했다. 그 결과 시간은 행위자임을 찾아냈다. 시간은 시야에 포착되거나 손으로 감촉할 수 없는 숨은 존재이다.

숨어 있는 시간은 자기충분성 속에서 연결망의 총화로서 세계 속에서, 스스로의 운명노선을 생성하고 정체성을 발현한다. 나아가 자생적 조직화의 과정, 즉 운명정체성의 자기조직화 과정에서 명백히 나타나는 공통된 4가지의 개념축이 있다. 4가지 개념을 만남과 결합(with), 현재진행형(going), 행위자(actor), 정체성(identity)을 새로운 준거의 축으로 심고, 그 총괄적인 결합 과정을 운명정체성 이론으로 입론하여, 세계를 번역·번안코자 한다.[28]

---

27) Ilya Prigogine, 1997, p.106

28) 상호작용과 공명, 교직과 융합은 생명과정의 메커니즘이고, 요동과 분기, 전이와 확산은 그 전개과정의 양상이다.

3. 갱신된 시간개념: 숨은 행위자, 관계생명, 연결망 주도자

지금까지 시간을 붙잡고 그 중심축의 개념을 획득하기 위해 뉴턴에서부터 프리고진까지 이어지는 추적의 발걸음을 옮겨왔다. 그 끝에 카프라가 발굴한 3가지 핵심기준, 조직의 패턴, 생명과정, 구조의 구현과정이 시간의 생성과정임을 확인했다. 카프라의 기준은 관계적 시간 생성, 즉 복잡계의 자생적 조직화과정에서 시간으로 구현된 행위자들의 연결망이다. 필자는 통괄적인 시간전개 과정과 양상, 즉 연결망 과정을 운명정체성이론으로 입론한다.[29]

시간은 인간의 시야에 포착되거나 손으로 감촉할 수도 없고, 기준점이 없기 때문에 보편적인 측량도 불가능하다. 그러나 관계망의 세계에서는 막강한 조직역량을 지닌 행위자로서 활약한다. 시간은 눈에 보이지 않는 관계의 육신화(패턴과 구조의 자기조직화) 과정이다. 시간은 공간에 선행하면서 질서를 짓고 벡터를 결정하며 공간은 시간에 따른 질서를 담아내고 보호하며 성장시키는 현장이 된다.[30]

필자는 시간을 '숨은 행위자'로 칭한다. 생명 생성 과정은 '관계생명'

---

29) 시간의 양상이 진리성을 갖고 있다면, 동양과 서양의 시간의 본질적 양상이 달리 전개될 수 없다. 사실 시간의 양상은 살아있는 시스템이론의 과학적 검증을 위한 핵심적 요건이다. 카프라가 그의 최근 저서 《생명의 그물》에서 생명과정은 곧 시간인데 이를 포착하여 정리하지 않은 점을 본 연구는 카프라의 난점이다. 한편, 통시성 속에서 시간의 양상에는 동서양이 다를 수 없다는 관점에서 볼 때, 동양의 시간에서는 불교, 도교뿐만 아니라 중용과 주역에 나타난 법자연의 인성론이 매우 중요한데, 이 지점이 문제였던 듯하다. 한마디로 시간의 양상을 제시하지 않는 카프라의 방법론에 따르면 그가 명저 Turning Point(새로운 과학과 문명의 전환, 이성범·구윤서 옮김, 범양사, 1978)에서 강조한 동서양의 융합의도가 허무해질 수 있다.

30) 물론, 시간과 공간은 분리가 불가능하고, 통시성과 공시성 속에서 교호와 공명 속에서 서로를 교직한다.

으로 번안하고, 관계망은 '연결망'으로 일관되게 기술키로 한다. 시간은 ① 운동으로서의 시간, ② 생명으로서의 시간, ③ 사건으로서의 시간 그리고 ④ 연결망으로서의 시간으로 나눈다.

① 운동으로서의 시간은 지구적 단위의 시간과 우주적 단위의 시간으로 나누어진다. 지구적 단위의 시간이란 데카르트의 기계론적 세계관과 뉴튼적 보편절대적인 자연법칙(자신의 이론과는 반한 것이었지만), 아인슈타인의 시간관, 슈레딩거 방정식, 스티븐 호킹의 시간관으로써 모두 '죽어 있는' 선형적 정태적 공간 중심이다. 우주적 단위의 시간관이란 비평형 무산구조 속에서 현대과학이 제시한 연결망의 세계로서 살아있는 전방위성과 화살표가 공진하는 나선형적 시간관을 의미한다.

② 생명과정으로서의 시간은 최초·최소 단위의 미생물 생명체인 박테리아로부터 인간에 이르기 까지, 소립자에서부터 메타우주에 이르기까지 다양하고 복잡한 그리고 무질서하면서도 질서가 있는 생명선으로 연결되어 있다는 생명의 자기생성과정(autopoeisis: 자생적 조직화)[31]의 세계관과 그 연결망으로서의 생명과정으로서의 시간을 의미한다.

③ 사건으로서의 시간은 개별적인(part) 국면에서부터 전체적(whole) 사

---

31) 마투라나와 바넬라가 처음 제시한 사용한 개념으로써 우리말로는 '자기제작'으로 번역되어 있으나 본 연구는 기술·기계적 느낌이 강하여 자기생성으로 번역한다. 베르그송의 창조적 진화와 지속이라는 개념과 화이트헤드의 유기체적 생성 과정, 프리고진의 비평형 소산구조 속의 자생적 조직화, 그 외에 자기 형성, 자기 조절, 네트워킹 등 분야에 따라 다양한 언어로 표현되고 있으나, 동일한 의미를 갖는 개념이라고 할 수 있다.

태에 이르기까지 인간과 비인간 그리고 시간과 공간의 공시적 관계들을 집약한, 조직의 패턴화 과정에 해당한다. 사건이란 행위자와 행위자의 만남과 결합이다. 사건으로서의 시간은 결합 연결망 세계에서 일어나는 사건의 맨 앞에 개입하여 조직패턴의 질서를 생장 소멸시켜 가면서 개별자와의 관계에서 숨은 행위자로서 개입한다.

④ 연결망으로서의 시간은 운동, 생명, 사건으로서의 시간들의 공통항들을 묶어 통괄적 시간개념으로 본 연구가 제안한 시간개념이다. 통괄적 맥락과 개별적 국면에서 바라본다면, 연결망으로서의 세계는 팽창하는 우주로부터 움직이는 소립자에 이르기까지 쉼 없이 약동하며 진화하는 하나의 통괄적 체계이다. 그 통괄적 체계는 개별로 환원될 수 없고, 그 중심축을 비가역의 시간성이 생명노선을 구축하면서 벡터화한다.

따라서 세계는 전체이자 통괄로서의 총화적인 집결체이며, 시간은 개별을 전체 그물망에 연결시켜가는 비가역적 관계생명의 생성과정이다. 요컨대, 운동으로서의 시간의 물리적 구현이 구조라면, 생명으로서의 시간은 생성과정에 해당하고, 사건으로서의 시간은 조직패턴에 해당된다.[32]

새로운 세계관이 제시한 연결망으로서의 시간은 과거라는 개념은

---

32) 관계의 세계로서 구조는 살아있는 시스템으로서 물렁물렁한 가변성의 구조이다. 패턴은 살아 진화하면서도 되먹임의 기능을 가진 조직의 전개양상이다. 시간으로서의 시간은 시간의 불가역적 화살을 의미하면서도 시간양상의 전방위성, 다양성, 복합적 전개과정과 그 벡터를 의미한다.

'실현된 오늘의 축적'이고, 현재란 '오래된 미래의 구현'이며, 미래는 벡터(시간의 화살표, 그 지향성)이다. 이들 모두는 분리할 수 없고 통괄체로서 엮이어 현재진행형으로 약동한다. 연결망으로서의 시간은 과거, 현재, 미래가 불가분의 한 묶음으로써 생명선의 화살표를 지향하는 현재진행형이다. 즉 관계로서의 시간은 운동(공간), 생명, 사건을 모두 통괄하여 살아있는 연결망, 관계성의 세계를 말해준다.

2 동서양 세계관과 시간개념

1. 물음: 동양과 서양의 시간개념은 서로 다른가?

1) 만남: 왜 서양 과학혁명은 동양 인문주의로 귀결되는가

우리는 영어 chaos(카오스)를 혼돈, 무질서로 번역한다. 그러나 카오스
란 "무엇이라 말할 수 없음의 상태'이다. 따라서 혼돈이나 무질서라고 규
정하면, 그 자체로 '무엇이라 말할 수 있음의 상태(being)"가 되어 버린다.

상태는 가능성이 사물이나 사건으로 발현된 이후의 모습이다. 경향
성은 물질이 한자리에 있으려는 성질과 전방위적으로 움직이려는 이중
적인 성질을 말한다. 생명은 언제나 부분으로 남으려는 성질과 전체 체
계로서 조직화되려는 양면적 본성을 함께 지닌다. 이를 통전적인 경향
성이라고 한다.

가능성이란 유기체들의 자생적 조직화, 즉 되먹임 구조(feedback loop)가
전개될 양상의 범위와 크기 그리고 벡터(vector, 노선)이다. 이 세계를 경향

성과 가능성의 차원으로 본다면, 불교의 인드라망처럼 부분은 전체에 참여하고, 부분 속에는 전체가 섭리와 정보로서 만장되어 있다.

세계관이란 "우리는 이 세계를 어떻게 보는가?"라는 질문에 대한 답이다. 프리고진은 비평형무산 구조 속에서 생성되는 새로운 질서의 세계(chaos+cosmos+going)관을 제시했다. 카오스로부터 코스모스가 현재진행형으로 생성되는 시간과정, 즉 가능성과 경향성이 자생적으로 조직화하는 확률성의 세계를 입증했다.

안정된 평형계와는 거리가 먼 비평형 무산구조의 비가역성은 시간의 화살표를, 시간의 화살표는 엔트로피를 생성하고, 엔트로피는 자생적으로 진화하는 우주로 그 개념이 확장된다. 그 결과 프리고진이 정립한 우주자연은 혼돈 속에 질서가 함께 현재진행형으로 창진되는 세계이며, 시간개념은 비가역성과 가역성의 공진으로 확장된다.

가역성은 기계적이고 고정적인 돌이킬 수 있는 선형의 세계이다. 비가역성은 자생적 조직화의 창진적 과정으로서 돌이킬 수 없는 비선형의 세계이다. 프리고진이 규명해 낸 혼돈 속의 질서로서 세계관과 시간개념은 바로 동양에서 말하는 '전일한 세계관'이다.

희랍철학 이래 2500년간, 서양의 지적전통은 공간(우주자연)과 시간 그리고 인간의 상관성에 대한 고뇌의 천착과정이었다. 17세기에 들어와 제시된 뉴턴의 기계적 결정론, 즉 보편절대 자연법칙이 제시한 평형의 세계 속에서는 시간개념이 공간 속에 환원되고 만다. 그 결과 고전적 고대의 모태였던 신화와 종교는 인간의 세계와 분리되고, 물질과 정신은 두 개로 분리된다. 고작해야 이 세계는 신학과 인간학, 인문학과 자연과학의 이분법적 충돌과 동시에 변증법적 결합과정에 불과하다. 2500년

간 시간과 공간, 인간관계의 딜레마는 20세기 프리고진에 와서야 그 해결의 실마리가 잡힌다.

프리고진이 잡은 아리아드네의 실은 놀랍게도 동양 세계로 인도된다. 불교에는 "모든 인간은 그 나름 우주의 중심이다(天上天下唯我獨尊)."라는 말이 있다. 서양적 관점으로 본다면, 시간을 배제한 공간생명을 의미하는 것처럼 보인다. 그러나 이 하나의 주체가 다른 주체와 생명관계를 맺지 못하면 의미와 가치를 잃은 시체(屍體)에 불과하게 된다. 생명관계를 이루는 핵심은 시간이다. 눈에 보이지 않지만, 시간은 숨은 행위자로서 엄연히 존재한다. 시간은 우주의 중심이다. 시간은 나, 너, 이, 그, 저를 우리로 연결하는 끈이다. 시간이 없다면 공간은 아무런 의미가 없다.

동양문명이 자랑하는 자기충분성의 역사는 어떻게 축적되었을까? 동양은 서양과는 달리 시간을 중심축으로 역사, 즉 우주 자연과 인간의 삶을 통괄적·일원적·일체화로 융합시켜 전개하여 왔다. 동양문명권에서는 적어도 서양의 경우처럼 시간개념을 없애버리거나 공간 속에 수렴·환원시키지 않았다. 시간과 공간은 물론, 세계관과 시간개념도 분리되지 않는다. 따라서 정신과 물질의 구분이나 인문학과 과학의 구분도 없다. 실사구시와 격물치지 8자는 동양세계가 시간을 중심축으로 삶을 영위하며 획득한 과학관의 요체다.

동양세계에서는 우주·자연·인간이 통괄성 속에서 개별성을 유지한다. 복잡하고 다양하면서도 개별적이면서 통일적으로 상호작용과 공명, 교직과 융합의 되먹임구조의 메커니즘을 구동한다. 세계와 인간은 유기적인 생명조직체로서 자기조직화와 자기 완결성을 지닌 삶의 과정 그 자체이다. 인간은 우주자연의 일부로서 자기충분성 세계의 자유를 누린다. 자유란 자생적 조직화와 자주적 완결성과 자생적 입증 과정이다.

프리고진은 이 지점을 간파하여, 동양에서의 자연이란 스스로 있는 존재[33]라고 규정했다. 그는 동양 세계는 우주·자연·인간이 자기조직화되고 자기완결성을 가진 통괄적 연결망 집결체, 즉 시간을 중심축으로 형성된 자기충분성의 역사세계임을 통찰했다.

2) 기독교 세계관과 시간개념 그리고 인간

프리고진이 제시한 혼돈 속 질서로서 세계관과 시간개념은 동양과 서양, 종교와 철학과 과학을 하나의 해석체계로 묶어준다. 그 시간과 생명의 틀(paradigm) 안에서 기독교, 불교, 유교, 도가, 우리 한국의 세계관을 일관성 있게 할 수 있다.

공간을 기준으로 놓고 보면, 기독교 세계관은 하나님 나라와 이 땅이 분리된 다른 세계인 듯 보인다. 근대 과학이 저지른 공간만을 바라보는 외눈박이 착시의 출발점이다. 시간을 중심축으로 본다면, 하나님의 나라와 인간의 세계는 결코 두개로 분리될 수 없다.

하나님의 나라는 다차원적이면서 전일한(holon, whole) 전체가 되고, 인간의 세계는 그 일부분(one, part)이 된다. 하나님의 통전적인(eternal) 시간성 속에 순간적인(now) 생명체 인간의 시간이 결합·통일되어 공진한다.

---

33) According to Chinese tradition, spontaneous harmony; "laws of nature" would thus subject nature to some external authority.

동양과 서양을 구분할 것 없이, 모든 생명체는 후손을 통해 물리학적 시간을 연장한다.

『성경』은 절대자(logos)의 시간 제작과 관리의 역사이다. 창세기는 우리우주 탄생의 시간과 사건의 기원을 밝힌다. 뉴턴의 절대공간과 정지된 시간개념은 창세기에서 요한계시록까지 마치 일직선의 알파요 오메가인양 해석을 강요한다.

친지창조 사건은 우리중심의 우주, 그것도 지구적 차원에서 바라본 우주, 즉 '질서 속의 혼돈'일 뿐이다. 사실 우주에서 바라본 우리지구, 즉 혼돈 속의 질서로서 메타우주는 우리의 인지 밖에 있는 '무엇이라 말할 수 없음'의 또 다른 차원의 경향성과 가능성으로서의 세계이다. 창세기의 시간개념은 창조주 시간을 제작하는 신의 입장, 즉 로고스의 시간이다. 인간세계의 시간개념이 아니라는 데 그 핵심이 있다.

구약에서 에덴 추방사건은 인간이 신의 시간에서 쫓겨나 인간의 시간으로 독립하여가는 사건과정이다. 출애굽 사건은 이스라엘 민족이 다시 신의 시간으로 구제받게 되는 시간의 전회를 보여주는 혁명적 사건이다.

인간의 시간은 종적인 질서에 의해 규정되는 노예적 삶이며, 신(로고스,진리,창조주)이 부여한 시간은 수평적인 질서에 따른 자유의 삶이다. 사실 인간이 형성한 세상과 조직은 어디든지 권력, 신분, 돈, 합법적 폭력에 의해 종적으로 질서화·위계화된다. 인간만이 인간을 노예로 삼고, 동종을 대량학살 하는 존재이다.

제2의 에덴에 해당하는 가나안 땅의 질서는 하나님이 인도하고 인간이 공진하는 시간이 만든다. 광야생활 80년은 절대자의 숨결(시간)과 인간의 생명(시간)이 공진하며 일체화되는 장엄한 서사시(historical streamings)이다.

신약에서 예수의 십자가 사건은 '인간에 의한 신의 죽음'과 '절대자에 의한 인간의 부활'이라는 인간과 인간·신, 절대자의 시간이 만난 공진적 사건의 다차원적 관계의 전개양상을 보여준다. 그 사건 현장이 해골의 언덕이라는 죽음과 삶의 공진이다.

죽음이란 인간과 신의 경계선상을 의미하는 시간이다. 해골언덕의 십자가 사건은 인간과 인간·神(예수 그리스도), 절대자(여호와)가 십자가를 중심으로 집결되는 초 인류적이고, 전우주적인 시공현장이다. 십자가 사건은 '인간화된 신의 아들' 예수의 생명은 죽고, '인류의 구원자이자 신의 아들'로서 그리스도가 부활하는 전환적(holon) 사건이다.

십자가 사건은 인류에게는 신의 시간의 회복이다. 예수 그리스도를 통해 인류가 다시 신의 시간을 공진할 수 있게 되었다. 인류의 시간에서 신의 시간으로 공진성의 회복, 바울신학의 핵심요체이다.

십자가 사건에서 반드시 풀고 넘어가야 할 의문점이 있다. 십자가에 매달린 예수 그리스도의 정체성은 인간인가? 신인가? 예수의 정체성은 인간이면서 신이 함께 있다. 코끝에서 호흡이 멈추는 순간 육신으로서 인간의 시간은 멈춘다. 이제 인간에게는 보이지 않는 신의 시간만이 남게 된다.

십자가는 인간 죄악의 이름으로, 인간의 생명를 죽이기 위한 도구이자 사물이다. 예수가 메고 못 박힐 때까지 십자가는 죄와 형벌의 상징이다. 그러나 예수의 죽음과 부활과 결합한 십자가는 구원, 부활, 생명, 영생과 영광의 상징물로 그 정체성이 전회된다.

인간이 예수 그리스도와 십자가 사건을 믿고 연합하면, 그 삶의 시간이 인간의 시간에서 신의 시간으로 변경된다. 종에서 주인으로, 전쟁에서 평화로, 이기와 탐욕에서 절제와 비움으로, 순간에서 영원으로 한 인간의 삶이 역전된다. 인간의 시간에서 신의 시간으로의 운명적인 전회이자 혁명이다.

절대자의 전일(全一)한 시간 속에 인간의 순간적인 일생이 수렴된다. 죽음에 직면한 한 성직자는 "절대자 앞에 죽음이란 없다."라고 규정했다. 둔중한 울림을 갖는다.[34] 절대자의 영원무궁한 숨결 속에 한 인간의 안개같이 짧은 시간이 합생(合生)한다. 절대자의 전일한 시간성 속에는 인간이 규정한 우선순위란 의미가 없다.

신약성경 말씀에 "먼저 된 자가 나중 되고, 나중 된 자가 먼저 된다."라는 구절은 시간의 전일성 속에서만 가능하다. 전일성은 홀로그램적인 세계이다. 홀로그램은 통괄성과 순간성이 공진하는 4차원의 세계를 보여준다.

'절대자=진리=말씀=예수=성령=영생'의 통괄성 속에 인간의 삶이라는 순간성이 접목되어 공진한다. 한 올 겨자씨만한 믿음의 숨결이 발화되어 신의 숨결에 합류·합생한다. 신의 숨결은 진리의 세계이자 영생의 시간이다. '내가 너희 안에, 너희가 내 안에'의 통전적인 삶은 크리스천의 본질이다.

3) 동양의 세계관과 시간개념 그리고 인간

동양사상의 특징은 우주(천지)와 자연 그리고 인간을 구분하지 않는다.

---

34) 이재철 동아일보

이 세상에서 하나의 시간생명으로 융합시켜 되어 운명공동체적 삶을 교직하여 가는 세계 창진의 주인공으로 여긴다.[35] 시공은 곧 우주자연이다. 우주 자연 속에서 모든 생명은 유기적 생명공동체의 일원으로 참여한다. 고정된 공간의 상(象) 속에서 시간의 행위역량이 변역의 상(像)으로서 그 운명선의 벡터를 전개해갈 뿐이다. 주역과 연기론의 시간개념은 모두가 한 올 한 올의 시간성이 엮이고 매듭지어 창진적 우주 세계의 총화적 연결망으로 확장된다.

① 노장사상: 카오스모싱의 세계

도의 현묘함은 프리고진이 제시한 카오스모싱의 세계이다. 도가에서는 도가도비상도, 명가명비상명(道可道非常道. 名可名非常名), 도생일, 일생이, 이생삼(道生一. 一生二. 二生三)이라고 한다. 노자는 도(道. tao)는 도라고 이름을 붙이는 순간, 이미 전일성과 항구성(常道)을 지니지 못한다고 가르친다. 노자가 말하는 카오스는 '무어라 말할 수 없음'의 혼돈미분(混沌未分)의 상태이다.

'道生一, 一生二, 二生三' 과정을 프리고진은 입증한 비평형 무산구조 속에서의 질서가 생성되는 카오스모싱이다. 도가는 미시와 거시의 세계를 아우른다. "입자를 입자라고 말한다면 이미 물질이 아니다. 파동을 파동이라고 말한다면 이미 파동이 아니다." 양자역학의 패러독스를 말하고 있다.

---

35) 프리고진이 말한 비가역성이 만들어낸 엔트로피, 곧 시간의 화살표이다. 순환적인 시간론이라고 할 때 유클리드 기하학에서의 2차원적 원을 그려놓고 순환이라고 오해해서는 안 된다. 불교적, 혹은 주역의 순환과정이란 다차원적, 입체적인 나선형이고 비가역적인 시간의 화살표를 의미한다. 물길이 소용돌이치거나, 회오리바람처럼 쉼 없고 끝없이 영원히 연기적으로 순환한다.

노자는 도의 현묘함은 형언할 수 없고, 깨달은 자는 말하지 않는다. 지자불언, 불립문자(不立文字, 知者不言)의 세계이다. 도가의 세계관은 전일한 우주자연의 조화로운 체계 질서에 인간이 순응하여 합생하는 데 있다. 알고 보면 도가는 기독교의 세계관과 시간관과 동일하다. 차이점은 기독교의 절대자는 하나님이지만, 도가의 절대자는 우주자연이 지닌 현묘한 진리이다. 현묘함이 'chaosmosing'이다. 동양과 서양의 세계관과 시간개념의 본질은 동일하되 시간의 전개 양상이 다를 뿐이다.

② 유가철학: 역경

유가철학의 정화인 역경(易經)은 공간을 주어진 불변의 상(常)으로 여기고, 시간이 빚어내는 변역(變易)을 비상(非常)의 파트너로 여긴다. 시작과 끝이 결정되어 있는 고정불변의 공간성이라는 점에서 뉴턴의 공간적 세계관과 일치한다. 그러나 신과 인간의 시간의 공진이라는 개념의 맥락이 일치한다.

중국인들에게 우주(宇宙)란 공간의 집과 시간의 집을 의미하는 복합 동명사다. 불변하는 공간은 만유를 담아내는 그릇이라면, 변역의 시간은 만유를 생장소멸하는 변역의 중심축이다.

역경이란 권력질서와 생산력, 인간관계와 삶의 자세를 경영하고 끌어가는 시간사용 설명서이다. 공자가 《역경》의 원리를 정립하고, 진시황이 중국을 일통한 뒤부터, 중국은 통치로드맵으로서 한 개의 역수(曆數)를 적용했다.

중국철학에서 인간이란 자생적 조직화와 자기충분화의 총부(總府)인 우주 자연을 본 받아 인문세계를 창진하는 사명을 획득한 존재이다. 인간은 우주자연의 소산물로 태어나 우주자연의 도리를 본받아 수양하여 인문세계 창조자로서 그 지위를 혁명하는 존재이다. 그 과정이 주역과

중용에 나타난 법자연의 인성론이다.[36]

　역경(易經)은 중국문명이 축적하고 공자가 집대성한 중국 시간론의 정화이다. 동양사회는 시간(역사)을 중심축으로 삶을 영위하여 왔다. 서양의 물리학(physics)는 물상(物象)으로 번역된다. 물(物)은 우주자연과 물질계를 의미하고, 상(象)은 경험을 추상화한 표상과 관념의 세계이다. 실사구시(實事求是)와 격물치지(格物致知)의 세계는 중국 경험론의 핵심이다. 물상에서 물은 입자를, 상은 형상, 파동을 의미한다. 물상이란 시간성 속에서 전개되는 만유의 변화과정의 양상을 의미한다.

　중국인들은 이 변화 과정의 양상 속에서 시간개념을 획득했다. 이 시간 전개과정의 양상을 주역은 태극-음양-사상-팔괘-64괘로 기호로 상징화하였다. 중국 경험 물상학의 총화인 주역이 펼쳐놓은 상징체계, 일(1)에서 음과 양(2)에서 4, 8, 16, 64, 128……65536이라는 양상, 즉 시간은 2^{16}이라는 무궁무진한 양상으로 전개된다.

　현대물리학에서 10^{23}이라는 아보가드로의 분자 수에 이르는 지수함수적인 전개과정은 천변만화의 다양성과 복잡성이 나타난다. 천변만화의 지수함수적인 양상 속에서도 시간의 화살표가 공진한다. 전 인류 60억의 얼굴과 성격이 모두 제각각 다른 이유가 여기에 있다.

---

36) 天地란, 하늘과 땅이 어울려서 만물을 생성한다(周易, 咸卦: 天地感而萬物化生). 우주 생성을 의미한다. 宇宙란, 동서남북 사방으로 확장되어 있는 공간구조를 宇. 옛것은 가고 새것이 오는 生成滅毁의 지속현상, 즉 과거, 현재, 미래의 시간유변을 宙. 곧 우주란 공간과 시간의 집을 의미하는 복합명사이다. 天下는, 우주생성적 의미 외에 만유회통의 장소를 범위로 한다. 생성변화의 질서를 통섭(統攝)하는 영역이라는 회통의 의미가 강하다. 정치질서를 연결시키면 우주와는 많이 달라진다. 世界는, 우주라는 말의 출현보다 늦었다. 불교가 들어오고 나서부터 생겼다. 世는 시간변화의 의미로서 과거, 현재, 미래의 시간적 흐름을 말하고, 界는 상하사방의 공간상의 경계를 말하는 것이다. 국가 또는 세간과 같은 하나의 영역, 다른 세계와 막혀서 구별되는 공간이다. 김충열, "중국 〈천하사상〉의 철학적 기조와 역사전통의 형성", 『중국의 천하사상』, 서울:민음사, 1988, pp.105-110

4) 김상일 교수: 불교와 한국철학

불교와 현대과학의 세계관과 시간개념은 중국 역경의 실사구시(中)를 한 차원 비월한다. 불교 반야심경의 색즉시공 공즉시색(色卽是空 空卽是色)은 바로 양자역학의 세계관과 시간개념의 출발점이다. 양자역학에서 물질(유, 색)과 파동(무, 공)의 관계성을 구명하는 길과 같다.

김상일 교수는 한 사상이야말로 중국 철학에 형이상학적 성격을 부여하여 중국불교를 한 차원 높은 세계로 끌고 갔다고 주장한다. 의상의 화엄일승법계도는 중국 화엄불교의 연꽃으로 평가된다. 그 세계관과 시간개념은 프리고진이 제시한 양자역학을 파동과 물질의 조화의 단계로 끌어올렸다. 혼돈(法, 전체)가 질서(佛, 一)이고, 질서가 곧 혼돈이다. 의상의 세계관은 법이 곧 불이고, 불이 곧 법이다. 시간상으로는 법에서 출발하여 불로 끝나고, 다시 법에서 출발한다. 부분(多) 속에 전체(一)가 담겨 있고, 전체는 곧 부분 속에 환유되어 있다는 홀론적인 세계이다.

시간은 통괄적인 현재진행형의 조화와 질서 속에서 천변만화의 제각각의 생성의 자유를 누린다. 일체다즉 다즉일(一切一卽 多卽一) 즉, 영원불멸의 부처의 시간과 순간적인 중생의 시간이 공진한다. 즉 통괄적인 시간과 순간의 시간이 공진한다. 여기에서 기독교에서 신의 개념과는 달리, 불교에서 부처는 곧 중생, 중생은 곧 부처라는 등식이 성립된다. 이 점이 기독교와 다르다. 중생이 부처가 될 수 있는 점에서 화엄의 운명주권은 인간에게 있다(化神). 기독교는 인간이 신과 합류해야만 합생한다는 점에서 영생의 운명 주권은 신에게 있다(創造主).

고구려 출신 승랑은 중국에서 중국불교의 유·무 쟁론을 종식시키고,

유와 무가 조화롭게 공진한다는 이체합명론의 새로운 비전을 제시했다. 제 일명에서는 진체를 무, 속체를 유로 놓고 유무(有無)로 양립시킨다(서로 부정). 제 이명에서는 유무(有無)를 속체로 하고, 유무가 둘이 아님(不二: 非有非無)을 진체(서로 조명)로 한다. 제 삼명에서는 앞의 유무와 그것에 대한 부정(非有非無)를 속체로 삼고, 바로 그것에 대한 이중부정(非非無 非非有)을 진체(개현)로 삼는다.

제 일명은 유와 무를 양립시켜 입자이냐 파동이냐를 대립시키는 단계로서 데카르트-뉴턴적 관점이다. 제 이명은 이를 가운데(中)로 묶어 상보시키는 단계로서 양자역학의 세계이다. 제 삼명은 가운데로 묶은 상보성마저 부정한다. 양극도 없고, 양극의 가운데도 없다.[37]

승랑은 이원론적 병폐는 물론, 가운데가 있다는 망상도 뽑아버린다. 서로 마주보고 빛을 쪼이며 합명(合明)하는 불확정성의 상태가 제삼명 비비무비비유(非非無 非非有)의 혼돈 속의 질서(渾沌) 경지이다.

화이트헤드가 그의 과정철학의 핵심어로 제시한 합생(合生)의 개념과 동일하다. 승랑의 이체합명론은 모든 개체 하나하나가 자기 자신을 스스로 밝혀 제 모습 자체를 그대로 현현시키는 자생적 조직화와 비가역적 시간의 화살표를 보여주고 있다.

김상일 교수는 중국사상은 엄격한 의미에서 현대물리학의 상보성 이론이나 불확정성이론을 접목시키는 데 한계가 있다고 지적한다. 그 한계의 핵심은 역의 틀 때문이다. 역사화 된 중국 경험주의가 지닌 DNA의 이론적 한계를 한마디로 집어낸 탁월한 통찰이 아닐 수가 없다.

역(易)의 틀(frame)이란 시간의 전방위적인 전개양상을 실사구시(實事求

---

37) 김상일, 『현대물리학과 한국철학』, 서울:고려원, 1992, pp.225-230

理)와 격물치지(格物致知)에 입각하여 관찰하고·반복성을 축적 끝에 그 패턴을 형상으로 그려낸 상징과 기호로서, 중국경험주의의 총화이다. 따라서 중국은 중(中)에 머무른다. 중국의 경험주의적 귀납법으로서 실사구시와 격물치지의 결론이 바로 중이다. 중국에 신(神)이나 형이상학이 발달하지 못한 이유이다.

한국 철학은 중국의 중(中)을 뛰어넘어 그 차원이 한울님(神. 絶對者)이라는 통섭의 세계관(CHAOSMOSING)으로까지 확장된다. 이 한울님이 단군, 부처, 조상, 예수 그리스도이다. 그 기원은 천부경, 삼일신화 등에 기록되어 있다. 한국철학에 와서야 마늘과 쑥을 먹고 사람이 된 곰의 신화가 가능하다.

이 조화와 융합의 세계관이 의상, 승랑, 율곡 이이의 이기일원론, 정약용의 성기호설을 같은 한국적인 역사적 사유의 특색의 맥으로 이어진다고 평가, 현대과학이 제시한 홀론의 세계와 재접목시킨다. 이렇게 될 때 한국철학과 중국철학은 확연히 구분된다.

유가와 불가 그리고 한국철학의 세계관과 시간개념의 차이가 있다면, 중국 유가는 천지의 개념을, 관념적으로 확장하지 않은 채, 현상계 내에서 우주자연의 경험을 귀납하여 자기 충분성의 도덕적 이치를 깨달아 현실세계에 적용해가는 역사적 인문주의 정신이다.

인도불가는 현실계의 인지차원의 세계를 비월하여 직관적인 다차원의 이상세계로까지 연역한 뒤, 다시 돌아오는 화엄적 인문주의 정신이다. 한국철학은 중국의 실사구시, 인도의 화엄세계, 기독교의 영성 차원의 세계관을 융합·조화시킨 독특한 인간과 신의 결합이 이뤄진 한민족의 세계관과 시간개념이다. 이와 같은 독자적이고 주체적인 정신문화세계가 5000년간 외세의 침탈을 겪으면서도 무너지지 않는 민족혼과 역량의 바탕이 된다.

2. 프리고진의 역설, 동양의 세계관과 시간을 설명하다

1) 상대성이론과 양자역학, 왜 주역과 만날 수밖에 없나?

역사는 과거를 현재 속에서 행동하고 생활하는 사람들의 등정이다[38]
17세기 뉴턴법칙이 지구상에 근대 산업혁명의 시작을 불러왔다면, 20세기 초 현대과학은 우주 핵 체제 혁명의 시작이었다. 그 출발점은 아인슈타인과 하이젠베르크이다. 아인슈타인의 질량과 가속도의 법칙($E=mc^2$), 하이젠베르크의 불확정성원리와 닐스보어 양자역학 그리고 화학의 발전은 우라늄 분자 속에서 양자와 중성자 전자의 상관성을 구명하여 핵분열과 핵융합의 원리를 찾아낸다.

현대 과학혁명이 정립한 법칙들은 바로 우주생성 원리이고, 그 대표적인 물리적 구현체가 핵무력이다. 핵무력은 세계 제2차대전을 종식시켰고, 세계질서를 핵보유국 중심으로 구심화했다. 뒤를 이어 팽창하는 우주, 대폭발이론, 비평형 불안정성의 구조로서 우주론이라는 혁명적 진보가 이뤄진다.

현대과학이 추구하여 얻어낸 해답은 '우주자연은 자기충분성의 세계'라는 결론이다. 우주자연의 섭리는 인간과는 아무런 상관성이 없었다. 우주자연이 지닌 자기충분성의 얼굴은 비평형 불안정성의 구조와 자생적 조직화의 원리를 구비하고 있다. 자생적 조직화는 전일성, 자주

---

38) Bronowski, The Ascent of Man, 2011, p.329

성, 자생성, 자증성, 영원성 속에서 스스로 운행되는 자기완결성을 지니고 자존적으로 전개된다.

장엄하고 도도한 우주자연이라는 자존적 존재의 자생적 운행과정에 한 올 생명체에 불과한 인간이 있거나 없거나 무슨 상관이 있겠는가? 결국 서양세계는 과학혁명의 진보를 이뤘으나 인식론을 잃어버리는 국면에 봉착한다.[39] 에드거 스노우는 두 개의 문화라고 고백한다.

서양은 뒤늦게 인문학과 자연과학 사이의 불합리한 괴리를 인정했다. 절대공간에 입각한 뉴턴 세계관의 모순을 통렬하게 지적한 철학자들이 쇼펜하우어와 니체이다.[40] 대안을 제시한 과학자들은 베르그송, 화이트헤드, 프리고진이다. 실존과 생명에 천착한 이들 과학철학자들은 인간의 독자적인 능력으로는 풀 한 포기 하나 제대로 이해할 수 없다는 한계를 통찰했다.

생철학자들은 생명 생성의 전개과정, 즉 시간을 생동하는 우주의 중심축으로 심는다.[41] 뉴턴의 절대공간 개념이 사라진 자리에, 우주자연은 시간의 화살표에 따른 연결망이라는 새로운 세계관이 대두되었다. 동시에 우주의 주인에 해당하던 인간의 지위도 함께 사라졌다.

동양에서 우주(宇宙, heaven)는 공간(空間)의 집과 시간(時間)의 집이 합생

---

39) 이후 들뢰즈의 해체주의, 푸코의 공간의 시간 생성론, 라투르의 행위자 연결망이론 등이 출현한다. 들뢰즈를 따라가면, 해체의 끝은 생성이고 생성의 끝은 통괄이고 통괄은 다시 해체라는 순환론으로 돌아온다. 푸코 공간의 시간생성론은 그 중심축이 시간과 공간이 뒤바뀌었다는 데 있다. 행위자연결망이론에는 시간성이 배제되었고, 그 결과 생명이 없다. 다시 뉴턴의 기계적 결정론의 구조에 환원된다.

40) 쇼펜하우어는 서구문명의 사상적 공동화에 따른 대안적 인식기준으로서 생존 욕구에의 의지를, 니체는 권력에의 의지를 주장한다.

41) 베르그송은 창조적 진화과정의 순수지속으로서의 시간을, 화이트헤드는 유기체적 생성과정으로서의 시간을, 프리고진은 순수지속과 과정을 가역성과 비가역성의 시간의 화살표, 즉 공진성으로 묶었다.

(合生)하는 복수명사이자 동사이다. 주어도 될 수 있고, 동사도 될 수 있는 현재진행형의 동명사이다. 공간은 항구적이고 변함없는(常) 하늘과 땅이다. 반면, 시간은 우주자연(常) 속에서 생·장·소·멸하는 천변만화의 변역양상과 무궁무진한 전개과정(無常)이다. 생명의 창진양상은 무상(無常)의 변역과정이다. 인간은 시간과 생명의 성전인 대자연 속에서 순응하며 함께(도가) 자연 속에서 인문세계를 창진하는 존재(유가)이다.

우주자연이 고정불변이라면 그 상의 세계 속에서 전개되는 변역(變易)은 무상(無常)이다. 특히 승랑과 의상이 제시한 동양의 세계관은 상 속에 무상이 있고, 무상 속에 상이 있다. 변역은 상과 무상의 현재진행형적 공진(供進)이다. 바로 카오스모싱과 코스모카오싱으로서 세계의 공진이다.

마치 남녀 이란성 쌍둥이가 한 어머니의 품에 안겨 두 개의 젖을 제각각 빨듯이, 변역은 통괄적인 시간과 지금이라는 현재진행형의 시간을 모두 품고 있다. 즉 동양인의 삶에는 항구적인 질서와 그 항구성의 섭리를 번안한 인간의 현재진행형의 발걸음이 공진한다. 그 발걸음의 공진은 통괄적인 맥락과 개별적인 국면이다.

이와 같이 동양은 변역, 즉 시간을 중심축으로 하여 운명과 역사를 이룩해 왔다. 인도, 중국, 한국, 일본 할 것 없다. 시간중심이라는 면에서 불교 화엄론과 연기론은 서양의 형이상학과는 그 차원과 수준, 전개과정이 다르다.

서양 물리학은 동양에서는 물상학(物象學)이다. 물은 사물(事物, things)을 뜻하고, 상은 표상(表象, representation)을 의미한다.[42] 동양에서 변역의 원

---

42) 표상은 물리적 표상(physical representation)과 정신적 표상(mental representation)으로 나뉜다.

리와 양상을 번안하고 기호화한 체계가 역경이다. 역경은 동양의 세계관과 시간개념이 응집되어 기호화된 물상학의 총화이다. 한마디로 역경은 시간 전개에 따른 생명의 물리적 구현 양상(=생성), 즉 물상학이다. 그러나 서양 물리학과 동양 물상학은 그 개념과 용도가 전혀 다르다. 물리학이 우주자연에 대한 인간 인식의 과학적 이론체계라면, 물상학인 역경은 시간을 중심축으로 한 실사구시적 국가통치 원리이자 삶의 지침서에 해당한다.

서양 현대과학과 중국 역경은 시간의 생명 생성 메커니즘인 되먹임 구조를 통해 접목된다. 역경 64괘의 결합과 생성원리는 물상과 시간의 상호작용과 공명, 융합과 교직의 원리와 전개양상, 그 벡터(vector)에 있다. 물상의 본질은 생명과정이고, 그 관통 원리는 생명과 시간이다.

2) 역경(易經): 우주 · 자연 · 인간 변역(變易)의 그물망과 시간[43]

역경은 중국문명의 철학적 근간이자 물상학의 총화이다. 동양사상의 특징은 영원무궁한 시간성을 가진 우주(천지)와 자연 그리고 현재의

---

43) 1949년 중국은 모택동과 공산당에 의해 일통되었다. 이후 1978년 등소평의 개혁개방 노선선회가 이루어질 때까지 30여 년간 중국철학은 냉전 패러다임과 모택동 사상의 메커니즘에 강제되었다. 중국 역사 철학으로서는 암흑기였고 공자학은 반혁명의 퇴물로 취급되었다. 반면 중국 전통철학은 대만에서 그 순결성이 유지되고 발전되었으니, 그 대표적 학자가 방동미(方東美) 교수이다. 한국 출신 유학생 김충열(뒤 고려대 철학과 교수)는 그 문하의 수제자로 꼽힌다. 김충열 교수는 시간과 생명을 중심축으로 역경과 중용, 인간을 관통하여 해제한 최초의 동양철학자이다. 그의 논문 "역용에 나타난 법자연의 인성론"은 우주 · 자연 · 인간을 생명변역(生命變易)의 통괄적(統括的) 그물망과 현재진행형의 시간개념의 융합관계를 명료하게 보여준다.
서양에 철학자 화이트헤드가 살아 있을 때 동양에는 철인 김충열이 있었다고 해도 과언이 아니다. 화이트헤드의 과정철학을 김충열의 시간 중심축의 역경해제에 적용시키면 김충열과 화이트헤드 철학(세계관과 시간개념)은 누구의 것이라고 분간할 수 없을 정도로 일체화된다. 필자가 명명한 김충열 교수의 주역해제는 "역용에 나타난 법자연의 인성론"을 중심으로 세계관, 생명과 시간개념, 8괘와 64상을 재구성했다.

시간성을 가진 인간을 구분하지 않는다. 인간은 이 둘을 하나의 통괄적인 현재진행형의 시간생명으로 융합시켜 운명공동체적 삶으로 번안하고 교직하는 인문 세계 창진의 주인공으로 진화한다.

중국에서 우주자연(天地自然)은 완전무결한 구조와 일체구족(一切具足)한 행위역량을 갖춘 최선·최량의 실재적이고 유일한 존재이다. 역경에서 우주, 천하, 자연, 세계라는 용어는 거의 동일한 개념이다.

중용은 우주자연과 인간의 관계를 "성자(誠者)는 천지도야(天之道也)며 성지자(誠之者)는 인지도야(人之道也)"로 규정한다. 운명(運命)이다. 인간이 추구하는 이상적 지위와 운명적 벡터의 미래상을 우주자연(天)과 병진하는 차원으로 끌어올린다. 필자는 우주, 자연, 천하, 천지 등의 용어를 편의상 '宇宙自然', '자연'으로 통일한다.

중국에게 자연계는 서양의 신과 같은 개념이다. 우주자연은 자기충분성의 완만구족(完滿具足: 至眞, 至善, 至美)하기 때문에 마치 서양의 신처럼 만물의 생원(生源)이요, 만유역사의 통섭자이며, 일체 이상가치의 총부(總府)이다.[44] 중국철학은 생명과 생명관계의 전개과정인 시간이 중심축을 이루게 된다.

중국 사람의 우주는 기계적 물질만이 활동하는 장소가 아니라 보편적 생명들이 유형하는 세계다. 이를 나는 만물유생론이라고 한다. 이 세상에는 그 어느 것도 죽어 있는 것은 없다. 모든 현상 속에는 모두 생명이 간직되어 있다.[45]

---

44) 김충열, 위의 책, 117.

45) 方東美, 『中國人性哲學槪要』, 先知出版社本, p.13(재인용)

동양 문명과 철학의 특징은 '생명'에 있다. 생명의 최소단위는 유기체이다. 화이트헤드 철학의 핵심인 유기체는 생명 생성의 패턴과 조직 과정이 물리적으로 구현된 연결망(구조)이다. 우주 만유에는 생명이 있고, 모든 생명에는 가치가 담겨 있으며, 생명관계는 시간에 의해 변역된다. 변역된다는 그 사실만은 변역되지 않는다. 불교에서도 '세계는 무상(無常)이고, 무상이라는 진리성만이 상(常)'이다.[46]

김충열 교수는 "우주생명은 그 스스로 가치를 함유하고(성격), 그 역량을 발휘하여 우주전체에 기여하고(역할), 전체의 성취 속에서 자기를 향유할 수 있는(기능) 무한역량의 구현체(지위)"라는 진리성을 알려준다.

천지만물의 무한충만한 가치는 바로 인간에 의해 실현된다. 이 인간이 대성하면 곧 우주(天, 地)와 병렬하는 위치에 이른다. 이것이 중국의 인문주의 특징이다. 인간은 우주자연의 생성물로 태어나 우주의 변역을 헤아려 번안하고, 참여·주도하는 존재로 진화한다.

하늘은 위에서 만물을 덮어주고 땅은 아래에서 만물을 싣고 있다. 하늘과 땅의 공능(功能: 행위역량)은 서로 화합하여 만물을 생성한다. 천지는 만물의 기생장(寄生場)으로서 공간적 구조이면서 동시에 천지는 또 만유를 창조하고 잉육(孕育)하는 생성원이므로, 유한한 공간 속에서 영위되는 변화생성은 무궁한 시간을 타고 생기발랄한 운전을 계속한다.[47]

---

46) 중국철학에는 서양의 창조주도, 주재자도 없다. 신의 자리에 자연이 대신한다. 자연 전체가 하나의 유기적인 정체(整體)의 공능단위가 되어 만유화합(comprehensive harmony) 속에서 우주의 창조충동(cosmic creative impulse)이 이루어진다. 이와 같은 生機的 일원론은 서양 철학의 형이상학적 이원론(western metaphysical dualism)과는 근본적으로 다르다.

47) 김충열. 위의 책, pp.50–51

변역은 우주자연 속에서 무궁한 시간을 타고 진행되는 생기발랄한 운전과정이다. 우주자연의 소생물인 인간이라는 생명체는 변역의 양상과 질서에서 시간성을 인식하고, 자신의 삶을 天道에 맞춰 옮기는 데 성공하여, 우주자연의 주도적 참여자로 승격된다. 그 인지과정과 지침의 총화가 역경(易經)이다. 운(運)은 우주운행의 도(道)이고, 명(命)은 생명노선이다. 이것이 운명이다.

이 세상에는 변화하지 않는 것이 없다(變易). 그러나 그 변화하는 궤도 자체는 불변한다(不易). 인간은 그 변화를 미리 짐작하고 예지와 應變을 할 수 있다. 〈以不變, 應萬變〉의 간역(簡易)이다.[48]

인간이 인문세계를 창진하는 행위역량을 획득하는 관건은 시간개념을 획득하는 데 있다. 인간은 三易(變易, 不易, 簡易)으로 이해된 자연을 천지(天地), 만물(萬物), 생성(生成)으로 생기적인 세계로 재구성하였다. 불역의 공간인 천지는 변화생성하는 만물 생성과 변역의 터전으로 삼았다. 변역은 모든 생명의 물리적 구현 과정이다. 불역이 간직한 천지의 운행 법칙과 변역이 펼쳐내는 만물의 변화생성 질서를 헤아려 자기화하는, 번안의 총화가 간역(簡易)이다.

이 간역의 세계가 중국 철학의 근간인 역경이다. 인간의 간역 획득과정이 성명(性命)이자 인문세계 창진의 행위역량이다. 유가 역경은 재구성된 세 가지 경계 속에서 세계를 인지하고, 농경생활을 영위하고, 실천

---

48) 김충열, "중국 〈천하사상〉 철학적 기조와 역사전통의 형성", 『중국의 천하사상』, 서울:민음사, 1988, .pp.109-110

지성으로 변모하여, 마침내는 인간을 천지공능의 대행자, 즉 인문세계 창진자로까지 스스로의 위상을 정립시킨다.[49] 결국 간역을 획득한 인간은 변역 속에 함장된(complicate) '시간의 역량'을 읽어내고 번안하여 인문세계를 창진하는 제3의 존재, 우주적인 인격으로 진화한다.

3) 중국 인문세계 국가 경영 지침서(time text)로서 易經(calender)

공자는 오십 세 이후인 만 년 20여 년의 시간과 정력을 주역(周易) 연구에 기울이고, 여기서부터 진정한 사상가와 철학가의 신분으로 성명학(性命學)의 근원을 열었다. 주역(周易)이 처음 말한 '천도(天道)'와 '성명(性命)'은 중국 형이상학의 주제인 운명이다. 역(易)은 유가사상 연구의 기점이요, 중국철학의 발원이고, 성명을 말한 것으로는 주역(周易)과 중용(中庸)이며, 孔·孟의 전통정신은 천인합덕(天人合德)을 전제로 한다.

주역은 원래 복서행위를 기재한 서적이었으나, 공자가 십익(十翼)을 이룬 다음부터 중국철학의 근간이 되었다. 괘사(繫辭)에서 하늘의 기운을 보고, 시간의 변화를 살피고, 인간의 삶을 적용하고, 천하의 화해된 질서를 이룬다는 말은 이미 복서행위에서 벗어난 실사구시(實事求是)의 시발과 격물치지(格物致知)의 구경(究竟)을 의미한다.[50]

유가는 시간성 속에서 우주·자연의 특징인 변역(變易), 불역(不易), 간역

---

49) 김충열, 위의 책, p.110, p.112. 대행은 인간이 천지의 자연적 운행까지를 대행하겠다는 뜻이 아니다. 오직 밖으로 드러나지 않은 천지(우주자연)의 성정을 감수하여 이를 存養한 다음, 천지간에 실현시키겠다. 즉 천지의 도덕적인 측면을 대행하겠다는 것이다. 중국의 우주는 도덕천이 되고, 중국 인문주의의 특징이다.

50) 관호천문, 이찰제시, 관호인문, 이화성천하(觀乎天文, 以察時變, 觀乎人文, 以化成天下). 김충열, 위의 책, p.96, p.107. 실사구시는 서양의 과학정신 혹은 동양의 변증법이다.

(簡易)을 읽어내고, 이 3역의 자연을 다시 천지(天地), 만물(萬物), 생성(生成)의 3易으로 재인식하여, 자연을 주체적이고 생기 있는 세계로 재구성했다.

역경은 무한광활한 자연 속에서 특히 천지·만물·생성(天地·萬物·生成) 등 인간의 삶을 둘러싸고 있는 영역을 한계로 해서 실사구시적인 세계로 보았다. 이 단조로운 3가지의 세계는 모든 있을 수 있는 존재 중에서 가장 완만구족(完滿具足)한 세계라는 최선관(最善觀)을 가졌고, 그 최선적인 법칙·질서·공능(法則·秩序·功能)을 다시 생기적이고 도덕적인 의미로 보았다. 역경은 천지(天地, 乾坤)가 갖고 있는 네 가지 공능(功能, 德性, 행위역량)을 원·형·리·정으로 설명한다.[51]

① 天은 스스로 만물의 생명원천이 되어준다(元)
② 그리고 만물이 각기의 생명을 펴나갈 수 있도록 변화시키고(亨)
③ 모든 개체의 운동이 서로 충돌되지 않도록 조정해 주며(利)
④ 그리하여 만물이 그 나름의 성능을 다하고 날로 새롭게 창진할 수 있도록 保存한다(貞)

결국 유가는 유한한 천지에서 영원히 지속되는 원리, 운명노선을 깨달았다. 역경은 우주를 하나의 생기체(生機體)로 보고 끊임없이 생생(生生)하는 것으로 천지의 공능으로 삼았다. 세계는 하나의 생기집단(生機集團)이다. 모든 존재는 창조적 실재이자 창조적 충동이다. 이 창조적 실재들을 총합한 것이 천지요, 창조적 충동의 감응을 극단적으로 나누어 본

---

51) 김충열, 『중국철학산고 I』, 서울: 온누리, 1988, p.79

것이 음양이다.[52] 창진적 과정은 음양 2^n이라는 지수함수적인 무량수의 양상으로 전개된다. 역경이 말하는 운명(運命)은 곧 생명의 창진과정 그 자체이다.

역경은 인간 운명 공동체에서 국가형성의 원리와 통치철학의 근간이다. 국가는 확대한 우주생명 결집현장의 거울이자 축소판과 같다. 국가는 하나의 도덕활동의 유구(悠久)한 장소다. 오직 이 국가라는 기초가 서고서야 사람들은 위대한 사업을 완성시켜서 대천지(大天地)와 합일경지(合一境地)를 이룬다.[53] 천하사상은 천지자연의 운전질서와 도덕정조를 본받고 설계한 인문세계의 청사진을 만들고 그것을 문화적으로 구현시키려는 유가, 법가의 중심적인 대상이 된다.

우주자연이 운명화된 우주적인 인격이 바로 공자와 맹자가 역설한 성인(聖人)이요, 군자(君子)요, 대장부(大丈夫)이다. 그러나 천하사상은 유가가 청사진을 내걸었으나(명분) 그 구현 면에서는 법가의 권능에 의해 행사되었으니, 주요골자는 대일통사상(大一統思想)이다.

대일통사상은 천하사람들이 하나의 역수(曆數)를 쓴다는 것. 온 천하(大)가 하나의 질서 아래(一) 행동을 통일해 간다(統). 온 천지가 같은 풍속을 숭상하며, 온 천하를 하나의 정치질서로 관주(貫珠)한다는 것. 이 세상이 하나의 天에 의해서 운전되고 있듯이 우리의 세계정치질서도 하나의 천자(天子)에 의해 통어(統御)되어야 한다는 것이 이른바 대일통사상이다.

---

52) 김충열, 『중국철학산고 I 』, 서울: 온누리, 1988, pp.77-80

53) (김충열, "중국 천하사상의 철학적 기조와 역사전통 형성", 『중국의 천하사상』, 서울: 민음사, 1988. p.126

역수는 시간질서이다. 온 천하가 하나의 역수를 쓴다는 것은 한 나라가 한 개의 시계와 달력을 사용하여, 하나의 정치질서를 이뤄간다는 뜻이다. 그 시간을 주도하고 조정하는 자가 바로 지도자(천자, 성인)이다.

유가 천하사상의 법가적인 대일통 사상으로 전환은 진시황(秦始皇)이 6국(六國)을 통일하면서 이뤄졌고, 중국천하는 사실상 진시황의 통일 이후 비로소 하나의 정교(政敎)하에 놓여졌다. 결국, 국가란 하나의 역수(calender)라는 시간성 아래 질서 있는 정치·경제·생활문화를 전개하여 나가는 인간세의 일통된 연결망의 총화에 해당한다.

3. 김충열 역경해제 요지: 관계생명의 전방위적 자생적 조직화 과정[54]

1) 운명: 변역의 전개 양상 – 8괘와 64괘

① 8괘: 시간이 드러낸 우주의 숨겨진 얼굴

농렵(農獵)시대 인간들에게 가장 큰 영향과 상호관계에 있는 것은 일(日), 월(月), 성(星), 신(辰)의 명암과 풍(風), 우(雨), 뇌(雷), 전(電)의 상호작용과 공명, 융합과 교직이 엮어내는 자연현상이었다. 이로써 발생하는 생활환경과 초목금수의 변화에 적용하기 위해 사람들은 온 주의력을 기울였다. 그들은 정적(靜的)인 진열(陳列) 면에서 천(天), 지(地), 산(山), 택(澤), 뇌(雷), 풍(風), 수(水), 화(火) 등 8대 현상을 가려냈고, 시간의 유변(流變) 속에 그들이 갖는 상호작용과 상관성에 따른 변화원리를 파악했다. 이것이 곧 역의 성립바탕이다.

---

54) G.레이코프, M.존슨의 『몸의 철학』, 위의 책, pp.39-40, pp.208-209

8괘는 간역을 획득한 고대 동양인이 그려놓은 4차원의 우주지도이다. 태허환경은 天, 空, 地 3계로 나뉜다. 천과 지는 만물이 오고 나고 죽고 동정(動靜)하는 마당으로써 만물 변화운동의 총체, 즉 오늘 날 시(時), 공(空), 물(物) 3합의 총칭을 우주라고 하는 생각과 비슷하다.

시공은 천지 사이에 속하는 공계(空界)를 동(動)과 변(變)의 면에서 일컫는다. 천지는 불변이며 시공계는 변화한다. 그리고 空界는 雷·水·火·風·山·澤(이것을 6子라 함)이 서로 상극상생(相克相生)하는 작용으로 무량수(無量數)의 세계상을 빚어낸다.

유한한 천지 사이의 공계(空界)는 무궁무진한 시간의 항구성(恒久性)을 지닌다. 유한하고 고정적인 형체를 떠나 무한한 작용면에서 이름을 지은 것이 이른바 건(乾), 곤(坤), 신(震), 손(巽), 갱(坎), 리(離), 감(艮), 태(兌)라는 8괘(八卦)이다. 즉 8대 형상(形象)을 8대 작용(作用)으로 보고 만물의 변화하는 까닭을 모두 이 8대 작용 속에 귀의시켜 설명한다. 이 자연의 신진대사의 순환은 평화롭고 생의적으로 진행된다. 우주는 영원히 활발한 생명체이고, 모든 만물에게 절대의 죽음이란 없다.

순환이 이루어지는 생명이나 존재는 곧 영원성과 항상성을 보유한다.[55] 이는 곧 변화하는 법칙 자신의 不變化로 될 수 있는 것이요, 이것을 易의 道라고 한다. 역은 변화의 총명이며 개환(改換)의 특수한 호칭이다. 천지만물의 생생불식(生生不息)은 바로 이러한 **변화환대(變化煥代)**의

---

55) 우리는 도화지(2차원)면 위에 동그란 원 하나를 그려놓고 순환이라고 지시해서는 안 된다. 토네이도(회오리바람)의 이동이나 하수도 구명의 물 빨림 양상. 입체적인 원심형이나 구심형 회전 현상을 상상해야 한다. 그 벡터는 비가역적이어서 지나온 한 지점을 다시는 만나지 못한 채 영원히 창진하는 운명선을 의미한다.

역리(易理)에 의거한다.[56] 김충열 교수의 주역해제 핵심은 인간은 생명과 시간을 인지하고 자기제작(autopoeisis)에 참여하는 존재라는 사실을 알려준다. 다음의 글과 그림을 유비하여 보자.

"우주·자연·인간은 시간을 분할하여 고리를 만들고, 무한대 무궁무진의 고리를 이룬다. 너는 너의 원을 돌고, 나는 나의 원을, 무수한 존재가 무수한 원을 돈다. 천지 二界에 속한 시공은 이 주마 등 같이 달리는 만물의 '일대광장(一大廣場)'이다."

"자연의 생기발랄한 변화현상은 시간관념을 더욱 심각하게 인식하게 했다. 인간은 다시 변화질서에 의해서 시간을 분할하게 된다. 분할한 토막 토막의 시간선을 다시 고리형으로 만들고 또 이 고리를 이어 연쇄선을 이루고, 이 연쇄선을 또다시 연쇄고리로 만든다. 이렇게 해서 만든 큰 고리로 또 고리를, 이어 만든 더 큰 고리를 서로 이어 더 큰 고리로 이렇게 해서 무한대 무궁무진의 고리를 이루는 것이 周易의 道이다."[57]

[그림1-3] 김충열, 생명 생성의 연환고리 벡터도해

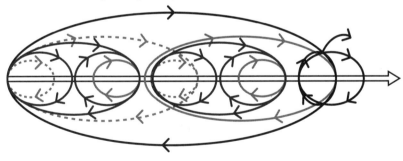

---

56) 김충열, 『중국철학산고 I 』, 서울: 온누리, 1988, p.111
57) 김충열, 위의 책, p.111

"무궁한 시간을 무수하게 분할하여 생명의 계기로 하고, 무한한 공간을 분리해서 존재의 기탁으로 한다. 어느 사물이건 두 개가 같은 시간에 같은 공간을 점할 수 없다는 것은 진리이다. 충돌을 피하기 위해 도(道)는 무한한 공간과 무한한 시간을 갖고 있다. 시간은 공간의 충돌을 막기 위해 신진대사 상태를 마련한다. 변화는 공간상의 추이(推移)이자, 동시에 시간상 유전(流轉)이다. 이 위대한 진리를 주역은 역궁즉변, 변즉통, 통즉구(易窮則變, 變則通, 通則久)라고 했다. 이 변화, 통기, 영구(變化, 通機, 永久)의 법칙개념이 모두 역경의 주류정신이다."[58]

선생의 역경해제에 따라 걸음을 옮겼더니, 필자의 발자국은 위와 같은 오묘한 궤적을 남겼다.[59] 필자는 이 아름다운 궤적을 '생명 생성의 연환고리'라고 이름 짓는다. 시간은 변역의 과정이자 운명노선이다.

생명과 시간을 중심축으로 삼고 해제한 역의 세계관과 시간관은 프리고진과 서양 현대과학 혁명이 제시한 혼돈 속의 질서의 개념과 합치된다. 우리가 살고 있는 세계는 변역의 경향성과 가능성 속에서 비가역적 질서가 생성되고 자기조직화되는 자기충분성의 세계이다.[60]

---

58) 김충열, 『중국철학산고 Ⅰ』, 서울: 온누리, 1988, pp.114

59) 필자가 이 그림을 완성하는 데 거의 4년이 걸렸다. 김충열 교수의 생명계통 원환고리의 순간성과 영원성의 관계세계를 고뇌하고 있을 때, 사상가이자 사회실천가인 고규태 시인은 이 그림의 원형을 직접 그려가며 아둔한 나의 상상력을 고무시켰다. 그 제자이자 동료 이아라의 논문 "글쓰기 과정의 숨은 독자"(국어교육연구, 제31집, 2008, p.400)에 실린 그림을 필자의 박사 학위논문에 인용 · 게재했으나 주목받지 못했다. 논문이 통과된 뒤 시간의 축적과 함께 양자역학으로부터 현대과학, 나아가 불교 연기론, 김상일 교수의 한 철학, 김충열 교수의 역경철학에 천착하면서, 비로소 간명성과 함축성을 지닌 진일보한 그림을 도출해낼 수 있었다. 이 갱신된 형상마저도 현재진행형에 불과하지만, 철인과 시인이 그리고자 했던 우주 시간의 지도에 좀 더 접근한 상징 기호 체계가 아닌가 한다.

60) 본 연구가 김충열 교수의 역용에 나타난 법자연의 인성론을 인용하면서, 감히 '역경 해제(解題)'라고 칭한 이유가 여기에 있다. 김충열 교수는 세계 처음으로 생명과 시간을 중심축으로 역경을 직관하여 중용과 역경뿐만 아니라 노장과 불교의 정신과 요체를 꿰뚫어 통합시킨 철인이다. 현대과학혁명의 입장에서 재접근해야할 필요성이 있다.

② 시간변역, 64괘: 상호작용과 공명, 교직과 융합의 조직패턴

주역의 64괘는 되먹임구조이자 생명 생성의 연환고리이다. 64괘는 만물의 변화현상 속에 나타나는 사물 상호 간 연계와 인과에 대한 양상이다. 우주만물은 비록 천변만화한다지만 모두 각기의 공간위치를 잡고 그 시간성을 영위하고 있어 질서와 조화가 유지된다.[61]

주역 괘사에서 말하는 일왕일래지위역(一往一來之謂易), 일음일양지위도(一陰一陽之謂道), 즉 역이란 개개의 순환하는 動靜을 말하고, 도는 動靜을 딛고 가는 선을 말한다.

'도(道)'는 시공교착의 점과 점이 이루어지는 존재의 선이다.[62] 모든 존재는 창조적 실재이자 창조적 충동이다. 이 창조적 실재들을 총합한 것이 천지요, 창조적 충동의 감응을 극단적으로 나누어 본 것이 음양이다.

음양의 수는 2이고, $2^2=4$, $2^3=8$괘이며, $8^2=64$, $64^2=4096$, $64^3=262144$이다. 64괘는 무량수와 무궁무진한 다양성과 복잡성의 전개양상, 즉 생성은 2^n이라는 지수함수적 전개양상이다. 64괘는 서양과학의 생명 생성의 메커니즘인 자생적 조직화과정(self-organization), 곧 상호작용과 공명, 융합과 교직의 되먹임구조와 합치된다.

중국철학에서 우주라는 명사는 시간과 공간의 복수명사이다. 시간과 공간은 떼려야 뗄 수 없는 융합체이다. 송대 철학자 장횡거는 우주를 천하사방(天下四方謂之宇)과 과거·현재·미래(古往今來謂之宙)라고 규정하여, 현대철학에서 시간, 공간, 물질 3자를 총칭하여 우주라고 부른다.

易은 인과주반(因果主伴)과 소식추이(消息推移)의 두 가지 형식과 역용을

---

61) 繁而不亂, 衆而不惑, 竝行而不相悖, 竝育而不相害.
62) 운명정체성이론의 핵심인 살아있는 연결망의 운명노선, 즉 운명의 벡터(운명선)를 의미한다.

말한다. 공계만물(空界萬物)은 공간상으로는 자타 서로가 주(主)·반(伴)의 연계를 갖고,[63] 시간상으로는 선후인과(先後因果)의 연속이다. 주반(主伴)은 같은 시간에 각기의 공간을 점한 것으로 횡적이요, 인과(因果)는 다른 시간에 공간을 점하는 것으로 종적이다.

인과주반(因果主伴)은 행위자들은 주도자와 반려자의 지위와 기능을 바꾸어 역할한다. 시간상에서 보면 무수한 이시인과(異時因果)요, 공간상으로는 무수한 동시주반(同時主伴)이다. 이 인과주반(因果主伴)의 시공동이(時空同異)가 '교직(交織)'해서 이루는 통일이 곧 우주이다.

소식추이(消息推移)는 각개 사물의 현상 자체 내에는 자연적으로 부정과 긍정의 양면이 정동체환(靜動替煥)하는 융합(融合)과정을 겪는다. 이런 양면성의 세용(勢用, 상호작용과 공명)은 호체순환(互體循環, 나선형)으로 영원을 이루고, 절대의 動도 靜도 없다. 이것이 바로 一陰一陽之謂道(일음일양지위도)의 '道'요, 간역, 변역, 불역의 '易'이며, 혼돈미분의 상태가 '中'[64], 발현했으되 조화로운 '均'이다. 이 3가지 道, 易, 均이 바로 우주이다.[65]

64괘는 또 변역이 전개하는 생명을 이어가는 생생(生生)의 이치를 보여준다. 어떠한 생명이든 고립 독존하는 것은 없다. 그 생명은 반드시 전생에 의해 태어나고, 후생을 위해서 죽는다. 때문에 전생은 후생의 인(因)이요, 후생은 전생의 과(果)이다. 결과는 또 더 뒤에 오는 후생의 원인이 된다.

---

63) 필자가 제시한 행위자의 성격인 주도자, 반려자, 매개자이다. 서양 변증법에서는 정(正)과 반(反)이만이 있을 뿐이다. 그러나 동양에서는 반려자이고, 반드시 매개자가 있다. 김충열 교수의 주반 행위자론에서는 매개자(촉매자)는 시간(시공동이) 이 숨은 행위자로서 자연스럽게 전제되어 있다.

64) (喜怒哀樂之未發謂之中), (發而皆中節謂之和)

65) 김충열, 위의 책, p.119

그렇다면 후생의 생은 무궁무진한 시공교직계의 중심이요, 매듭이다. 무궁한 생명 시간의 연속은 절대로 전무후무한 단편이 아니다. 개별적인 존재는 곧 전체가 존재하게 되는 절대적인 원인이 된다. 화엄경은 일즉일체 일체즉일(一卽一切. 一切卽一)이라고 한다. 개체가 종횡으로 이루어지는 교망의 원인을 미진이나 터럭에게까지 구한다. 교망은 융합과 교직의 연결망이다.

결국 우주자연은 시간 생명의 그물망 체계이다. 어떤 사물이든지 이 큰 우주의 망(網)을 이루게 한 절대불가결 생명융합의 존재이다.[66] 망(網)은 시간을 누비며, 가는 것은 가고 오는 것은 오는 분주한 교직(交織)이다. 창진불식하는 교직의 운명노선은 새로운 문제, 방향, 추세, 국면, 경상(景象)을 갖고 있다. 일련의 가고 오는 흐름이요, 새로운 시간의 유변(流變)과정 중에서 새로운 생기(生機)를 잡고 신기한 생명을 창진한다. 이렇게 만대만만대(萬代萬萬代) 생명의 大江은 쉼 없고 끝없이 흘러간다.[67]

2) 시간: 무궁무진한 관계생명 연결망의 확장

카프라는 서양이 이룩한 현대과학 철학의 성과를 동양사상과 연결과 결합을 모색하고 온 대표적인 과학철학자이다.[68] 1990년대 말에 들어와

---

66) 한 사람이 自決한다면 종적으로는 위로는 그 옛날의 생명선의 단절을 의미한다. 횡적으로는 사회적 연결망 중의 한 코(뜸)가 풀려, 다른 매듭까지 쓰지 못하게 된다.

67) 김충열, 『중국철학산고Ⅰ』, 서울: 온누리, 1988, pp.121-122

68) Fritiof Capra, The Tao of Physics, Shambhala, Boulder · Colorado, USA, 1975, p.261. 그는 1970년대 중반에 이미 『The Tao of Physics』을 통해 양자역학과 상대성이론의 원리를 동양의 시공개념에 연결시키고자 했다. 힘과 입자들이 상호작용과 공명에 의해 결합되는 양상에 주목하여, S행렬이론을 주역의 8괘와 64상을 동서양을 상호관통하는 '변역'의 모형으로 제시했다.

카프라(Fritiof Capra)는 살아있는 시스템의 3대 핵심기준으로 조직의 패턴, 구조, 생명의 과정을 제시했다.[69]

조직의 패턴은 관계 시스템의 본질적 성격을 결정짓는다. 구조는 조직의 시스템적 패턴의 물리적 구현이다. 생명과정은 조직 패턴의 지속적인 구현과정, 즉 활동성이다.

카프라는 생명과정은 자생적 조직화(autopoiesis)이자 인지(cognition)과정이며, 살아있는 시스템의 구조는 무산구조(disspative structure)라고 정리했다. 카프라는 프리고진의 복잡계 이론을 축으로 하여 서양 현대과학의 핵심적 요소들을 집결시켰다.

그러나 카프라는 프리고진의 무산구조가 시간성에서 비롯된다는 사실, 나아가 동양의 역경체계가 통괄적 시간과 순간의 시간이 공진하는 살아있는 시스템의 전개과정이라는 사실까지는 인지하지 못했던 듯하다.

카프라가 제시한 3대 핵심 기준, 즉 조직의 패턴, 구조, 생명과정은 모두 되먹임 구조를 세 갈래로 분화시킨 설명의 틀(frame)이다. 카프라의 '되먹임 구조'는 김충열의 '시간의 생명 생성의 연환고리', '프리고진의 혼돈 속의 질서', 즉 상호작용과 공명, 교직과 융합의 메커니즘을 풍부하게 설명한 의미가 있다.

역경의 8괘와 64상(중괘)은 시간이 생명 생성 전개과정의 양상의 기호 체계이다. 동양이고, 서양을 할 것 없이 시간의 얼굴은 변역의 양상으로

---

69) Fritiof Capra, The Web of Life,Anchor Books, a division of Random House, Inc.New York, 1997, pp.161

나타난다.[70]

요약하자면, 주역의 8상과 64괘 만남과 결합과정은 시간의 생명 생
성의 연환고리, 프리고진의 '혼돈 속의 질서', 카프라의 3대 핵심 기준(패
턴·과정·구조)와 현대과학이 제시한 세계관과 시간개념을 충족한다.[71]

[도표1] 成住壞空 輪轉變易 Chaosmosing의 양상 [72]

순서	주역 효사	8상	현대과학	음양의 64괘 확장과정
1	乾≡天	不息	from to	태동, 생성, 부단, 연장
2	兌≡澤	和行	with	수렴, 반영, 융합, 결합
3	離≡和	再行	again	재현, 반복, 귀결, 전이
4	震≡雷	豫行	before	선행, 예상, 징후, 추이
5	巽≡風	逆行	back	역진, 퇴행, 반전, 회귀
6	坎≡水	不動	onto	정지, 단절, 경과, 소멸
7	艮≡山	兼行	within	평행, 병행, 분열, 경과
8	坤≡土	載行	up	축적, 집약, 확장, 증폭

연결망과 관계생명으로서 시간의 전개양상은 8개 기본 양상에서 출
발하여 그 요동과 분기에 따라 연결망이 지수함수적 혹은 팩토리얼적
으로 확장된다. 2000년 전에 이미 중국의 역경(易經)은 세상의 삶속에서
드러난 시간의 변역과정의 양상을 8괘와 64괘로 나누어 질서화된 부호

---

70) 데카르트 뉴턴의 근간인 가시적인 공간을 기준으로 본다면 동서양의 문명전개 양상은 판이
하게 달라졌으나 숨은 발길인 시간을 중심축으로 삼는다면 그 전개원리와 양상이 동양과 서
양이 달라질 수 없다.

71) 8상은 기본적으로 음과 양, 2에서 비롯되고, 음양은 태극(1)에서 비롯된다. 따라서 8괘는 2의
지수함수인 2^3이다. 즉 2 x 2 x 2 = 8이 된다. 따라서 64괘는 2^6이 된다. 현대 물리학에서는
이와 같은 무궁무진한 요동과 분기, 전이와 확산 전개과정을 지수함수, 멱함수법칙 혹은 팩
토리얼식으로 표현한다.

72) 김경탁 역저, 『주역』, 서울: 명문당, 2011.

와 태극 문양으로 정리하여 제시하였다.

　시간은 불식, 화행, 재행, 예행, 역행, 부동, 겸행, 재행의 8개 양상 벡
터로 출발하여 마치 타오르는 불꽃처럼, 그 제곱수인 64가지 양상으로
전개된다. 대표적으로 주역 태극사상(寫象, map)과 동일한 형상의 깃발이
대한민국의 태극기이다. 태극기는 영원무궁한 시간과 생명 생성의 원
리 그 자체로서 세계에서 가장 철학적이며 다차원의 홀론적 문양임에
틀림없다.[73]

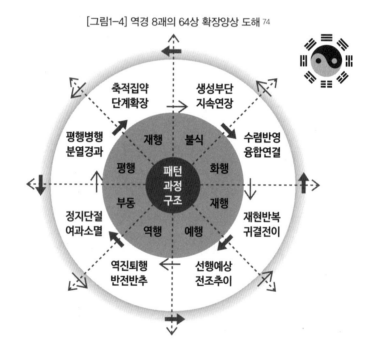

[그림1-4] 역경 8괘의 64상 확장양상 도해 [74]

---

73) 국기(國旗)는 그 나라를 기호로 상징하는 물리적 구현물이다.

74) Fritiof Cafra, The Tao of Physics, Shambhala, Publications, Inc.Boston, Massachusetts, 2010, p100. 태극문양은 상보성의 원리를 제시한 닐스보어가 가문의 문장으로 삼았다. 이는 남한의 국기의 문양과 동일하다. 물론 이는 생성과 통일의 우주작동원리인 주역원리와 동일 하다. 주역, 태극문양, 양자이론은 모두 본질적인 면에서 관계의 생명 생성, 즉 시간론을 공유 하고 있다.

100　시간과 인간의 운명정체성

음양의 수는 2이다. 2의 생성관계는 전방위적이고 무궁한 지수함수인 2^n의 양상으로 펼쳐진다. 2, 4, 8, 16, 32, 64, 128······4096···262144. 8괘를 기점으로 무량수의 양상으로 전개된다.

불교의 무진연기론에서는 이를 삼라만상(千手千眼)의 인드라망(網)으로 일컫고, 현대과학에서는 아보가드로의 분자 수 10^{23}으로 그 만남과 결합이 양상과 과정을 무한대로 표현한다.

시간은 이와 같이 쉼 없이 생성되며, 만나 결합하고, 재현되며, 앞서 나가고, 역진하며, 단절의 주기성에 정지하였다가, 나란히 평행하고 분열하며, 축적되고 집약된다.

미셸 세르는 이 시간의 양상을 불꽃과 같이 주름지고, 구겨지고, 접히고, 뛰어넘고, 돌아가고, 갈라지고, 합하여진다고 표현한다. 관계적 시간의 기능은 생성하고, 결합하고, 들어가고, 나가고, 나뉘어지고, 쌓이고, 싸우고, 끊기고, 소멸한다.[75]

관계적 시간 생성의 불가역성과 역진성을 함께 공유하는 벡터에 있고, 개별적으로는 실로 헤아릴 수 없는 다양한 경우의 시간의 전개양상으로 나타난다. 따라서 우리가 관찰할 수 있는 시간의 형태는 사건과 운동과 생명과정의 양상 속에서 생성, 소멸, 연장, 축적, 압축, 조망, 증폭, 융합, 분열, 변환, 회귀 등으로 포착된다.

이 원리를 동양의 주역과 중용에서는 윤전변역의 역동적 유기체론으로, 불교에서는 무진연기의 성주괴공의 영겁의 순환구조로, 현대과학에서는 살아있는 유기체적 시스템, 프리고진의 복잡계이론에서 '혼돈으로부터 질서'라는 개념에서부터 가이아이론, 열린시스템이론, 산티

---

75) 미셸세르, 『해명』, 박동찬 역, 서울: 솔, 1994, pp.120-129, p.133, p.182

아고 이론에 이르기까지 공통되고 일관된 기제를 이루고 있다.

숨은 행위자로서 시간은 마치 자동차의 블랙박스처럼 우리에게 신체화·일상화되어 있다. 동서양을 막론하고 세계사적 사건 혹은 고전적 문학작품, 다양한 문화권들의 속담 속에서, 마치 블랙박스처럼, 시간을 의식하지 않고 살아간다.[76]

4. 셰익스피어와 김소월, 생활 속에 드러난 시간양상

8괘와 64중괘가 천변만화로 확장되는 과정이 드러내는 시간 양상을 속담, 격언, 사자성어, 셰익스피어의 작품과 김소월의 시 속에서 찾아보겠다. 한국의 시인 김소월과 영국의 작가 셰익스피어는 제각각 자신들이 속한 동서양 역사적 사회문화 생태계 안에서의 가장 보편적인 정서를 시간개념에 담아 표현하고 있다는 공통점이 있다. 속담, 격언 등은 동서양 역사 속 주인공들이 남긴 생생(生生)한 현재진행형의 유산이다.[77]

1) 불식행(不息行) going

'쉼이 없다.' 유가와 주역에서 제시된 자강불식(自彊不息)에 해당한다. 통괄적인 시간은 개별적 생명체들의 쉼 없는 시간생성의 결합으로 엮이고 그 운행은 끊임없다. 물리학에서는 '통시성'으로 개념화되고 동양의 주역에서는 '자강불식'이며, 불교에서는 '무진연기'를 의미한다. 프

---

76) ANT가 일상화의 대표적인 예로서 개념화하여 제시하였다.

77) 이인복, 『죽음의식을 통해서 본 소월과 만해』, 서울: 우진출판사, 1991, p.61, p.63

리고진 등 현대과학에서는 카오스모싱에 해당한다. 그 양상은 태동, 생성, 부단, 연장 등 선형과 비선형을 포괄하여 나타난다. 137억 년 전 우주의 빅뱅으로부터 현재에 이르기까지의 관계성의 통괄적인 세계의 시간의 양상이 불식행에 해당된다.

"나는 간다. 호레이쇼, 너는 내가 죽은 뒤에 이 험한 세상에 살아남아 내 이야기의 전말을 전해다오. 그 나머지는 다 침묵이다" (셰익스피어, 햄릿: 5.2)[78]

격언: 萬世不易(만세불역: 영원토록 변하지 않는다) (순자)

속담: 세 살 버릇 여든까지 간다. 며느리가 미우면 손자까지 밉다. (속담 사전, 205)

"이 자리에 선 채 돌이 되어도." (김소월, 초혼)[79]

2) 화행(和行) with

'만나 융화한다.' 개별과 개별, 개별과 전체, 전체와 개별, 전체와 전체의 시간들은 서로 만나서 결합(network)한다. 그 결합의 방향성은 수렴, 반영, 융합, 화합 등의 패턴(형태)으로 나타난다. 전체적인 네트워크가 부분을 수렴, 반영하여 그 힘과 에너지를 강화하고, 부분은 전체 속으로 편입됨으로써 그 범위와 크기의 생명력(권력)을 확장하며 전체는 부분들의 총합의 그 이상이며, 전체는 부분으로 환원될 수 없다.

---

78) Shakespeare, Hamlet, Bantom Book, New York, 2005, pp.223-224

79) 김소월, 『못 잊어』, 서울: 신영출판사, 1984, p.208

"안목을 지닌 한 사람의 비난은 온 관객의 칭찬보다 중요한 법이다."
(셰익스피어, 햄릿: 3.2)[80]

속담: 닭이 천 마리면 봉이 한 마리 있다. (속담사전, 141)

격언: 개미구멍으로 둑이 무너진다. (세계명언, 11)

"붉은 해는 서산마루에 걸리었다. 사슴의 무리도 슬피 운다." (김소월, 초혼)

3) 재행(再行) again

'다시 일어난다.' 살아있는 패턴과 구조는 자기조직화 과정을 통하여, 생명은 피드백 루프를 통해 자기 조직화되고, 사건의 패턴은 비슷한 사건이 반복되거나 재현되고, 전이, 귀결된다. 세계망의 통괄적 패턴이라는 세계사적으로 볼 때 영국, 러시아, 프랑스, 중국, 북한 핵은 미국 핵무력의 재행이다.

"만약 내 친구 중에 그녀를 사랑하는 사람이 있다면 나와 같은 경험담을 이야기해주세요. 그러면 그녀는 사랑을 얻게 될 거라고요. 이말에 힘을 얻어 나는 사랑을 고백했습니다. 따님에게 직접 물어 보세요." (셰익스피어, 오델로: 1.3)[81]

속담: 들어서 죽 쑨 놈 나가도 죽 쑨다. (속담사전, 173)

"설움에 겹도록 부르노라. 설움에 겹도록 부르노라." (김소월, 초혼)

---

80) Shakespeare, Hamlet, Bantom Book, New York, 2005, p.129

81) Shakespeare, Othello, Bantom Book, New York, 2005, pp339-340.

4) 예행(豫行) before

'미리 발생한다.' 모든 사건은 발생하기 전에 그 징후가 선행, 예상, 추이, 예고된다. 2001년 부시 미 행정부는 이란, 이라크, 북한을 악의 축으로 규정했고, 이는 곧 이라크 전쟁 발발과 6자회담 그리고 북한에 대한 국가봉쇄와 경제 제재조치로 나타났다. 한국 현대사에서 김재규와 차지철 간에 축적된 불화는 박정희 시해사건을 예고했다.

"왕이 시해되던 날 이 불행한 세상에 음모의 변고가 일어날 극단적 징조가 예고되었다."[82]
속담: 호랑이도 제 말 하면 오고 사람도 제 말 하면 온다. (속담사전, 249)
격언: 열매 있을 나무 꽃을 보고 안다. (세계격언, 13)
"부르다가 내가 죽을 이름이여." (김소월, 초혼)

5) 역행(逆行) back

'거꾸로 돌이킨다.' 시간의 화살은 불가역성의 벡터를 갖고 나선형으로 회전하며 역진, 퇴보, 반전, 반추한다. 프리고진은 평형과는 거리가 먼 비평형 무산구조에서 임계점에 다다르면 시간의 화살은 역진하며, 오히려 새로운 질서를 생성한다. 세계사적으로 히틀러의 유태인 학살은 고대 선민적 인종주의에로의 회귀와 퇴행의 시간성에서 비롯된다. 가역성과 비가역성이 함께 있듯이, 질서와 혼돈이 함께 있다.

---

82) Shakespeare, Macbeth, Bantom Book, New York, 2005, p.829.

"내가 시저를 덜 사랑했기 때문이 아니라, 내가 로마를 더 사랑했기 때문이다…. 나는 로마를 위하여 친구를 죽였노라." (셰익스피어, 줄리어스 시저: 3-2, 브루부스)

桑田碧海(상전벽해): 뽕나무밭이 푸른 바다가 된다. [83]

속담: 죽을 수가 닥치면 살 수가 생긴다. (속담사전, 480)

"부르는 소리는 비켜가지만." (김소월, 초혼)

6) 부동행(不動行) onto

'고요히 멈춰 서 있다.' 정지된 시간, 즉 개별적인 시간은 특히 중단, 정지, 단절, 소멸, 경과되는 양상을 나타낸다. 인간의 죽음과 그 시신은 더 이상 개별적인 시간이 흐르지 않는 고요한 멈춤의 양상을 보여준다.

1945년 한반도 공간의 분단은 부동의 시간인가 역행의 시간인가? 민족에게는 역행의 시간이고, 외세에게는 부동의 시간이며, 그 이후 수립된 남과 북 정부에게는 개별적 시간의 생성에 의한 공간권력 질서의 배분에 해당한다.

"나의 귀여운 것이 목 졸려 생명이 끊어졌다. 말이나 쥐에게도 생명은 있는데 왜 너는 숨도 안 쉬고 돌아오지 않는구나." (리어왕: 4.7)

와신상담(臥薪嘗膽): 땅 대신 장작 위에서 자고, 꿀 대신 곰 쓸개의 맛을 본다. (중국, 오월춘추)

속담: 소 닭 보듯, 닭 소 보듯 한다. (속담사전, 321)

---

83) 이기문 편, 『속담사전』, 서울: 일조각, 1962, p.629

"심중에 남아 있는 말 한 마디는 끝끝내 하지 못하였구나." (김소월, 초혼)[84]

7) 겸행(兼行) within

'나란히 떨어져 있다.' 겹치고 붙어 있는 듯 보이는 앞산과 그 너머 뒷산은 평행하여 냇물의 중매로 만나야 한다. 철로는 교목과 기차라는 관계적 중매자로서만 만날 수 있다. 시간은 서로 평행하거나 다른 장소에서 이행되면서도 만나지 못하기도 하고, 같은 시간이 여러 갈래의 시간으로 분열되고 또한 복수의 시간이 단수의 시간으로 정화되기도 한다. 냉전의 시대에 미국과 소련의 시간은 별개의 시간으로 평행하였다. 젊은 날 헤어진 첫사랑과는 죽는 날까지 만나보지 못한 채 시간의 평행선을 긋는다.

"한편으로는 형수를, 한편으로는 아내로 맞이하며, 한쪽 눈으로는 웃고, 한쪽 눈으로는 눈물을, 장례식은 슬프게, 결혼식은 기쁘게 희비를 똑같이 하였다."[85] (셰익스피어, 햄릿: 1.2)
속담: 까마귀 날자 배 떨어진다. (속담사전, 77)
"떨어져 나가 앉은 산 위에 나는 그대의 이름을 부르노라." (김소월, 초혼)

8) 재행(載行) up

'싣고 또 쌓는다.' 시간은 싣고 또 쌓아 축적, 압축, 집약, 확장된다. 인

---

84) 김소월, 위의 책, 1984.
85) Shakespeare, Hamlet, Bantom Book, New York, 2005, p.56.

류의 역사는 곧 축적의 역사이다. 세계의 역사는 그리스-로마, 인도 중국의 시대, 유럽의 시대를 거쳐 미국의 시대로 그 시간의 힘의 중심축이 압축되고 결집되면서 이동하였다.

중국 역사의 축적성은 미국사와 비교할 수 없을 정도로 유구하고 막강한 범위와 크기를 자랑한다. 그러나 유장한 유럽 문명사의 플랫폼을 딛고 이룬 미국의 건국 헌법과 민주주의 혁명 경험의 경쾌함과 자유성은 중국이 흉내 낼 수조차 없다.

"도망하라, 자 내 영혼은 이미 네 일족의 피로 짐이 너무 무겁다."[86]
(셰익스피어, 맥베드: 5.8)

"切磋琢磨大器晚成"(절차작마대기만성: 큰 그릇은 온갖 어려움을 누적한 후에야 비로소 완성된다) (노자, 삼국지 최염고사)

속담: 티끌 모아 태산(塵合泰山). 바늘 도둑 소도둑 된다.

"산산이 부서진 이름이여. 허공중에 헤어진 이름이여."(김소월, 초혼)

지금까지 우리는 시간을 중심축으로 붙잡고 서양 뉴턴에서부터 현대과학 혁명까지 그리고 아리아드네의 실이 연결된 동양의 시간개념을 모두 정리했다. 나아가 간단하게나마, 동서양을 불문하고 세계의 격언, 속담, 시, 소설의 예증을 통해 삶에 일상화된 시간의 다양성과 복잡성을 확인하였다.

---

86) Shakespeare, Macbeth, Bantom Book, New York, 2005, p.900.

3 시간의 운명노선 형성과정

현대 과학혁명은 뉴턴법칙이 지배한 근대의 인식론을 송두리째 뒤엎었다. 세계관은 기계적 결정론에서 요동치는 혼돈으로, 보편 자연 절대법칙은 다양성과 복잡성, 가능성과 확률로, 정신과 물질의 이분법은 통괄적 연결망으로 바뀌었다. 시간개념은 가역적, 대칭적 일직선의 개념에서 비가역적, 전방위적, 나선형적 시간의 화살표로 전회되었다.

서양 근대는 사실상 시간이 없는 절대적인 공간세계에서 살아왔다. 그러나 현대 과학혁명은 팽창하는 우주를 입증했다. 우리우주의 탄생은 메타우주의 경향성이 만들어낸 특이점의 대폭발이다. 우리우주는 시간과 함께 형성되고 팽창하고 진화하는 우주이다. 시간이 없다면 우주도 생명도 없다.

프리고진은 '혼돈 속의 질서'로서 우주론을 제시했다. 'chaosmosing'은 chaos+cosmos+going의 합성어이다. 카오스모싱은 비평형 무산구조 속에서 질서가 현재진행형으로 생성된다. 그 생성원리가 자생적 조직화(self-organization)이다. 비가역성은 비평형 속에서 자생적 조직화(=질서)를 이끌어내는 메커니즘이다. 프리고진 이후 우리의 세계는 가역성과 비가역성의 시간이 공진한다. 이제 인간은 더 이상 우주자연의 지배자와 정복자(only one)가 아니다. 참여자이자 일원(one of them)일 뿐이다.

동양의 우주는 어떠한가. 있는 그대로 서양의 신의 세계와 같은 자기충분성의 세계이다. 동양인들은 따라서 우주의 섭리를 본받은 화신(化神)이고자 했다. 그 섭리는 오직 시간의 변역 속에서 생명의 자기 생성·통제·조직·완결성과 자주성·자생성·자족성을 지닌 완전구족한 세계의 질서이다. 따라서 서양에 신이 존재한다면, 동양사회에는 화신이 있다. 불교의 부처, 유가의 성인 등이 모두 화신의 범주에 해당한다.

동양은 시간을 중심축으로 잡고 사고하고 삶을 엮어온 역사체계이다. 중국 역경에는 서양의 형이상학이 없고, 인도 불교의 관념세계는 서양의 형이상학과는 다르다. 중국, 인도, 한국, 일본 할 것 없이 동양은 오직 생명과 시간의 변역질서를 통해 영원성을 획득했다.

김충열 교수는 통괄적인 시간과 개별적인 시간이 공진하는 변역의 시간관과 세계관을 제시했다. 그의 생명 생성의 원환고리는 생명과 시간 생성의 영원무궁한 메커니즘(되먹임구조)이다. 인간은 우주의 변역의 섭리인 간역을 획득하고, 우주자연 속에서 창진적 행위역량(지위·역할·기능)을 지니고, 인문세계를 창진하게 된다.

카프라는 생명 창진과정을 조직의 패턴, 구조, 생명과정의 3대 핵심 기준으로 정리했다. 이 3대 핵심 기준은 프리고진과 김충열의 관통이며 그 통로는 되먹임구조라는 생명 생성의 메커니즘(mechanism)에 다름 아니다.

프리고진의 비평형 무산구조, 김충열의 생명 생성의 원환고리, 카프라의 3대 핵심 기준은 되먹임구조라는 생명 생성의 메커니즘에서 만난다. 그 메커니즘은 상호작용과 공명, 융합과 교직이고, 그 전개양상은 요동과 분기, 전이와 확산이다.

시간과 생명 생성의 공통된 메커니즘은 4대 핵심주제어로 묶인다. '함께(with)', '현재진행형(going)', '행위자(actor)', '정체성(identity)'은 입론의 축(軸, axis)이다.[87] 4대 핵심주제어는 시간과 생명을 생성하는 관계생명들이 교작하는 틀이다. 이 틀 속에서 행위자로 일컫는 모든 생명들은 주어이자 동사이고, 전치사이다.[88] 우주자연의 모든 생명 생성과정은 반드시 이 4대 핵심주제어를 융합·통과한다.

1. 함께(with): 상호작용·공명, 융합·교직 관계생명 생성패턴

'함께'는 '만남·연결'의 동의어다.[89] 이 세상 모든 생명은 복수의 행위자가 만나 탄생시킨 융합 연결망의 구현체이다.[90] 만남은 행위자들이 수평적 관계 속에서 행하는 연결, 매듭, 해체의 행위로서 순간적이고 공시적이다. 연결망은 관계의 엮임과 분기와 확장 과정으로서 통시적이고 무궁무진한 양상으로 영원성의 세계로 이어진다.

---

87) 물리학, 심층생태학, 열역학, 생명공학, 일반시스템이론, 산티아고 이론, 시간의 ANT, 중국의 도가와 주역의 세계관과 시간관, 불교의 무진연기론이 제시한 시간 전개 양상의 원리가 모두 여기에 해당된다.

88) 집합은 ANT를 선도하고 있는 라투르 등이 인간 중심의 공동체 개념을 인간과 사물의 결합으로 대체하기 위한 수단으로 제시하였다.

89) 만남, 연결망, 그물망, 집결망, 관계망은 동의어이다. 망(網)이란 정태적으로는 체계, 구조의 개념이 된다.

90) 멀리 갈 것도 없이 원자의 세계까지도 양성자와 중성자 그리고 전자의 운동 결합 관계임이 증명되었다.

현대과학의 세계관과 시간개념, 카프라의 핵심기준, 주역의 8괘에서 64
괘의 변역으로의 확장양상에 따르면 모든 생명은 신진대사 속에 물질을
흡수하며 함께 상호작용과 공명, 융합과 교직의 관계를 맺으며 연결된다.

요약하면, 생명은 시간의 비가역적 창진과정이자, 너와 나 그리고 우
리의 만남과 연결망에서 생성된다. 이 연결망이 직조되는 과정에서 발
현되는 생명의 경향성, 즉 생명노선이 조직의 패턴으로 전개되고,[91] 그
물리적 구현이 구조이다. 생명과정, 즉 시간의 축적과정은 운명노선으
로 형성되고,[92] 그 구조는 생명체 자신 스스로만의 유일하고 독특한 진
면목(얼굴. 참모습. 정체성)으로 구현된다. 따라서 이 세상에 어떤 생명체도 동
일한 모습은 없다. 그 살아있는 운명선의 총집결적 구조가 운명정체성이
다. 이 과정은 너와 내가 우리 안에, 우리가 너와 나의 안에서, 전방위적
인 상호작용과 공명, 교직과 융합을 통해 새로운 관계(생명)과 새로운 운
명(노선)을 창진하고 너와 나 그리고 우리 스스로의 차원 높은 운명정체
성을 구축하여 가는 과정이다.

[그림1-5] 행위자 네트워크 상호작용 도해 [93]

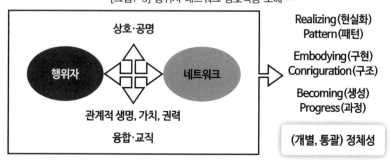

---

91) 조직의 패턴에 간직된 생명의 경향성과 충동이 바로 생명체의 특성(생명노선)을 창발한다. 지
구상 모든 쌍둥이들의 얼굴이 조금씩 다른 이유이다.

92) 생명과정과 시간의 축적과정의 관계는 등가성을 갖는다.

93) 박요한, 『북한 핵무력의 동학과 네트워킹』, 서울: 숭실대학원, 박사 학위논문, 2013, p.82(재구성)

이제 '우리는 언제 어디로부터 왔는가'라는 질문을 던지고, 가능한 해답부터 찾아보자. 현대과학은 밝혔다. 137억 년 전 대폭발 사건으로 우리우주가 탄생했다. 45억 년 전 지구의 형성, 35억 년 전 최초의 생명체인 박테리아 세포의 탄생, 22억 년 전 진핵세포의 탄생, 18억 년 전 산소 호흡 생명체의 생성과정, 15억 년 전 현재 상태의 지표면과 대기의 완성의 역사적 과정은 모두 통괄적으로 하나로 연결(융합·교직)되어 있다.

호흡을 좀 더 길게 하고 역산(逆算)하여 본다면 체감지수가 전혀 달라진다.

① 대폭발 이후 지구의 모형이 형성되는 데 92억 년이 엮이고, ② 그로부터 10억 년이 더 쌓인 다음에야 최초의 생명체인 박테리아가 탄생했다(102억 살). ③ 나아가 13억 년이 더 누적된 다음에 진핵세포가 탄생했고(115억 살), ④ 그로부터 4억 년이 더 축적된 다음에 산소로 호흡하는 생명체가 생성되었으며(119억 살), ⑤ 그로부터 3억 년이 더 엮인 다음에야 현재 상태의 우주·자연의 원형이 완성되었다(122억 살).

시간은 우주자연 안에서 우리 인간이라는 생명 집결체의 탄생과 진화과정을 말해준다.

직립 보행하는 오스트랄로피테쿠스에게 인류의 먼 조상의 지위를 부여해도 인간의 출현은 고작 400만 년 전이다. 더욱이 현생인류인 호모 사피엔스·사피엔스의 출현은 고작해야 10만 년에서 4만 년 전 사건과정이다.[94]

---

94) James H Breastead, Maps of Time, Ginn and Company, Boston. U.S.A, 1935, p.16, p.126, p.138; Richard E Leakey & Roger Lewin, Origins, E.P.Dutton, New York, 1977, pp.12-13, p.84.

영원무궁한 메타우주의 시간성 속에서 우리우주 137억 년을 비교하면, 손바닥길이만큼 짧다. 하물며 137억 년의 시간성 속에서 우리의 조상 10만 년을 비교하면, 손톱만큼의 길이도 되지 않는다. 한걸음 더 나아가 우리 인간에게 주어진 수명을 길게 잡아 130년이라면 한 올 먼지와 같다.

그러나 뒤집어 보면, 우리 인간은 최소한도 우리우주 137억 년의 통괄적 시간성을 집약한 창진적인 운명노선을 고스란히 농축한 우주적인 존재이다. 한마디로 우리 인간은 '137억 년+α'의 존재이다. 동양에서는 이 무궁무진하고 무시무시한 경계와 그물망을 깨닫고 완성된 인격체가 바로 우주경영의 참여자이자 인문세계의 창시자가 된다.[95]

이와 같은 137억 년이 엮인 생명 생성과정의 연환고리는 모두 비평형 무산구조와 비가역성의 시간의 화살표와 연관된 창진의 역사 그 자체이다. 우리우주 안에서 인간의 출현 이전에 사물과 자연이 먼저 연결망의 당당한 시민으로서 자리를 잡고 있었다는 점이 중요하다. 생명 기원과 진화 면에서 다윈의 (기계론적) 진화론의 관점을 엄밀하게 원용한다고 해도, 인간생명의 기원은 박테리아이고, 그로부터 선택과 변이를 통해 창조적인 진화를 거듭하였을 따름이다.

다시 말해서 박테리아로부터 인간에 이르기까지 최소한 35억 년 동안 무수한 생명창진 행위자들이 존재하여 왔다. 알고 보면, 인문세계의 창진의 역사는 비인간과 인간, 자연 환경과 사물과 인간, 과학기술과 인간 등의 관계적 시간을 모두 인간이 주도하여 성취한, 시간의 문명화 과

---

95) 김충열 교수가 집약하여 제시한 동양적 이상적인 인간상이다.(II 마지막 쪽을 참조)

정이다. 문명화 과정의 전개양상은 다양성과 복잡성, 비가역적 자생적 조직화 안에서 연결되고 묶이어 공진(共進)하는 역사적·통괄적·일원적인 연결망 존재이다.

2. 행위자(actor): 조직패턴의 물리적 구현으로서 구조

우리가 관계망의 세계 속에 살고 있다면, 우주의 모든 존재는 행위자로서 동등한 시민권(자격)을 획득한다. 관계망 생명 생성의 연결과정 속에서는 살아 있는 모든 생명체뿐만 아니라, 화학적 물질들 까지도 행위자이자 네트워크로서 행위역량(기능, 역할, 지위)을 발휘하여 자생적 조직화한다. 그야말로 행위자는 인간뿐만 아니라 비인간으로 통칭되는 모든 요소들이 모두 관계연결망의 연결 과정 속에서 나름대로 특성 있고, 개별적이며, 결정적인 행위역량을 발휘한다.

자생적 조직화의 주인공들인 행위자는 주도자, 반려자, 중매자의 기능적 결합으로 나뉜다. 이들은 행위역량 즉, 그 기능과 역할과 지위관계를 자유자재로 교호·통섭한다. 연결망 속에서는 10^{23}이라는 아보가드로 수의 분자집합에 이르는 모든 다양한 행위소들은 관계적 결합(networking)과 동시에 행위자로서 자격을 획득한다. 너와 나 그리고 우리의 만남에서 시간이라는 제3의 행위자(촉매자)는 드러나지 않는다는 점에서 숨은 행위자로 명명했다.

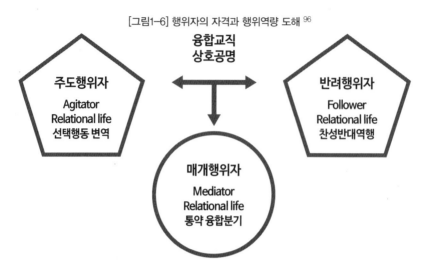

[그림1-6] 행위자의 자격과 행위역량 도해 [96]

융합교직
상호공명

주도행위자
Agitator
Relational life
선택행동 변역

반려행위자
Follower
Relational life
찬성반대역행

매개행위자
Mediator
Relational life
통약 융합분기

주도자: 창발자, 선동자, 주체자, 원인자, 원인자 등
반려자: 대응자, 추종자, 협력자, 대상자, 결과자 등
중매자: 촉매자, 중매자, 전달자, 제3의 행위자 등.

　관계란, 데카르트-뉴턴의 세계에서는 나라는 유일자와 종속자라는 수직적인 만남이다. 상대성이론에서는 너와 나라는 주체와 대상 그리고 양자이론에서는 기껏해야 관찰자라는 만남이 더해질 뿐이다.

　그러나 현대과학이 제시한 카오스모싱의 관계성 세계 속에서는 나, 너, 이, 그, 저, 우리의 인간과 비인간 모두의 다양성과 복잡성을 함유한 나와 나, 너, 이, 그, 저, 우리를 함유한 너의 만남의 집합, 즉 일즉다, 다즉일(一卽多, 多卽一)의 전향적이고 조화적인 연결망의 결합을 의미한다.

　부분인 나는 전일한 전체 속의 한 올이 됨으로써 세계가 지수함수적으로 확장되고, 전체는 나를 연결함으로써 또한 창진된다. 이 개별과 부

96) 박요한, 『북한 핵무력의 동학과 네트워킹』, 서울: 숭실대학원, 박사 학위논문, 2013, p.81(재구성). 본 도해는 복잡계이론의 자기조직화 과정의 행위성과 ANT에서의 행위자-네트워크의 actor의 개념을 총괄한다.

분과 전체의 전일하고 전방위적인 만남의 주도자와 반려자 그리고 중매자의 신분과 지위가 인간과 사물을 구별하지 않고 동등하게 관계망 속에서 자리를 잡는다.

행위자들은 모두 개별적·집합적이면서도 특성을 갖춘 관계망의 구조이다. 박테리아로부터 인간에 이르기까지, 가정, 공동체, 기구, 사회, 국가, 세계 모두가 관계적 생명의 연결망 구조이다. 이제 뉴턴의 보편적 결정적 확실성의 화석화된 구조는 살아 있는 가장 유연하고 다양성과 복잡성을 지닌 진화 중인 관계생명 연결망의 패턴으로 전환된다.

인간의 씨앗에 해당하는 **정자**와 **모태**를 환유성과 제유성의 예로 들어보자.

현미경이 아니면 관측이 불가능한, 한 올 인간의 정자는 애초부터 인간형태를 갖춘 미생물적 축쇄판이 전혀 아니다. 우리가 상상할 수 있는 한, 생물학적으로 가장 미세하고 연약한 인간의 정자는 모태 안에서 10개월 동안 인간의 패턴으로 구현되는 역사적 진화국면과 맥락의 과정들을 겪는다. 가장 물렁물렁한 모태라는 혼돈의 세계 안에서, 한 올 미생물은 인간패턴으로의 진화를 향한 질서 있는 과정, 즉 시간이 주도하는 로드맵을 충실하게 이행한다. 곧 이론적으로는 이 과정이 혼돈 속의 질서라는 10개월간의 머나먼 여정이다.

한 올 미생물에게 10개월은 너무나 길고 힘든 여정에 해당할 것이다. 아직 눈을 뜨지 못한 한 올 미생물에게 모태는 혼돈 그 자체이다. 오직 어머니의 숨결과 맥동 그리고 들려오는 다정한 목소리, 배를 쓰다듬는 손길이 순간의 평안(질서와 안식)을 선물한다. 이 길고도 먼 여정에서 진화는 불가역적이며, 창조적 진화의 과정으로서 전체는 부분으로 환원될 수도 없다. 인간의 모습으로 진화하여 탄생한 갓난아기는 다시 정자로 되돌아갈 수 없으나, 그 몸속에 부모님으로부터 물려받은 유전자정보 (DNA)를 오롯이 간직한다.

환유하면, 한 올 정자는 137억 년 우주자연과 생명체의 역사성을 통괄하는 시간관계의 물리적·조직적인 경향성의 구현(패턴과 구조)을 고스란히 담고 있다. 우리 인간은 137억 년 우주의 숨결이 축적되고 환유된 '우주적인 존재'이다. 우리 인간의 몸은 137억 년 역사적 생명이 집결된 존귀하고 고결한 존재이다.

3. 현재진행형(going):
생성(becoming), 구현(embodying), 현실화(realizing)

모든 시간은 현재진행형[97]이고, 생명의 창발과정이다.[98] 모든 생명은 연결 과정이고, 연결과정은 인지이고, 인지는 과정이며, 인지(정신, 의식, 무의식계)과정은 생명의 생성과정, 즉 관계생명의 생성과정이다.[99] 관계생명의 생성과정이 시간이다. 인지언어학에서는 은유(metaphor)로 시간을 개념화하고 있다.[100]

---

97) 데카르트, 뉴턴의 시간은 현재를 중심으로 한 고정적이고 대칭적인 시간을 의미한다. 그 벡터(화살)은 과거에서 미래를 향해 나아가는 일방적 시간의 운동을 의미한다.

98) Henry Bergson, Creative Evolution, Henry Holt and Company Camelot Press, New York, 1911, pp.92-93. Alfred North Whitehead, Process and Reality, The Free Press New york, 1978, pp.211-212. 김충열, 『중국철학산고』, 서울: 온누리, 1988, pp.106-126. 장회익, 『삶과 온생명』, 서울: 솔, 1998, pp.42-48. 김상일, 『현대물리학과 한국철학』, 서울: 고려원, p.147, pp.158-161.

99) G.레이코프·M.존슨, 『몸의 철학』, (임지룡·윤희수·노양진·나익주 옮김), 서울: 도서출판 박이정, 2002, p.25, pp.226-232. G.레이코프·M.존슨, 『삶으로서의 은유』, 서울: 도서출판 박이정, 2006, p.123. ILYA PRIGOGINE, FROM BEING TO BECOMING, W.H.FREEMAN COMPANY, New York, 1980, p.4.

100) 베르그송, 화이트헤드의 창진적 과정철학은 그 분야를 확장하여 인지과학으로까지 발전

시간은 우주적인 비밀이자, 침묵의 언어이며, 진리의 얼굴이다. 시간은 통괄적 시간과 개별적 시간이 함께 공진한다. 우리가 볼 수도 만질 수도 측량할 수도 없는 다양하고 복잡성을 지닌 시간과 벡터는 우주자연의 거시와 미시적인 모든 관계 생성에 개입한다. 관계들은 시간의 이동 또는 방랑의 양식이다. 관계는 태초부터 있었듯이 시작도 끝도 없다. 일종의 벡터만이 있을 뿐이다.[101]

[그림1-7] 관계적 생명, 가치, 권력 생성 기초원리 [102]

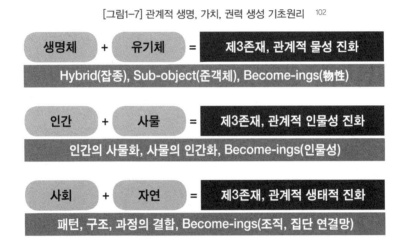

존재는 '이다'(be)가 아니라 '살아있음'(being)이고, 시간은 쉼 없고 끝없이 유동(going)한다. 개별 생명의 시간은 전체(통괄성)가 되고 싶은 전방위적 지

하고, 국내에서는 김충열, 장회익, 김상일 등이 동일한 개념으로 기술하고 있다. G.레이코프 · M.존슨, 위의 책, 『몸의 철학』, 임지룡 · 윤희수 · 노양진 · 나익주 옮김, 서울: 도서출판 박이정, 2002, p.25, pp.226-232.

101) 미셸 세르, 『해명』, 서울: 솔, 1994, p.195.

102) 이 연결망의 생성구조인 카오스모싱으로서의 세계관과 시간개념은 창조적 진화의 지속, 유기체적 과정철학, 복잡계이론, 심층생태학, 일반시스템이론, 산티아고 이론, STS와 ANT의 공통항이다. 부르노 라투르는 이를 관계적 존재론으로 명명했고, 프리쵸프 카프라는 이들 관계적 존재론의 세계를 구조, 패턴, 과정의 통합으로 묶어, 생명 생성의 주도자로 제시했다.

향성과 한자리에 머물고 싶어 하는 이중적 경향성을 띤다. 통괄성으로서 시간의 벡터(화살)은 다양성과 복잡성 세계의 생성, 구현, 현실화 과정이다.

기계와 같은 평형의 세계에서는 질서 속에서 혼돈이 창발된다. 극도의 평형상태는 관 속에 누운 사체(死體) 상태이다. 비평형의 무산구조(dissipative structure) 속에서는 혼돈 속에서 질서가 창발된다. 프리고진은 클라우지스 열역학 제2법칙의 '엔프로피는 증가한다'는 사실에서 시간의 화살표(the arrow of time)을 찾아내어 다양성과 복잡성의 연결망세계로 번역한다. 프리고진에 와서야 시간에는 불가역성과 가역성이 함께 공존하게 되었다.

[그림1-8] 시간의 운명정체성 생성과정 도해 [103]

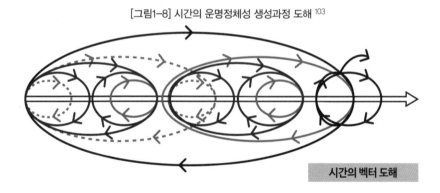

시간의 벡터 도해

---

103) 본 도해는 슈레딩거의 『생명이란 무엇인가』, (조진남 옮김), 서울:동서문화사,2012,p.224-228, 박요한 박사학위 논문 『북한 핵무력의 동학과 네트워크』서울: 숭실대학교대학원,p.84, 라투르의 Latour,Pandora's Hope. Essays on the Reality of Science Studies. (Cambridge, Mass, Harvard University Press,1999),p.187.,p.195.,p.199.,p.201.,p.213.
;일리야 프리고진 · 이사벨 스텐저스, 1984.신국조옮김,『혼돈으로부터의 질서』, (서울: 자유아카데미,2011), pp.232-234,pp.263-265,pp.336-338,pp.403-407.
김충열의 『중국철학산고』:서울:은누리,1982.pp.140-141 를 참조하여 구성함.

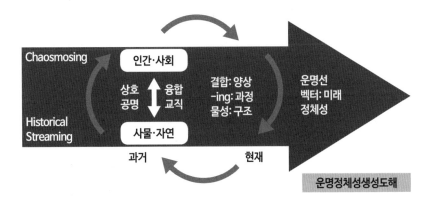

운명정체성생성도해

관계적 존재론이 함유하고 있는 다양성과 복잡성의 세계는 현재진행형의 시간개념을 변역한다. 과거라는 개념은 '축적된 현재'일 뿐이고, 현재는 '오래된 미래의 구현'이며, 미래는 '시간의 벡터(화살표)'를 의미할 뿐이다.[104]

[그림1-8]에는 운명정체성이론의 핵심 주제가 모두 포함되어 있다. 프리고진과 현대과학이 기반한 비평형무산구조와 자기조직화, 비가역성과 시간의 화살표, 가능성과 확률을 가진 자기충분성의 세계관 그리고 김충열의 상호작용과 공명, 주역의 8상과 64괘의 지수함수적인 전개과정인 생명 생성 연환고리, 카프라의 핵심기준(조직패턴, 구조, 생명과정)과 되먹임구조가 망라되어 있다.

요컨대, 현대과학이 제시한 숨은 행위자로서 시간은 관계적 연결망

---

104) 이는 중국철학의 주역과 도가가 내세운 무위로부터 64괘의 양상과정, 불교의 무진연기론과 그 원리가 일란성 세쌍둥이처럼 일치하는 부분이다. 김경탁 역저, 『주역』 서울: 명문당, 2011. 조애너 매거시, 『불교와 일반시스템이론』, 이중표 역, 서울: 불교시대사, 2004, pp.115-121.

의 세계에 중매자로서 개입하여 생명체로 구현되고 통괄적 주도자로서 그 지위가 격상된다. 물론 행위자들은 주도자, 반려자, 촉매자의 행위역량(지위, 역할, 기능)을 서로 바꾸며 공진한다.

관계생명의 행진은 순행성과 역진성을 전방위적으로 포괄한다. 따라서 존재는 삶과 죽음이 함께 공진하게 되어, 개별적이고 부분적인 시공간이 통괄성과 전체성속에 통합된다.

이와 같이 관계적 존재론의 세계에서 볼 때, 총체적 네트워킹 과정에서 생성되는 생명들의 축적이 시간화되고 운명선화 된다. 생명이란 반드시 호흡의 처음과 끝을 가진 유기체적 패턴이자 구조이다. 즉 생명은 모두가 쉼 없는 생성과 소멸의 과정적 존재이다.

운명은 관계생명들의 시간 축적의 총 집결적 양태이다. 운명은 '살고자 하는 경향성 혹은 충동' 속에서 무궁무진한 시간의 연환고리를 엮어가며 영구성을 획득하려는 노선, 벡터를 창진한다. 이름하여 운명노선이다.

4. 정체성(identity): 패턴, 구조, 과정의 총괄적 양태로서 운명

1) 관계생명과 운명 그리고 정체성

정체성은, 살아 있는 구조와 조직 패턴 그리고 결합 과정의 통괄적 양태이다. 관계적 생명의 역동과정의 양상들, 즉 네트워킹의 조직적 패턴의 구현과정과 그 패턴 과정을 담아내는 물렁물렁한 구조의 양상, 그 형태가 정체성의 참 모습(眞面目. 얼굴)으로 나타난다. 관계의 세계에서 정체성은 연결망의 패턴화 과정에서 발견, 집약, 규정된다.

관계생명은 운명으로 축적되고, 운명이란 생명결집체의 탄생부터 죽음까지의 지속과정, 즉 개체의 알파와 오메가의 전 과정에 해당한다. 즉 운명의 시간적 전개양상은 관찰자에 의해 정체성이라는 언어적 기호와 은유로 구성(figuration)된다.

[그림1-9] 정체성: 구조, 패턴, 과정 결합도해

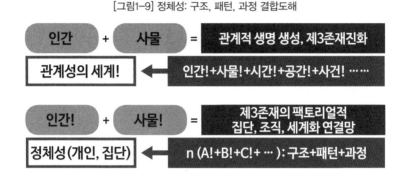

관계생명의 시간적 축적과정은 운명정체성의 구축과 양가성을 갖는다.

운명정체성은 쉼 없이 생성, 구현, 현실화된다. 심리학에서는 칼 융이 제시한 느낌, 정신, 의식, 무의식 관계망이 모두 발현되어 진면목 眞面目(참모습)이라는 이름으로 현상화된 것이다.[105] 따라서 정체성의 개념은, 살아있기 때문에, 그의 생물학적 생명태가 중단되지 않는 한, 항상성을 갖지 못하고 연결망 속에서 지속적으로 변화하기 마련이다.

예를 들어 알렉산더 웬트가 케네시 월츠의 신현실주의 이론을 비판하는 과정에서 제시한 사회구성주의적 관점의 정체성 개념에는, 반드

105) 캘빈S홀/버논 J.노드비, 『융 심리학 입문』(김형섭 옮김), 서울: 문예출판사, 2004, pp.83~86.

시 운명이라는 시간성과 생명관계를 개입·보충시켜야 한다. 그렇지 않으면, 강제화된 평형상태인 조지오웰의 1984의 사회관계 속에서의 인간의 핏기 없는 얼굴처럼 죽어 있는 삶의 형상에 불과하게 된다.[106] 구갑우는 그의 역저『국제관계학비판』에서 구세주의적 시간의 동질적이고 공허한 시간으로서 변형을 수반한, 공간혁명은 정치공간이 초시간적일 수 없음을 보여준다고 지적한다.[107]

정체성은 나와 너의 만남이 제3의 관계망으로 탄생되거나, 그 관계망이 다른 행위자(연결망)과 네트워킹할 때 형성된다. 그 메커니즘은 상호작용과 공명, 교직과 융합의 되먹임구조 속에서 자기조직화와 자기 제작하는 조직의 패턴 과정이다. 구조는 패턴의 물리적 구현이자, 얼굴이다.

부분과 전체 간에 되먹임구조(상호작용과 공명, 교직과 융합)이 일어나야 정체성이 생성된다. 숨은 행위자인 시간과 함께, 관계생명들의 생성과정 속에서 조직이 패턴화된다. 한 생명체의 고유한 특성이 발현되고, 날것의 모습이 구조화·표상화된다.

행위자 자신이 "나의 진면목은 이것이다" 혹은 "나는 누구이다"라고 콕 집어 주장한다고 해도, 우리(나, 너, 이, 그, 저, 우리)가 인정하지 않으면 정

---

106) 알렉산더 웬트 구성주의에서 정체성이란, 사회적 구성관계의 양태로서 정체성을 의미한다. 유감스럽게도 웬트이론은 시간성을 본질로 하는 생명력을 결여하고 있다. 시간성을 제외하면 관계적 생명이 생성될 수 없다. A+B=C가 될 수 있는 것은 +라는 히든액터가 지수함수적으로 개입(역할과 기능)하고 있으며, 따라서 생성된 관계적 생명인 C속에는 히든액터의 속성이 암호화되어 포함되어 있다. 시간성을 배제한 사회성이란 공간만을 절대, 보편적인 법칙의 장소(기본 틀)로 배치하게 되고, 그 장소는 결국 데카르트-뉴턴의 기계적 보편불변의 절대법칙의 세계관으로 환원된다.
웬트가 현대물리학인 양자물리학의 원리를 도입하면서도 정체성의 실체적 개념에 대한 해답을 찾지 못한 이유가 관계생명으로서의 시간성을 배제한 오류에 기인한다. 이와 같은 오류를 푸코 또한 절반 쯤 범한다. 푸코의 난점은 ANT의 브루노 라투르에게 이양되고, 우리나라에서는 박순성과 홍민의 분단연구에서 발견될 조짐이 있다.

107) 구갑우, 『국제관계학비판: 국제관계의 민주화와 평등』, 서울: 후마니타스, 2008, p.122.

체성은 정립되지 않는다.[108]

히틀러를 예로 들어보자. 히틀러 본인 스스로가 "나는 독일의 총통이다"라고 주장한다고 해도, 전후 연결망의 집결체인 독일 국민들이 역사적 과정 속에서 그는 유태인 600만 명의 학살자일 뿐이라고 규정한다면 히틀러의 정체성은 '인종 대량 학살자'에 불과하다. 집단 연결망(독일 국민)과 개체 히틀러 간에 생성된 관계적 생명이 없기 때문에, 함께 상호 작용과 공명할 수 있는 의미와 가치 있는 관계의 시간성이 소멸되었기 때문이다.

이와 같이 숨은 행위자로서 시간은 운명의 패턴을 축적하여 정체성의 구조로 형성하여 간다. 관계적 세계 안에서는 운명정체성은 관계 생명력을 생성하여 가는 과정이다. 예를 들면 예수의 죽음은 크리스찬에게는 부활의 권력으로, 이순신 장군의 죽음은 한민족에게서는 역사를 구한 전쟁의 화신으로서의 생명력이 현실적인 힘으로 구현된다. 즉, 그 관계적 생명력은 사회적 집합 속에서는 조직의 패턴과 구조의 에너지와 정보 그리고 사회적 가치와 정치적 권력의 형태로 현실화된다.[109]

---

108) 신약성경 속에서 예수가 베드로에게 세 번 묻고 베드로가 세 번 답한다. "너는 나를 누구라고 하느냐? 하나님의 아들 그리스도입니다." 그리고 에수는 시간의 승계권(교회권)을 베드로에게 준다. 성경출처

109) 국가와 기업들은 이익을 가치의 실현태로, 국가적인 폭력(=권력의 물리적 구현태)을 합법적 권력으로 정의한다. ANT에서 부르노 라투르의 경우에 공동체는 '인간'만을 상징하여 인간과 비인간을 모두 포함한 새로운 개념으로 집합을 제시했고, 사회적이라는 개념도 재조립되어야 한다고 역설하며, 국가는 집합들의 연결망 덩어리라며 용어의 폐기를 주장한다. 그러나 시간을 중심축으로 본다면, 개인과 공동체의 상호관계와 상호작용과 공명, 융합과 교직 속에서 관계적 생명이 생성된다. 사회라는 관계적 생명의 패턴이 정권이라면, 패턴을 담아내는 물렁물렁한 그릇이 국가라는 구조에 해당하고, 그 국가는 또 세계라는 관계망과 연동되어 그 부분이 된다. 따라서 국가라는 개념을 버릴 필요가 없게 된다.

시간은 관계적 생명을 생성하는 관계의 양식이다. 따라서 관계적 생명선이 단절될 때 운명선이 끝나며 생명체는 호흡을 멈추고 죽는 순간이 된다. 시작과 끝이 있는 관계적 생명의 생성과정의 벡터, 즉 생명의 자기조직화 과정의 구조 패턴 과정이 결집된 모습(양상)이 곧 운명선이자 정체성이다.

우리가 사용하는 정체성의 개념은 시간성과 관계생명이 하나로 융합되어 신체로 구현된 운명의 정체성을 의미한다. 그것이 생물학적이든, 사회적이든, 종교적 분야이든지 간에 시간과 함께 공진하는 생명의 유한성, 즉 시작과 끝인 알파요 오메가의 생명의 한계를 지닌 운명정체성을 의미한다.[110]

핵심은 인간과 사물이 결합하면 인간은 사물화되고 사물은 인간화된다는 점이다. 즉 인성은 물성화되고 물성은 인성화되는 人物性化 (hetrogenesis, hybrid, human-things)가 된다. 문제는 인성화를 강조하면 인간중심주의 근대성으로 회귀하고, 물성을 강조하면 유물론이라는 데카르트의 이분법에 빠지는 오류를 범하게 되는 지점에 주의를 기울여야 한다. 모든 존재는 연결망 속에서 복잡하고 생장소멸의 관계적 생명의 화살표(運命線) vector를 유동하며 존속한다.

물리적 존속이란 여러 시간을 역사적 경로를 통하여 전달되는 어떤 동일할 특성을 계속적으로 이어받는 과정이다.[111] 화이트헤드의 이 물리

---

110) 출신 학교, 사춘기(시기) 혹은 사건, 직업 등에 대한 명명(naming)은 그 지시대상 스스로의 순간적인 페르소나이기는 하지만 정체성이라고 할 수 없다. 시간성 속에서의 운명화, 즉 관계적 생명을 생성시킨 사건과 패턴과 구조화의 결집된 양상이 곧 운명정체성이기 때문이다. 박테리아에서부터 인간에 이르기까지 모든 생명체는 그 호흡의 알파와 오메가 속에 있다. 식물, 동물, 인간, 공동체, 기업, 민족, 사회, 국가, 국제기구 등 모든 사회적, 생태적의 집합적 네트워크는 가릴 것 없이 유기체적 생명체로서 소멸의 시간을 맞게 된다.

111) A.N.화이트헤드,『과학과 근대세계』, 오영환 옮김), 서울: 서광사, 2008, p.191.

시간과 인간의 운명정체성

적 존속을 위한 시간의 역사적 경로의 개념을 본 연구는 운명정체성의 벡터, 즉 운명의 화살표가 그리는 운명선과 동일한 개념으로 도해하였다. 한 올 생명일지라도 운명선의 시작과 끝을 모두 엮어 우주로 연결된다. 인간의 운명정체성은 기본적으로 우주적 차원과 연결된다.

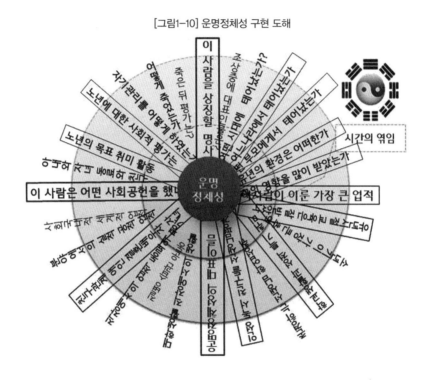

[그림1-10] 운명정체성 구현 도해

정리하자면, 생명이란 반드시 호흡의 처음과 끝을 가진, 쉼 없는 생성과 소멸의 과정적 존재로서 유기체적 양상을 띤다. 운명이란 관계적 생명들의 총 집결적 양태이고 쉼 없이 변화한다. 정체성(正體性)이란 운명의 참 모습이다.

"나는 누구인가"라는 물음과 "너는 누구인가" 그리고 "우리는 누구인가"라는 물음에 대한 대답이다.[112] 엄밀하게 말하자면, "나는 네 안에서 어떤 의미와 가치를 지니며, 너는 내 안에서 어떤 의미와 가치를 지니며, 너와 나는 그리고 우리는 서로에게 누구인가?"라는 물음에 대한 답변이다.

따라서 정체성이란 물질과 정신의 역사적 차원의 총괄적 결집체의 정화(精華)이다. 정체성은 이 땅에 태어날 때부터 주어진 고정적인 생래적 정체성(과거로부터 현재까지, 축적된 오늘)이 있고, 역동적인 후천적 정체성(현재에서 미래로 창조해 나갈 역사, 오래된 미래의 구현)이 있다. 이 둘이 만나는 지점에서 현재진행형의 삶이 이뤄진다.

나의 운명은 부모와 그 환경구조를 바꿀 수 없으나, 성장과정에서 나는 운명을 극복하고 개척하여 정체성 또한 변화한다. 통괄적 운명이 축적된 오늘, 구현되는 오래된 미래가 만나 끊임없는 전일적인 대화를 하는 현재진행형 속에서 가장 핵심적인 운명선의 벡터를 놓치지 않는 것이 핍진성이다.

따라서 정체성은 나와 너 그리고 우리의 관계 속에 획득되고 축적된 내용, 의미와 가치이자 관계생명의 표상이다. 정체성은 나와 너에서, 우리라는 공동체로 확장된다. 공동체 내 존재로서의 의미와 가치이다. 국가정체성이란 국가 간의 관계의 표상이다.

2) 성격과 벡터

어려운 일이지만, 정체성의 성격을 정리하자면 대략 다음과 같다.

---

112) 양승태, "국가정체성 문제와 정치학 연구: 무엇을, 어떻게 – 하나의 거대연구기획을 위한 방법론적 시론, 「한국정치학회보」 제40집 제5호, 2006, 겨울, pp.65~66.

정체성의 중층적 구조와 혼합적 성격은 운명의 힘과 벡터를 생성하며, 비가역적이다.

정체성은 통시성(역사성)과 공시성(현재성), 상대적 속지성과 편재성을 갖는다.

정체성은 특수성과 보편성, 일원성과 다양성을 모두 지닌다.

정체성의 행위역량은 지위, 역할, 기능이다.

정체성의 역할은 주도자, 반려자, 촉매자이다.

정체성은 목표와 벡터: 경향성, 지향성, 목적성을 지닌다.

경향성은 자기보존, 자기구현(발현. 실현. 현현), 자생적 조직화한다.

지향성은 일관성, 지속, 요동, 분기, 전이, 확장, 축적성을 지닌다.

목적성은 초월성, 창조성, 균형과 조화를 추구한다.

3) 메커니즘: 상호구성과 공명(共鳴), 교직과 융합

정체성은 나(주도자)의 과거의 모습(원형)을 설명하고, 현실적 삶(현재)을 이해하게 하고 그리고 미래의 모습(미래상)을 예측케 한다. 그 정체성의 주도자가 운명(運命)이며, 정체성의 동력은 삶이며, 그 삶의 내용은 벡터로 끊임없이 생성된다. 주체란 고정적인 자아가 아니다.[113] 자증적인 운명의 주인이다.[114] 운명적인 만남이란 정체성의 동일성이며, 벡터의 일치를 의미한다.

---

113) ① 자신이 누구인지를 자신에게 말해주고, ② 자신이 누구인지를 타자에게 말해주고, ③ 타자가 누구인지를 자신에게 말해준다. 그 결과 구성주의에서 국가이익은 국가정체성과 국제문화적 환경에 의해 재생산된다. Henri Tajfel, Human Groups and Social Categories: Studies in Social Psychology (Cambridge, U.K; Cambridge University Press, 1981), p.255.

114) 서구적인 의미로는 노예가 있어야 주인이 있다. 그러나 동양의 주체는 내재적. 독립적. 자증적이다.

정체성은 현실적 삶에서 주도자의 지위와 역할을 결정하며 관계에 끊임없는 상호작용과 상호구성, 생성의 연결망을 구성해가는 동력을 부여한다. 정체성의 주어적 표상은 운명이며, 그 동사적 양태는 삶이자 벡터이다. 삶이란 끊임없는 벡터의 생성과정이며, 운명이란 곧 삶의 총합이다. 정체성은 운명을 주어로, 삶을 동사로 표상화하여 벡터의 방향성을 갖는다. 정체성은 중층적 구조와 혼합적 성격을 띠며, 무상의 역사성을 갖고 생기적 세계관 속에서 끊임없이 가치를 생성한다.

상호작용은 상호 인정의 관점과 입장이며, 공명은 상호 간에 실천의 시간이 축적되어야 하고, 상호 신뢰가 구축될 때 상호인정이 현실화된다. 러시아가 개혁개방을 선언하는 순간, 미국은 러시아의 핵무력에 대한 걱정 근심을 풀어버린다. 미국은 영국 핵 100개보다도 북한 핵 5개를 더 위험하게 생각한다는 것은 믿음이 없다는 것이다.

생명 생성 전개과정의 메커니즘, 즉 되먹임구조는 상호작용과 공명, 교직과 융합의 연결과정으로서 서로를 인정하며 서로 믿고 상생을 위해 서로 실천해가는 단계이다. 위에서 본 바와 같이 예수와 요한, 예수와 베드로의 관계가 공명의 관계라고 할 수 있다. 공명은 운명적인 만남을 통해 과거를 정리하고, 현재적 삶을 전환하여 미래상을 향해 실천해 나가는 벡터의 형성을 의미한다.

4 한국의 명시에 구현된 시간과 운명정체성

1. 태초에 관계가 있었다

메타우주의 관점에서 볼 때, 우리우주는 한 올 먼지와 같을 수 있다. 하물며 우리우주 가운데 있는 지구라는 존재는 아예 보이지 않는 존재일 수 있다. 성경 창세기와 요한복음에서 말하는 '태초'는 우리우주의 시작을 의미한다. 우리우주의 시작점에 절대자, 시간, 말씀이 함께 있었다. 함께란 관계성이다. 그리고 빛이 있으라 하매 빛이 있었고, 자연과 만물(自然·萬物)이 생겼다. 빛이 핵심이다. 빛은 물질이면서 파동이고, 생명 생성의 관계성의 원천이다. 우주자연 속에 이미 인간 생명의 근원인 빛이 감추어져 있었다.[115] 빛은 생명이다. 우리 인간은 빛과 시간 그리고 로고스 연결망의 정화(精華)이다.

우리 인간의 인지능력 차원에서 본다면, 함께 간다는 관계는 공진 관

---

115) 서구적인 의미로는 노예가 있어야 주인이 있다. 그러나 동양의 주체는 내재적, 독립적, 자증적이다.

계의 현재진행형이다. 하나님, 시간, 말씀이 빛을 매개로 함께 관계를 맺고 만물이 생성되었고, 그 만물 속에 내장된 빛과 생명의 결집체적 정화가 바로 인간이다. 빛에 의해 너(화자)와 나(청자)의 만남이 연결·융화되고, 그 연결망이 교직되어 우리가 되며, 지수함수적으로 더 큰 우리, 즉 공동체라는 그물망으로 확장되어 간다. 나와 너는 우리 안에 있고, 우리는 나와 너 안에 있다. 그러나 우리는 나와 너라는 개별체로서는 불가역적이기 때문에 환원될 수는 없다.

우주라는 창진적 연결망들의 영원무궁한 발걸음의 머나먼 여정이 생명의 역사적 진화과정이다. 우리우주가 쉼 없이 팽창하고 있는 사실이 확인되었듯, 모든 개별적 생명은 쉼 없고 부단한 스스로의 시간을 생성하고, 그 시간은 다시 새로운 생명관계를 맺어 연장한다. 따라서 모든 생명은 시간 관계에 의해 생성되고 결집된다.

관계는 우리우주와 생명의 탄생과 과정과 끝, 즉 알파와 오메가를 모두 포용한다. 관계의 경향성은 너와 나의 만남이고, 새로운 생명의 창발에 있다. 그 모든 과정, 즉 너와 나 그 우주적인 만남의 본질 속에 태초로 표현된 시간이 숨어 있다.

인간은 빛과 시간, 로고스에 의해 생성된 생명체이자, 관계적 존재이다. 나라는 주도자가 없는 너라는 반려자가 없고, 너라는 주도자가 없는 나라는 반려자가 있을 수 없다.

만남이란 곧 숨은 행위자인 나와 네가 시간의 중매로 만나 관계생명을 생성하여 가는 사건이다. 만남·연결·관계는 우주적인 시간성 속에서 이루어지는 생생(生生)의 사건이다. 인간은 시간을 인지하고 **번안**(飜案, self-translation)하여 끊임없이 진화하는 존재이다.

우리는 지난 3세기 동안 서양철학에서 비롯된 데카르트의 이분법(二分法)과 뉴턴의 선형적이고 대칭성인 시간과 정지된 공간세계를 진리로 여겨왔다. 데카르트 정신과 물질의 이분법, 유클리드 기하학, 뉴턴의 자연법칙은 모두 정지된 공간 상태에서 결정론적인 운동의 인과관계를 가정하고 있다.

그러나 관 속에 누운 시체같이 죽어 정지된 상태에서는 아무런 문제나 어떤 사건도 일어나지 않는다. 죽음으로는 살아 있는 풀 한 포기의 생명도 설명할 길이 없다. 오직 삶이 있을 뿐, 이 세상에 정지된 것은 아무것도 없다. 모든 것은 변화하고 생동·역변한다. 시간의 선을 딛고 인간은 끊임없이 새로운 관계생명을 생성하고 진화한다. 모든 존재는 살아 있는 관계적 존재이다.

인간은 자신에게 주어진 생명의 한시성을 극복하여 영원성을 확보하여 가려고 안간힘을 다한다. 인간은 그 누구도 생명의 한시성을 벗어날 수 없는 개별적 단위에 불과하다. 따라서 인간은 이 한계를 극복하려고 또 다른 인간과 만남을 갖고 제3의 생명체를 만들어 생명시간을 계승한다. 인간에게는 길어야 130년이라는 수명이 주어졌지만, 너와 나의 만남과 융합을 통하여 제3의 물리적 자손을 생성하여 시간의 생명을 연장한다.

시간은 이 모든 우주적·지구적·인문적인 역사과정에 함께 참여한다. 시간은 눈으로 포착하거나 손으로 감촉할 수 없는 숨은 행위자이다. 성경의 창세기 혹은 137억 년 전 대폭발로부터 지금까지 우주역사는 시간과 생명들의 생성과정이다. 즉 생동하는 우주는 137억 년의 시간과 생명의 무도를 추고 있다. 인간은 137억 년의 율동을 인지하고 그 무도에 참여하는 존재이다.

"태초에 말씀이 있었다"는 성경 요한복음의 기록이다. 대폭발은 현대과학이 입증한 우리우주의 탄생이다. 우리우주가 탄생할 때, 이미 신과 메타우주의 시간, 말씀의 관계가 있었다.

신은 창조주이자 절대자로서 시간이자, 진리이다. 시간은 생명의 창진원리이자 그 과정이다. 말씀은 진리의 길이고, 길은 생명과정·운명선이다. 서양의 세계관 형성의 근본적·핵심원리이자 출발점이다.

성경속의 세계관은 신과 자연, 신과 인간, 인간과 자연(사물), 인간과 인간의 다양하고 복합적인 관계[116], 즉 너와 나의 만남 그리고 우리라는 관계생명 생성 원리가 적용되고, 확장·변형된다.

현대과학은 이 우주자연의 역동적 행진의 양상들을 나선형의 중층적 구조와 혼합적인 양상의 관계망으로 네트워킹되어 간다는 사실을 입증한다. 이와 같은 관계적 시간성 속에서 관계적 존재들의 역동적인 만남과 생성을 우리는 사건이라고 칭한다. 시간적으로 볼 때 낮은 단계를 시간, 높은 단계를 역사라고 칭한다.

베르그송·화이트헤드·프리고진·김충열이 그토록 역설한 생성은 관계의 지속성과 축적성과 연속성의 통일적인 융합이다. 융합은 삶의 벡터에서 구동되는 쉼 없는 'Realizing(현실화)', 'Embodying(구현)', 'Becoming(생성)' 과정이다. 현재 진행형인 'going'을 반드시 붙여야 한다. 한마디로 인간의 운명은 삶의 벡터의 지속이다.

벡터는 수학적 물리학적으로는 크기와 경향성을 가진 화살표다. 가

---

116) 근대 산업혁명 이후 탄생한 社會라는 용어는 인간과 인간의 만남과 연결망이다. 따라서 사회라는 개념 속에는 비인간(동식물, 물질과 자연 환경 등)의 개념이 포함되지 않는다.

역·비가역 과정에서 생성되는 엔트로피의 증·감노선이 나선으로 전개하는 원심력과 구심력의 균형이며, 작용과 반작용의 조화이다. 끊임없는 관계의 생성과 축적성 그리고 인간운명 역동과정의 중심축이다.

따라서 삶은 동사이자 명사(주어)이다. 삶의 축적성과 지속성, 목적성의 구조적 총합이 운명이다. 운명의 얼굴이 정체성이고, 삶은 정체성이 구동되는 양상이다. 정체성과 운명은 주어이며, 삶은 동사이다. 벡터는 삶의 중심축이자 방향성이기 때문에 삶 자체의 운명선에 해당한다.

어디로부터 와서, 어떻게 살며, 어디로 가는가 하는 물음이 운명의 벡터이다. 인간이란 축적된 현재(과거), 오래된 미래의 구현과정(현재), 시간의 벡터(미래) 관계의 산물이다. 하이데거는 여기까지의 인간을 '현전(現全)적인 존재'로 규정하여 멈춰섰으나[117] 베르그송과 화이트헤드는 '오래된 미래'를, 프리고진은 '시간의 화살표'까지 더 나아갔다.

우리의 만남은 축적된 관계가 중요하다. 관계생성과 축적의 메커니즘은 상호작용과 공명, 교직과 융합이고, 그 일꾼들의 모습은 요동과 분기, 전이와 확산으로 나타난다. 시간성 속에서 축적된 관계성이 없다면 신뢰는 이뤄지지 않고, 신뢰가 없다면 융합되지 못한다.

운명은 시간과 관계 속에서 통일적인 신뢰의 생성이 축적될 때 성립된다. 운명에는 생래적으로 이어받은 세습(世襲)과정(=과거태)과 스스로 선

---

117) 하이데거가 제시한 현전(現前)적인 존재로는 약하다. 하이데거의 존재의 개념은 확실성이 입증된 과거의 축적에 머무르지만, 필자가 제시하는 존재는 현전(現全)적인 존재는 운명선의 벡터, 즉 미래성을 포함하고 있다. 인간은 어린아이에게서부터 어른에 이르기까지, 모두 지금, 이 자리에 있는 나 자신이라는 생명체를 완성태로 여기며 살아가다가 일생을 마감한다.

택하고 획득한 축적과정(=현재형)의 양면성이 존재한다. 어떤 부모와 환경에서 태어났다는 생득적인 측면은 변할 수 없는 확정성의 측면이다. 그러나 자신이 개척하여 획득하여 가는 측면은 스스로 하기 나름이다. 한국을 상징하는 대표적 기업인 정주영은 가난한 농부의 아들로 태어났으나(과거태), 나라의 경제를 일으킨 역사의 주인공으로 변모했고(현재형). 진대제는 논 한 뼘 없는 빈농의 아들로 태어났으나, 미래 산업의 쌀인 반도체를 개발하여 나라와 국민에게 공덕을 쌓았다.

관계적 세계의 네트워킹 과정은 상호작용과 공명, 교직과 융합의 기술적인 메커니즘 그리고 '신과 자연과 인간', '신과 인간', '자연과 인간', '인간과 인간'이라는 인문주의적 결합유형에 의해 전개된다. 메커니즘과 결합유형의 두 갈래를 기본 축으로 생성되는 창진적 인문세계는 개인과 공동체, 공동체와 공동체, 국가와 국가의 단위로 세계의 관계상이 전방위적으로 확장된다.[118] 인문세계는 인간지성이 주도하고 창진한 우주자연의 역사문명체계이다. 즉 인간 중심으로 우주자연의 역사를 번안한 체계이다.

여기까지 우리는 관계적 총화의 존재론 속에서 시간, 운명, 정체성의 개념과 행위역량(지위, 역할, 기능) 그리고 행위자의 자격(주도자, 반려자, 촉매자) 등의 개념들을 획득하였다. 이름하여 운명정체성이론이다.
이제 운명정체성 이론의 요체인 전방위적 양상을 지닌 시간, 다양

---

118) '신 대 신'이나 '자연 대 자연'의 관계는 의미와 가치를 지니기 어렵다. 우리우주 탄생인 대폭발 사건, 즉 137억 년이라는 역사 속에서 인간의 지위란 고작해야 아무리 길게 잡아도 400만 년(오스트랄로피테쿠스), 혹은 10만 년 전(호모사피엔스)에 불과하다. 그러나 인간은 역사를 주도하는 역량을 지닌 존재로 진화했다. 이것이 인문주의의 정신의 요체이다.

성·복잡성·중층성·융합성을 지닌 운명 그리고 중층적 구조와 혼합적 양상으로 창진되는 정체성이라는 세 갈래의 개념을, 우리의 삶 속에서 일상화된 가장 대표적인 명시(名詩)들을 통하여 감상하고자 한다.

그 기준은 고등교육 교과서에 수록되어 있거나, 현대사에 논쟁을 불러일으킨 시로서 모두 6편을 꼽았다. 명시의 뜨락 속으로 들어가 시간, 운명, 정체성의 얼굴을 찾아본다.

2. 꽃·김춘수: 너와 나의 만남을 통한 생명의 찬가

"내가 그의 이름을 불러주기 전에는
그는 다만
하나의 몸짓에 지나지 않았다.

내가 그의 이름을 불러 주었을 때
그는 나에게로 와서
꽃이 되었다.

내가 그의 이름을 불러준 것처럼
나의 빛깔과 향기에 알맞은
누가 나의 이름을 불러다오.
그에게로 가서 나도
그의 꽃이 되고 싶다.

우리들은 모두
무엇이 되고 싶다.

나는 너에게

너는 나에게

잊혀지지 않는 하나의 의미가 되고 싶다."

1922년대에서 2004년까지 한반도의 역사(구한말, 일제강점기, 분단과 한국전쟁 그리고 산업화와 민주화의 성공)와 함께 호흡하며 살다 간 시인이자 국문학자 김춘수[119]의 '꽃'이다.

관계의 세계에서는 '나'가 없는 상태에서 '너'는 하나의 개별적이고 의미 없는 사물에 지나지 않는다. 주도행위자로서 개별적인 인간인 '나'가 또 다른 주도자로서 개별적 사물인 '너'를 발견하고 만남의 사건이 일어난다. 너와 나는 시간의 중매 속에서 상호작용과 공명, 교직과 융합이 일어나 관계생명을 생성했을 때, 비로소 너는 나에게로 와서 반려자인 꽃으로 정체된다. 나와 너의 만남으로 제3의 존재인 '우리'로 탄생한다. 우리란 제3의 존재는 너와 나는 꽃이면서 인간으로 융합된 인물성(人物性)이다. 이 관계생명 생성을 위한 결합과정에 우주적 차원의 숨은 행위자인 시간이 중매자로 개입된다.

"내가 없으니 네가 없고, 네가 없으니 내가 없다."라는 불교의 4구부정의 원리는 자칫 서양의 3단논법이나 변증법으로 오해받을 수 있다. 그러나 동양에서는 너와 나의 만남과 신뢰 축적 사이에는 시간이라는 행위자가 중매자(medium)로서 숨어있다. 숨은 행위자인 시간의 도움을 받아 너는 나를 만나고, 나는 너를 만나서 관계생명을 생성하고, 개인을

---

119) 김춘수(1922~2004), 한국의 명시, 김희보 편저, p.360, 종로서적, 1983, 시인·국문학자, 서울대 교수.

넘어 우리, 더 큰 우리인 공동운명체로 진화하고 그 세계가 영원성과 우주적 차원으로 네트워킹된다. 관계생명의 축적은 곧 시간이다. '나' 혹은 '너'라는 개별적 존재는 반드시 그 생명의 시작(α)과 끝(Ω)이 존재하는 한시적인 수명이지만, '우리'로 확장된 관계적 생명은 우주적인 항구성과 영원성을 보유한 공동운명체로 그 시간성이 연장된다.

'잊혀지지 않는 하나의 의미'는 우리들 만남이 축적한 관계망의 모습이다. 인간과 사물의 만남을 '꽃을 든 불량배'와 '칼을 든 스님과 목사'로 비유될 수 있겠다. '꽃을 든 깡패'는 무서움을 자아내지 않는다. 어딘가 코믹스럽거나 감동스럽다. 그러나 '칼을 든 스님이나 목사'를 보면 공포감을 자아낸다. 꽃과 불량배가 결합하여 생성된 평화와 사랑의 표상이 폭력을 덮어버린다. 목사와 칼이 결합하여 생성된 표상이 평화와 사랑의 이미지를 덮어버린다.

우리라는 개념은 통괄적인 우주적 차원의 영원성과 개별자들의 순간성이 결집된 복수의 동명사이다. 개별적인 나는 개별적인 너에게, 너는 나에게 서로 만나 관계생명이 생성되고, 시간의 축적과 함께 관계의 그물망이 확장되어 우리로 정체화된다.

나는 죽을 수밖에 없는 시공적 한계성을 지닌 개별적인 생명체에 불과하지만, 우리 속에서의 나의 의미를 찾을 때는 그 가치는 우주적인 그물망의 존재로 확장된다. 인간인 나 자신이 우주자연의 자기표현의 포형이라는 진리성을 자각한다.[120]

하나(하나님)는 전체(전 인류)를 위하여, 전체(전 인류)는 하나님(하나)을 위하

---

120) 김구산, 「관계의 세계」, 서울: 울림사, 2010, p.22, p.31, p.56.

여라는 성경의 개념은 불교 화엄경의 '一卽一體, 多卽一(일즉일체 다즉일)'과 상통한다. 심지어 레닌은 이 구절을 모방하여 공산주의 이론 형식의 모토로 삼았음을 유념할 필요가 있다. "하나는 전체를 위하여, 전체는 하나를 위하여"가 그것이다.[121]

개별적인 인간과 인간, 인간과 사물의 만남은 반드시 제각각의 양상으로 의미와 가치를 생성하게 되고, 공동체[122], 국가, 세계관계로 네트워킹된다. 이 상호작용과 공명, 교직과 융합에 의한 메커니즘(관계 형성과정)을 일반 사회이론에 적용한다면, 개별 행위자인 나와 대상(=개별행위자)는 서로 주도적 관계를 맺어가며 그 의미와 가치(이익)가 우리 모두(전체구조)로 재생산(구성)된다.[123] 나와 너, 나와 공동체, 나와 국가, 공동체와 국가, 국가와 국가 등 세계상의 국제관계의 연환고리 양상으로 확장·전개된다.

예를 들어, 모든 어머니(개별적 생명체)는 그 아들 혹은 딸인 나(개별적 생명체)에게는 인류사적인 영원한 진리성을 지니고, 아인슈타인(개별적인 인물)에게 유태계 미국인(공동체. 국가)이란 영원한 역사적 의미가 부여되어 정체성화된다. 한마디로 우주 생명의 생성원리를 오도한 김춘수는 사물인 꽃과 인간인 나의 만남이 곧 우주적인 연결망 생성의 출발점이라는,

---

121) 그러나 공산주의의 하나와 전체는 뉴턴적 결정론적 기계적인 유물론적 법칙하에 있다. 뉴턴 법칙에서는 전체는 분해되어 하나로 환원될 수 있다. 그러나 중국의 노선선회와 구소련 연방의 해체 등 공산주의 붕괴는 체제의 붕괴이기 이전에 이론의 붕괴이다. 전체란 부분으로 환원될 수 없는 부분들의 총합 그 이상의 무엇이다.

122) 인간과 사물들의 연결망으로서의 집단을 의미한다. 인간과 인간의 집단사회를 의미하지 않는다.

123) 알렉산더 웬트의 사회정체성 구성이론의 설명구조와 동일하다. '국제관계를 어떻게 바라봐야 할 것인가?'라는 질문에 대해 김춘수의 시 '꽃'은 이토록 明證(명증)한 사회구성주의적 설명구조를 보여주고 있다.

관계생명의 찬가를 부르고 있다.

3. 알 수 없어요·한용운: 영원과 전일성의 존귀한 우주 참여자

바람도 없는 공중에 수직(垂直)의 파문을 내며 고요히 떨어지는 오동 잎은 누구의 발자취입니까?지루한 장마 끝에 서풍에 몰려가는 무서운 검은 구름의 터진 틈으로, 언뜻언뜻 보이는 푸른 하늘은 누구의 얼굴입니까?꽃도 없는 나무에 푸른 이끼를 거쳐서, 옛 탑(塔) 위의 고요한 하늘을 스치는 알 수 없는 향기는 누구의 입김입니까?근원은 알지도 못할 곳에서 나서 돌부리를 울리고, 가늘게 흐르는 작은 시내는 굽이굽이 누구의 노래입니까?연꽃 같은 발꿈치로 가이없는 바다를 밟고, 옥 같은 손으로 끝없는 하늘을 만지면서, 떨어지는 해를 곱게 단장하는 저녁놀은 누구의 시(詩)입니까?타고 남은 재가 기름이 됩니다.그칠 줄을 모르고 타는 나의 가슴은 누구의 밤을 지키는 약한 등불입니까?

우리나라에서 만해(萬海) 한용운 선생을 모르는 사람은 없을 것이다. 그의 시(詩) '알 수 없어요'는 고등학교 교과서에 수록되어 있다.[124] 이 시에서 매 연마다 등장하는 '누구'란 누구를 혹은 무엇을 지칭하는가? 또 발자취, 얼굴, 입김, 노래, 시는 무엇을 의미하는가? 다름 아닌 '영원한 시간성 진리'이다. 우주를 관통하는 영원성을 지닌 시간의 다양하고 복잡한 행위역량이 지닌 절대성을 대자연의 양상과 결합시켜, 의인화하고 있다.

---

124) 만해스님은 1879년 8월 29일에 태어나 해방을 불과 1년여 앞둔 1944년 6월 29일에 떠난, 일제 강점기의 시인, 승려, 독립운동가로서 우리나라의 역사 속의 대표명사(위인)의 한 사람으로 운명이 정체화되어 있다.

누구의 발자취, 얼굴, 입김, 노래, 시에 이르는 보이지 않으나 분명히 존재하는 숨은 행위자로서 시간의 얼굴을 그려내고 있다. 그리고 그 시간의 궁극적 개념은 타고 남은 재가 기름이 된다면서 통괄적 시간성 속에서 영원불사하는 관계생명의 생성을 제시하고 있다. 시간의 얼굴은 진리이다. 그 진리가 민족, 부처님 등으로 확장될 수 있다.

모든 관계, 물질계의 타고 남은 한 줌 재마저도 불교적 차원에서 영겁의 시간성 속에서 생명에너지로 환생하는, 회귀, 순환, 반복, 진화의 시간과 세계관을 강조한다. 그리고 그 영원성 속에서, 순간적인 개체를 잇는 반려자로서 나는 짧고, 부분적인 밤을 지키는 역할에 불과한 약한 등불로 정체화된다.

그러나 끝이 아니라 반전이 일어난다. 그칠 줄 모르고 타는 나의 가슴이 등장한다. 나는 또 다른 영원성을 엮어내는 작업에 참여하는, 주도자(maker)이자 강렬한 행위역량을 발휘하는 존재로서 존귀한 지위를 구축한다. 결국 '인간으로서 나'라는 한시적 생명결집체는 시간적 영원성과 우주적 전일성의 의미와 가치를 지닌 우주적 관찰자이자 주도적 참여자의 일원으로 정체화된다. 구도자로서 한용운 선생의 오도송(悟道頌)이 아닌가 싶다.

4. 서시·윤동주[125]: 살아있는 운명정체성의 자기증명과 맹세

죽는 날까지 하늘을 우러러
한 점 부끄럼이 없기를
잎새에 이는 바람에도

---

125) 1917년 12월 30일 ~ 1945년 2월 16일(향년 27세). 연희전문 국문학과. 연세대 학생정신 표상.

나는 괴로워했다.

별을 노래하는 마음으로

모든 죽어 가는 것을 사랑해야지.

그리고 나한테 주어진 길을

걸어가야겠다.

오늘 밤에도 별이 바람에 스치운다.

연희전문 학생 윤동주는 독립운동을 하였다는 죄목으로 체포되어 투옥된 뒤, 해방을 불과 6개월 앞둔 1945년 2월 16일 27세에 일본 후쿠오카형무소(福岡刑務所)에서 요절했다. 억울하고 참담하다. 우리나라 청소년이라면 누구나 암송하고 있을 법한, 시인 윤동주의 『序詩』의 세계로 들어가 시간, 운명, 정체성을 찾아본다.

서시(序詩)의 제목인 序는 '처음', '순서의 시작'을 의미한다. 운명이 주어라면 삶은 동사이다. 윤동주의 운명이 시로, 시인이라는 주어로 정체화되었다면, 서시는 윤동주 운명의 출발점인 동시에 동사인 삶의 목적성과 방향성이다.

제목을 운명선의 출발점으로 하여 첫 구절은 '죽는 날까지'라는 끝으로 잘라 명기한다. 서시라는 제목에서 부터 죽는 날까지라는 첫 구절에 이미 운명의 처음부터 끝까지의 시간이 모두 들어있다. 윤동주는 제목과 첫 구절에서 이미 스스로의 운명의 알파와 오메가를 규정하였다.

그는 맨 첫 구절을, 태어나고 살아온 날을 생략한 채, 영원한 시간성을 향해 "죽는 날까지"로 첫 입술을 떼고, 이어 "하늘을 우러러"로 대우주 진리성을 향해 약속한다. '한 점 부끄럼 없기를'. 이 얼마나 지고지순한 실천지성이고, 광오한 기백인가!

나는 빼앗긴 나라, 조선의 청년으로서 현재진행형으로 운명화(주어)되어 있지만, 미래적 삶(동사)은 '한 점 부끄럼 없어야 한다'(자기 완결성)며 우주적인 차원의 삶의 목표와 실천이념을 우주를 향해 약속하며, 운명정체성의 미래벡터를 설정한다. 그리고 매 순간 "잎새에 이는 바람에도 나는 괴로워했다"라고 거듭 현실 속의 자신을 점검하면서, 나 또한 일개 생명체로서 불완전하고 나약한 인간임을 끊임없이 자증하며 고뇌하고 있음을 고백한다." 오호라 나는 곤고한 자로다. "누가 나를 이 사망의 몸에서 건져내랴"라는 사도 바울의 독백처럼, 인간의 육신은 죄악의 굴레 속에 있다.

'별을 노래하는 마음으로'. 세상과 삶 속에서 비롯되는 모든 사건들은 대우주와 나의 운명이라는 영원성과 진리성의 관점에서 바라보면, 모든 인간관계사가 하루살이의 소멸과 같이 헛되다. 가진 자와 궁핍한 자, 침략자와 피탈 민족 등 인간의 욕망과 광기가 저지른 양상들은 우주적 차원의 안목으로 보면, 가엾고 불쌍한 연민의 대상일 뿐이다.

'모든 죽어가는 것들을 사랑해야지'. 만유는 생명이고, 생명에는 반드시 시작과 끝이 있다. 나는 나 스스로의 운명을 하루살이면서도 영원을 살 것 같이 여기는, 이 불완전하고 유한한 존재(인간, 자연, 공동체, 나라 등등)들을 거부하지 않고, 목숨이 끝나는 순간까지 함께 걸어가야겠다는 운명과 우주(미래목표와 벡터)에 대한 결연한 맹서를 한다.

주목할 점은 윤동주는 '나 자신의 삶이 어떻게 시작되었는가?'에 대해 의문을 갖거나, 그 운명의 끝이나, 내생을 언급하지 않는다. 서시라는 제목으로 시작하여 오로지 현재진행형으로 일관한다. 시작과 끝은 나의 소관이 아니라는 잠재적이고 내면적인 성찰과 고백, 나는 구체적으로 어디로부터 와서(래원), 어디로 간다(미래)고 말하지 않고, 오직 나에게 주어진 삶의 역사를 어떻게 살아나가겠다는 실천자세, 즉 자신과의 정결한 약속만을 담담하고 단단하게 벼를 뿐이다.

시간적으로는 자신의 운명노선을 오직 이 우주 생명 안에서의 시간 성에 한정시켜 자신을 현재진행형으로 정체화하는 구도자적인 자세를 정립한다. 그리고 마지막 "오늘 밤에도 별이 바람에 스치운다"라는 자 신의 정체성을 확인하고, 살아있음을 스스로 증명한다.

우리나라 청소년들이 대부분 윤동주의 서시를 암송한다는 배후에는 이와 같이 나에게 주어진 시간의 한시성에 대한 스스로의 깨달음, 그 한 시적성을 개척하기 위한 운명의 구도자로서의 개척정신 그리고 삶의 일관성만이 보유할 수 있는 순결하고 깔끔한 정체성에 대한 명확한 맹 서, 미래목표와 그 벡터가 제시되어 있기 때문이다.

윤동주의 「서시」는 자신의 삶을 우주노선과 일치시간 운명정체성의 확인이자 벡터에 대한 실천지성의 맹서이다.

5. 초혼·김소월: 운명정체성을 알아차린 소월의 통곡과 절규

산산이 부서진 이름이여!
허공중에 헤어진 이름이여!
불러도 주인 없는 이름이여!
부르다가 내가 죽을 이름이여!

심중에 남아있는 말 한마디는
끝끝내 마저 하지 못하였구나.

사랑하던 그 사람이여!

사랑하던 그 사람이여!

붉은 해는 서산 마루에 걸리었다.
사슴의 무리도 슬피운다.

떨어져 나가 앉은 산 위에서
나는 그대의 이름을 부르노라.

설움에 겹도록 부르노라.
설움에 겹도록 부르노라.

부르는 소리는 비껴가지만
하늘과 땅 사이가 너무 넓구나.

선채로 이 자리에 돌이 되어도
부르다가 내가 죽을 이름이여!
사랑하던 그 사람이여!
사랑하던 그 사람이여!

　민족의 대표적 서정시인 김소월[126]의 초혼의 세계로 들어가 시간, 운명, 정체성의 뜨락을 거닐어 보자. 초혼(招魂)이란 '혼을 불러 만난다'는 뜻이다. 문제는 혼(魂)은 눈에 보이거나 손으로 감촉될 수 없다는 데 있다.

---

126) 1902년 태어나 간난신고 속에서 치열한 삶을 살다가 1934년에 고향 곽산으로 돌아가 아편을 먹고 자살하였다.

오직 혼만 있다고 함은 이미 그 생명체의 숨결이 코끝에서 사라진 잃어
버린 얼굴(lost face)이다.

　김소월의 초혼은 첫 구절부터 핵심적인 의문을 불러일으킨다. 첫 구
절을 읽고 일체화하여 감응하지 못하면 가슴이 먹먹하여 더 이상 둘째
구절로 넘어갈 엄두가 나지 않는다.

　"산산이 부서진 이름이여"

　① 이름이 어떻게 부서진다는 말인가? ② 이름이 어떻게 허공가운데
서 헤어지는가? ③ 주인이 없는 이름이 어디에 있다는 말이고, ④ 부르
다가 내 목숨과 바꿀 만큼 의미와 가치를 지닌 이름이 이 세상 어디에
있다는 말인가? ⑤ 나아가 끝끝내 하지 못한 심중에 남아있던 그 말 한
마디는 고작 (사랑하는 사이에 눈짓으로라도 수천 번도 더 나누었을 법한) '사랑한다'는
말이었다는 것인가? 다하지 못한 통곡은 끝내 '사랑하던 그 사람이여'를
두 번 반복하며 일단락 짓는다.

　다음 구절은 느닷없이 "붉은 해는 서산마루에 걸리었다"로 시공간이
전환되어 버린다. 즉, 첫 걸음 "산산이 부서진 이름이여"로 부터 "사랑
하던 그 사람이여"까지는 마치 한 문장으로 짜여 있는 듯, 첫 구절이 마
음에 녹아들지 않으면 그다음 구절은 마치 무심결에 옮기던 발걸음이
수직의 천길 절벽 앞에 선 듯 난망하여진다. 그렇다면 처음 출발했던 길
로 되돌아가야만 한다.

　"산산이 부서진 이름이여"에서 이름은 단순한 명사(name, 名)가 아니
다. 이름은 한 행위자의 운명(주어)이 삶(동사)으로 역동되어 전시간성 속
에서 생성되고 축적된 관계생명의 집결체적 총화이다.

'살아있는 운명정체성'을 지칭한다. 너와 나 그리고 우리라는 관계성 속에서 생성되어 연결, 축적되어온 생명(상호공명과 교직융합)의 의미와 가치의 네트워킹(생명줄)이 통괄적으로 엮이어 살아있는 구조이다.

예를 들어, 세종대왕이란 이름은 "한글이라는 우리만의 언어를 창제하여 문명의 세계를 열어젖힌 세계문명사적인 성군(聖君)"으로, 이순신이라는 이름은 "일본으로부터 역사를 구해낸 전쟁의 화신(化神)"으로 구조화된다. 이들은 모두 우리들과 함께 엄연히 살아 숨 쉬고 있다.

이름이 산산이 흩어졌다는 것은 살아 활기 넘치던 생명구조가, 넓게 드리워진 운명의 그물망이, 교와 직으로 엮인 관계생명선의 매듭들이, 올올이 수천만 가닥으로 풀어지고 헤어져(scattering) 사라져(disappear) 버렸다는 것.

생생하고 고결한 생명 결집체로서 햇볕같이 밝고 별같이 빛나던 현재진행형이던 너의 생기발랄하던 얼굴과 정답던 이름이었다. 너의 코끝에서 호흡이 멈추자 너의 생명선의 그물망이 올올이 풀어져 허공중에 사라져 버렸다. 내 눈앞에서 없어지고 난 다음에야 만남의 필요충분조건으로서 나의 상대어인 너라는 주인공도 없음을 깨닫게 된다. 그 상실감의 크기와 무게감은 우주적 차원에서 밀려온다.

이제 다시는 '나와 너'로, '너와 나'로 맺지 못할 끊어져버린 너의 생명선이, 곧 나의 우주적인 운명선이었음을 뒤늦게 깨닫고 보니, 나라는 개별적 생명이 의미와 가치를 잃고 말았다.

"아아! 너는 나에게 우주였구나"

깨달음 뒤에 따라오는 절규이자 통회이다.

우리의 만남과 삶이 모두 ① 관계 생명의 만남과 엮임과 네트워킹임을, ② 나의 얼굴이 곧 너였고, 너의 이름이 곧 나였음을, 즉 내가 네 안에서 살고 있었고, 네가 내 안에서 함께 살고 있는 우리로 일체화된 공동운명체(우리의 정체성)였음을 깨달았더니, ③ 너는 이 세상에서 없어져 버렸고, ④ 내가 단 한 발짝도 쫓아갈 수도 없고, ⑤ 너의 죽음이 곧 나의 죽음이었음을 확인하게 되고 ⑥ 또 다른 너의 운명이기도 하였던 나는, 홀로 남겨져 설움에 겹도록, 죽는 날까지 이 자리에 선채 돌이 되는 순간까지 목 놓아 부를 수밖에 없다. 곧 "사랑하던 그 사람이여"는 관계생명을 함께 호흡하던 운명이 일체화된 대상이자 나, 너 그리고 우리라는 운명정체성을 확인하는 공제선에 이른다.

"서산 마루에 걸린 붉은 해" 그리고 "슬피 우는 사슴의 무리"는 모두 눈으로 볼 수 있고, 귀로 감촉할 수 있는 자연과 인간 현상계의 상상 가능한 슬픔의 총화를 의미한다.

"떨어져 나가 앉은 산 위"란 이승과 저승의 경계선이다. 지구적 단위와 우주적 단위의 생과 사의 또 다른 차원의 공제선상, 즉 우주적 차원의 지각변동이 초래한 연결망의 해체, 시간의 격리를 의미한다. 그 생과 사의 공제선상에서 가장 애절하고 순결한 사슴의 목소리로 부르고 또 불러, 설움에 겹도록 통곡하며 외쳐 불러 우주 속으로 울림을 전파하지만, 너는 이미 너무나도 광대한 메타 우주적 차원으로 흩어져 사라지고 말았다.

"부르다가 내가 죽을 이름이여"

네가 가고 없다는 사실을 확인하고 나서야, 나는 비로소 깨닫게 된다. 너의 죽음과 함께 '우리'라는 제3의 존재도 죽어버렸다. 나와 일체화되었던 '우리'로서의 운명선, 즉 나의 운명과 일체화되었던 너의 정체성, 그 운명과 삶의 의미와 가치를 깨달았다. 때문에 이 땅 위에 삶 속에서, 이 자리에 선 채 돌이 된다고 하여도 너의 이름을, 나의 생명이 끝나는 그날까지 애가 다하도록 불러 외칠 수밖에 없다.

"사랑하던 그 사람이여, 사랑하던 그 사람이여"[127]

두 번 반복하여 부른다. 나의 운명으로 너의 삶을 살았고, 너의 삶으로 나의 운명이 엮일 수 있었던, 하여 너와 나를 넘어서 우리로 일체화된 두 사람 간의 생명공동체의 현재진행형적인 연결선이었다. 그 생명선이 삶과 죽음으로 갈라진 현실을 맞고서야 인지한다. 삶과 죽음으로 갈라진 공제선상에서야 깨달은 운명과 삶의 고결함에 대한 회한의 통곡이다. 역설적으로 우주의 생명관계 속에서 다시 이어질 것을 염원하는 약속 '선 채로 이 자리에 돌이 되어도'라는 우주적인 차원의 맹서로 승화된다.

'초혼'은 김소월 스스로의 운명정체성에 관한 오도송(悟道頌)에 다름 아니다.

6. 승무·조지훈: 지훈, 시간, 인간, 사물이 율동하는 우주의 무도

얇은 사 하이얀 고깔은
고이접어 나빌레라

---

127) 민족을 사람으로 은유하였다면 민족이 될 수도 있다 하겠다.

파르라니 깎은 머리
박사 고깔에 감추오고

두 볼이 흐르는 빛이
정작으로 고와서 서러워라

빈 대에 황촉불이
말없이 녹는 밤에

오동잎 잎새마다
달이 지는데

소매는 길어서 하늘은 넓고
돌아설 듯 날아가며 사뿐히 접어올린 외씨 버선이여

까만 눈동자
살포시 들어

먼 하늘 한 개
별빛에 모두오고

복사꽃 고운 뺨에 아롱질 듯 두 방울이야
세사에 시달려도 번뇌는 별빛이라

휘어져 감기우고

다시 접어 뻗은 손이
깊은 마음속
거룩한 합장인 양 하고

이 밤 사 귀또리도 지새우는 삼경인제
얇은 사 하이얀 고깔은 고이접어 나빌레라

한국 선비의 표상 조지훈 선생의 시 '승무(僧舞)'의 세계를 시간, 운명, 정체성의 얼굴을 감상하여 보자.[128] 스님이 추는 구도의 동작도, 관찰자로서 목도하는 시인(조지훈)도, 그 밖의 모든 존재가 오직 현재진행형의 시간성 속에 일체화되어 공진한다.

고깔, 머리, 두 볼과 빛, 빈 대, 황촉불, 밤, 오동잎 잎새, 달, 외씨 버선, 까만 눈동자, 먼 하늘, 별빛, 복사꽃, 두 방울, 손, 마음, 합장, 귀또리, 삼경. 조지훈의 승무에서는 인간, 사물, 자연, 시간 할 것 없이 모두가 행위자로서 참여하여 주도자, 반려자, 촉매자의 행위역량(지위와 역할과 기능)을 나누어 민주주의 시민으로서 자격을 지니고 장엄하고 질서 있는 한 덩어리 그물망의 무도를 유동(流動)하고 있다.[129]

삼경은 새벽 3시에서 5시 즈음이다. 어제와 오늘, 내일의 구분을 없애고 오직 현재진행형 속에서 인간과 사물, 자연과 시간이 모두 우주자연의 품 안에서 주요 생명 행위자가 되어 쉼 없이 함께 어울려 공진한다. 거대한 우주로부터 미생물적 생명체에 이르기 까지 전일한 시간성

---

128) 1920~1968. 시인. 국문학자. 고려대학교 교수.

129) 라투어, 칼롱, 존 로 등에 의해 전개되는 행위자 연결망이론 ANT은 인간뿐만 아니라 사물, 기술, 정보 등 모든 개별적 단위의 행위소들에게까지 네트워크 속에서 행위자로서 지위, 역할, 기능을 부여하고 있다. 이 모든 과정은 시간의 전방위성이 관통하는데, 불교의 무진연기론과 그 맥이 일치한다.

속에서 함께 혼연일체로 어울려 환희의 생명의 율동을 수놓아 가는 생명현장의 압축판이다.

"얇은 사 하이얀 고깔은 고이접어 나빌레라"

작은 외씨 버선이 인간계의 현실 안에서 딛고 서 있을 수밖에 없는 첨예하고 비좁은 인간계의 척박한 한계성을 의미한다면, 하이얀 박사고깔은 진리의 세계로 나아가기 위해 반드시 열어야 하는 문(門), 인간계와 초인간계의 공제선상(edge)의 상호작용과 공명, 교직과 융합의 통로이다.

박사고깔은 결국 애벌레에서 길고도 긴 기다림과 고통 그리고 진화의 과정을 거쳐 나비가 되어 날개를 펼치고 날아가는, 해탈과 생명의 변신과 신세계의 획득을 의미하는 동사 '나빌레라'로 승화된다. 결국 조지훈 선생이 승무(僧舞)를 통해 제시한 인간의 운명정체성은 구도자이다. 승무는 조지훈 선생의 오도송이다.

7. 타는 목마름으로·김지하: 신 새벽에 외치는 '오래된 미래'의 역행

신 새벽의 뒷골목에
네 이름을 쓴다. 민주주의여.

내 머리는 너를 잊은 지 오래
내 발길은 너를 잊은 지 너무도 오래

오직 한 가닥 있어

타는 가슴속 목마름의 기억이
네 이름을 남몰래 쓴다. 민주주의여.

아직 동트지 않은 뒷골목의 어딘가에
발자욱 소리 호르락 소리 문 두드리는 소리
외마디 길고 긴 누군가의 비명소리
신음소리 통곡소리 탄식소리 그 속에 내 가슴팍 속에
깊이깊이 새겨지는 내 이름 위에
네 이름의 외로운 눈부심 위에
살아오는 삶의 아픔
살아오는 저 푸르른 자유의 추억
되살아오는 끌려가던 벗들의 피 묻은 얼굴

떨리는 손 떨리는 가슴
떨리는 치 떨리는 노여움으로 나무판자에
백묵으로 서툰 솜씨로 쓴다.
숨죽여 흐느끼며
네 이름을 남몰래 쓴다.

타는 목마름으로
타는 목마름으로

민주주의여 만세.

독재시대 실천지성의 푯대였던 김지하의 시, '타는 목마름으로'의 세계로 들어가 보자. 김지하가 제시한 '신 새벽'이란 오늘로 다가왔어야 할 그날, 즉 "이미 실현되었어야 할 미래"임에도 구현되지 못한 오늘, 한 마디로 '중단되어버린 오래된 미래'에 해당한다.

'오래된 미래'라는 현재진행형의 시간의 발걸음이 다리가 꺾인 채 뒷골목이라는 과거의 공간성에 멈춰 정지되어 있다. 따라서 나(시인 자신)는 '오래된 미래'의 시간성을 되찾는 대리자로서 사명을 깨닫고, 부조리한 뒷골목의 공간으로 돌아가서 신 새벽과 접선해야 한다. 그 메시지는 민주주의 시간이다.

'뒷골목'.

독재는 먼저 자유의 시간을 정지시킨다. 과거의 시간을 역행(왜곡과 단절)시켜 현재화한 독재공간 속에는 체포와 구금, 고문과 죽음, 폭압과 왜곡, 즉 신음, 통곡, 탄식의 야만적 폭력이 생명관계를 압제한다. 나라는 존재는 '우리' 속의 일원이다. 따라서 실천지성인 나는 자유의 시간선을 되찾아 오래된 미래로 연결해야 하는 사명이 운명화된다. 운명이라는 한 가닥 생명선 이으려는 '우리 속의 나'의 처절한 몸부림은 신 새벽의 시간을 만든다.

공진 속에서 "깊이깊이 새겨지는 내 이름". 나를 비우면 비울수록, 나를 태우면 태울수록, 나를 넘어서 네가 나오고 그리고 우리라는 이름의 막강한 살아있는 연결망으로 구축된다. 그 순혈의 스크럼(연결망)을 짜야만 민주주의라는 아침을 맞는 오래된 미래가 구현될 수 있다. '우리', 몸과 정신과 영혼을 불사른 모든 얼굴들과 사건들의 양상, 즉 공동운명체들이 나의 목숨과 하나가 되어 다가올 대동세상의 운명적인 시간을 엮어낼 수 있다.

따라서 힘없이 부서질지도 모를 한 조각 판자 조각일지라도, 한 올 바람이 불면 지워질 백묵글씨일망정 새겨야 한다. 이념적, 철학적, 실천적 형식의 완결성이나 내용의 자증성이 확증되지 않고, 눈에 보이는 성공을 보장할 수 없다. 지금 나는 숨죽이며, 흐느끼며, 남몰래 나의 목숨을 걸고 써나가야 한다.

너와 나 그리고 우리의 운명공동체적 목표와 생명노선의 지향점의 표징이자 깃발, 네 이름 민주주의여 만세를 외칠 수밖에 없다. 깨어있는 실천지성 청년 김지하의 오도송이다. 그 운명선이 지향하는 시대적 메시지는 윤동주와 다를 바 없다.

8. 소결: 시간, 관계, 운명, 정체성

지금까지 우리나라에서 가장 애송되는 6편의 시를 꼽아, 시간의 다양성과 복잡성, 관계생명의 총결집체로서 운명, 그 진화와 네트워킹의 양상으로서의 정체성이라는 세 갈래의 축을 통해 음미하여 보았다. 문학적 시평이나 분석이 아니라 철학적 접근일 수 있다. 독자들에게 어떻게 다가갈지 자못 궁금하고 염려된다. 특히 대학입시 지향적 해석과는 다른 점이 있다. 혼란이 초래된다면 오해가 없기를 바란다. 6편의 시를 통하여 공통적으로 도출된 핵심어의 개념과 메시지들을 다시 한번 정리하여 둔다.

관계(만남)란, 너와 나 그리고 우리를 이루는 우주적 생명 생성의 원리이다. 불교의 화엄경에는 상즉상입(相卽相入), 一卽一切 多卽一(일즉일체 다즉일)의 원리에 해당한다. 상즉상입이란, 나와 너가 만나서 내가 네가 되고, 네가 내가 된다. 김춘수의 '꽃'에서 "내가 너의 이름을 불러준 것처럼, 나는 너에게는 영원한 의미가 되고 싶다"와 일치하고, 만해 한용운의 '알 수 없어요'에서 "타고 남은 재가 다시 기름이 됩니다"라는 문구와 동일하다.

불교에서 동체대비(同體大悲)라는 용어가 있다. 이것이 있으니, 저것이 있다는 기본원리, 즉 이것이 없으면 저것이 없다는 뜻이다. 예를 들어 아픈 친구가 있다고 하면, "네가 아프니 나도 아프다"라고 위로의 말을 건넸다고 한다면 그 표현은 틀렸다. "네가 아프니 내가 아프다"라고 해야 한다. 너는 나이고, 나는 너인 동체대비의 동체(同體)는 시공간 속에서 너와 내가 (둘이 아니라) '우리', 즉 하나가 된 사건을 의미한다. 6편의 시 모두 관계성의 세계라는 존재론적 연결망의 세계 속에서 너와 나 그리고 우리의 만남과 생성의 전개과정을 보여준다.

시간(현재진행형)이란 숨은 행위자, 즉 숨은 얼굴, 숨은 눈, 숨은 손길이다. 신과 인간, 인간과 자연, 인간과 인간의 만남에서 관계생명이 생성하고 시간들에 의해 전방위적으로 축적되고, 엮이고, 매듭짓는 등 네트워킹을 주도하는 존재이다. 6편의 시는 모두 시간을 단순히 미래에서 와서 현재를 기점으로 과거로 흘러가는 일직선상의 시간으로 규정하지 않는다. 나의 생물학적 시간과 생활구조는 태어나면서부터 주어져 있으나, 내가 어떻게 살아가느냐라는 삶의 벡터에 따라 영원성과 전방위성으로 연결되고 확장되느냐를 문제 삼고 있다.

운명(삶)이란 너와 나 그리고 우리라는 관계적 생명체의 탄생에서 끝을 의미한다. 우주의 모든 생명유기체는 물론, 인간, 공동체, 국가에 적용된다. 6편의 시 모두 공통적으로 시인의 운명정체성에 대한 오도송이라는 데 있다. 운명정체성과 그 벡터의 전개과정을 역동적, 무상의 변화가능성의 관계생명의 과정으로 인식하고 있다.

정체성이란 운명의 총괄적 결집양상이다. 정체성의 주체가 운명이며, 운명의 동사가 삶이다. 운명의 얼굴이 정체성이며, 운명이 발휘하는 모든 행위역량의 동사형이 삶이다. 이와 같이 시간, 운명, 정체성은 서로 뗄 수 없는 개념이다. 6편의 시 모두 운명정체성을 시간, 우주단위의 다차원성, 지구적 단위의 현실적인 삶 그리고 너와 나, 우리의 관계성의 결집된 관계의 세계상 속에서 바라보고 있다.

제 2 부
신(神)·인간·화폐·
핵무력·국가

1 신과 인간의 만남: 우주생명 전환적 사건

1. 만남: 운명정체성과 그 벡터의 변경

"모든 국가는 하나의 생활공동체이자 최종적이고 완벽한 정치적 공동체는 국가이며, 인간은 본질적으로 국가에 살아야 하는 동물이다."[130]

'인간은 정치적 동물'이라고 알려진 아리스토텔레스의 언명은 인간은 인간과 상호 결합(networking)하여 공동체를 이루는 존재임을 의미한다. 인간과 인간의 결합은 관계생명을 생성한다. 복수의 인간들이 연결되어 공동체를 이루고, 공동체와 더 큰 공동체가 결합하여 국가를 이룬다. 관계생명은 인간 개인으로서는 의미와 가치를, 정치 공동체에서는 권력관계로, 경제집단에게는 가치체계로 발현된다. 관계생명은 에너지체계와 정보 혹은 전쟁 물리력과 생산물, 나아가 그 배분과 관리를 위한 권력으로 산출된다.

---

130) 아리스토텔레스, 『니코마코스 윤리학/정치학/시학』, 손명현 옮김, 서울: 동서문화사, 1997, pp.259-262.

인간은 인간과 결합하면 그 사람의 운명노선이 변화되고, 그의 운명 정체성이 정립되어 간다. 히틀러와 무솔리니, 히로히토 일본 천황의 직간접적인 만남은 세계 제2차대전의 원인이 된다. 히틀러와 나치즘과 반유태인 정서와 전쟁환경 그리고 유독가스와 실험실, 수용소와 운반기차의 만남은 유태인 600만 명 학살로 연결된다.

인간이 사물과 결합하면, 제3의 인물성으로 진화하고, 네트워킹하여 권력을 생성한다. 스티븐 호킹과 결합한 컴퓨터는 일개 전자통신 기계가 아니다. 스티븐 호킹 신체의 일부가 되는 동시에, 호킹은 기계의 일부가 된다. 컴퓨터라는 사물은 인간화되고 인간인 호킹은 사물화된다.

인간은 신(神)과 결합한다. 산티아고 이론이 말하듯이 정신(精神)이란 생명의 인지과정이고, 인간은 보이거나 감촉되지 않는 신(神)과 시간 그리고 신의 세계를 인지하여 가는 영적 차원의 존재이다.[131]

인간이 예수 그리스도와 만나면 예수를 덧입은 구도자(신의 친구이자 형제)의 지위로 격상된다. 이와 같이 인간은 인간뿐만 아니라 사물, 신과도 결합하여 그 운명노선이 변화된다. 주어인 운명노선의 변화는 동사에 해당하는 삶이 추구하는 생명노선의 변경을 의미하고, 그 변경을 깨닫는 순간이 운명정체성을 자각하는 시점이 된다.

필자는 인간과 신, 인간과 인간, 인간과 사물 그리고 그 총화인 국가의 만남이라는 4가지 유형을 제시한다. 인간과 신은 기독교 성경 속 만남에서, 인간과 인간의 결합은 우리나라를 대표하는 위인들, 인간과 사물의 만남은 핵무력과 화폐 그리고 그 총화로서 국가를 선정하여, 시간과 인간, 운명정체성을 설명하기로 한다.

---

131) 데카르트, 뉴턴의 세계관과 시간개념 속에서는 신은 인간이 관념 속에서 만들어낸 상상의 존재에 불과하다. 그러나 관계적 존재론에 기반한 운명정체성 이론에서는 신은 엄연히 살아 인간과 결합하고 맥동하는 존재론적 지위를 회복한다.

2. 베드로: 어부 시몬에서 교회의 기원 베드로

인간과 신이 만나면 인간은 신화(神化)되고 신은 인간화(人間化)된다. 인간과 신의 만남과 운명선의 변경, 운명정체성의 정립을 설명하기 위해 성경(Bible) 속으로 들어가 본다.[132] 성경 마태복음 16장에는 신과 인간 간에 오고 간 운명정체성 규정에 대한 문답이 전개된다. 인간화 된 예수가 제자들에게 던지는 "너는 나를 누구로 정체(整體)화 하느냐"라는 질문이 그것이다.

예수: 사람들이 인자를 누구라 하느냐?

(Who do people say the Son of Man is?)

제자들: 더러는 세례 요한, 더러는 엘리야, 어떤 이는 예레미야 선지자 중의 하나라 하나라고 하나이다.

(제자들의 답변은 이미 구약시대에 출현했거나, 현재 활동하고 있는 선지자들을 지칭하고 있다. 인간 세계의 경험과 검증이 완료된 사건으로서 인물들을 의미한다.)

그러자 예수가 또 묻는다.

예수: "너희는 나를 누구라고 하느냐?"

베드로: "주는 그리스도시요, 살아 계신 하나님의 아들이시니이다"

(예수와 운명적 관계를 맺고 '우리(神人間)'가 된 나의 제자들인 '너희'는 나의 정체성을 무엇이라고 규정하고 있느냐는 질문에 해당한다. 그때 베드로가 과거와 미래가 만난 현재의 시점에서 "오래된 미래의 실현"인 예수, 지금 이 자리에 서 있는 오늘의 예수가 곧 미래 구원자로서 오

---

132) 성경은 서양 역사문화의 요람이다.

예수가 이에 베드로에게 화답하여 말한다.

예수: "시몬아 네게 복이 있도다. 너는 베드로라. 너를 반석으로 삼고, 천국 열쇠를 네게 주리라"[133]

예수는 정답을 꿰뚫은 시몬에게 복을 준다. 시몬의 이름을 베드로로 개명하여 주고 미래 운명을 예시하여 준다. 이날 이후 베드로의 운명은 지구적 차원의 삶에서 우주적인 차원으로 그 삶의 벡터가 바뀐다. 나아가 훗날 베드로는 목이 잘려 순교하고, 지구적·우주적 차원의 반석(=교회)이 된다. 예수가 지시한 베드로의 미래 운명정체성은 '교회'였다. 교회는 성령의 전, 반석, 천국열쇠이자, 복이다. '베드로가 복이다.' 인간화된 예수가 인간 베드로를 성화(聖化)의 성전(聖殿)으로 격상시키고 있다.

3. 바울: 박해자 군인 사울에서 위대한 사도 바울로

사도행전 9장에는 "당신은 누구인가, 곧 당신의 정체는 무엇인가?"라고 인간이 신을 향해 던지는 물음과 신의 답변이 전개된다. 유태인 태생 로마군 장교인 사울은 그리스도인들이라면 남녀를 막론하고 체포하여 예수살렘으로 데려가기 위해 다메섹 길로 향하고 있었다. 그 도시에 가까이 이르러 혼연히 하늘로부터 빛이 비추이고, 사울은 한 음성을 들은 뒤 눈이 멀게 된다.

---

133) 마태복음 16:13-20, 마가복음 8:27-30, 누가복음 9:18-21.

예수: "사울아, 사울아. 네가 어찌하여 나를 박해하느냐?"
이에 눈을 멀어버린 사울이 묻고 그 음성의 주인이 대답한다.

사울: "주여, 당신은 누구입니까?"
(너는 누구인가, 당신의 정체는 나와 무슨 상관성이 있는가 하는 질문이다.)

예수: "나는 네가 박해하는 예수다."
(크리스찬을 박해한 로마군 장교로서 사울의 생래적 정체성과 예수와의 상관성을 대답하여
준다.)

그리고 예수는 앞을 보지 못하게 된 사울에게 지시한다.

예수: "너는 일어나 시내로 들어가라. 네가 행할 것을 네게 이를 자
가 있다."[134]

사울은 그의 지시대로 순종했고, 예수는 사울의 이름을 바울로 개명
하여 준다. 그의 미래운명과 삶의 벡터는 전회되어 위대한 복음의 전도
자 사도 바울로 거듭난다. 사울의 운명선의 벡터는 변경되고, 미래 운명
정체성의 노선이 신과 연합하여 정립된다. 이와 같이 신과 인간의 만남
은 그 운명과 삶의 벡터의 우주적인 전회에 이른다.

4. 요한: 인간 예수의 마지막 대리인

요한복음 19장에는 신이 스스로 "나는 누구이다"라고 말하는 자증

---

134) 사도행전 22:6-16, 26:12-18.

적 명제가 주어진다. 기독교에서 신이란 진리 그 자체이다. 진리는 스스로의 존재를 입증한다. 자증(自證)이란 ① 답을 해주되 ② 질문이 필요 없고(두말할 나위가 없다) ③ 침묵하게 된다. 따라서 존재 스스로의 정체성(整體性)이 자증력을 갖춘 실존이다. 진리란 자증되고, 인간은 그 자증성의 빛을 발견하여 진술할 뿐이다.[135]

십자가에 달린 예수 공생애 최후의 사건국면과 그 곳에 함께 했던 사람들과의 관계는 자증성 그 자체이다. 십자가에 달린 예수가 자신의 어머니와 사랑하는 제자(요한)가 십자가 곁에 서 있는 것을 보고, 어머니 마리아에게 말한다.

"여자여 보소서, 아들이니이다."

여기서 '여자'란 어머니에 대한 극존칭으로서 보편인류의 어머니이자 개별적인 자신의 어머니를 포괄한다. 삶과 죽음, 인간과 신의 공제선상에 매달린 신인간(神人間)이 명명할 수 있는 최고의 존엄이자 모든 여성을 환유하는 대표명사이고, 최소화된 언어이다.

동정녀 마리아의 태(胎)와 젖으로 잉육된 "인간된 효자 예수"는 이제 '하나님의 효자 예수'로서 인류의 죄악을 모두 대속하는 마지막 사명을 완성하려 한다. 이 순간 예수는 예정대로 십자가에 달린 신의 아들인 동시에 인간 예수라는, 신인간(神人間)의 다차원적 정체성을 지닌다.

십자가와 해골언덕은 인간이, 인간의 심판에 의해, 죄인으로 판명된 인간생명을, 인간공동체를 위한다는 명분으로, 죽음으로 처벌하는 도

---

135) 인간이 발견하고 입증한 모든 과학적 진리란, 진리 자체가 함유하고 드러낸 진리성의 빛을 인간이 발견하고 기술하였을 뿐이다. 서양은 지식(知識)을, 동양은 오히려 지혜(智慧)를 애용한다.

구이자 현장, 즉 카오스의 가장자리(edge of chaos)이다.

그러나 죄가 없는 신의 독생자가, 신의 의지에 의해, 인간의 죄를 대신 용서받기 위해, 인간에 의해 십자가에 못 박혀 죽는 순간, 그 사건은 우주와 지구적인 차원의 생명체계의 다차원적 갈등과 정화 국면으로 전회된다. 십자가는 더 이상 죄인을 형벌하는 인간을 죽이는 도구가 아니다. 십자가의 운명은 독생자 예수와 일체화된 구원과 부활, 생명과 복의 근원의 상징으로서 정체성이 갱신된다.

이제 그 위대한 십자가 사건의 마지막 국면에서, 주인공 예수가 스스로를 어머니에게 ① 먼저, 찢기고 피 흘린 온몸을 확인시켜 주며 ② 그 다음, 말씀을 드린다.

"어머니, 보십시오. 이 목숨과 영혼을 바쳐 하나님 아버지의 사명을 이룬 자가 당신(인간)의 아들입니다."

예수는 먼저 행한 증거의 구현체인 찢기고 피 흘린 온몸을 보여주면서 자증하고 있다.

이 광경은 "나는 누구인가, 너는 누구인가, 우리의 관계는 무엇인가?"라는 정체성에 대한 질문을 망라하여, 함구무언(緘口無言)·불립문자(不立文字)[136]화시키는 자증적인 국면이다.

이 국면은 동서양 역사와 사상체계를 통틀어 하나님, 어머니, 예수라는 신과 인간 그리고 '그 순간의 신인성'이라는 제3의 존재로 생성되는 결합과정의 현장이다. 제3의 존재의 운명정체성은 신과 인간의 상호작용과 공명, 교직과 융합으로 생성되고, 진리는 존재의 자증성을 획득한

---

136) 진리logos의 자증성 앞에서는, 입이 있으되 말하지 못하고, 문자가 있으되 새길 수 없다.

다는 실사구시의 전형이 된다. 이어 예수는 그 곁에 선 사랑하는 제자 요한에게 말한다.

"보라, 네 어머니이시다."[137]

"요한아, 내가 너를 나의 형제로 자기조직화한다. 지금부터 너의 운명정체성은 나의 형제이자 어머니 마리아의 아들이다. 그리고 이 땅의 삶을 다하는 날까지 나와 너 그리고 우리 어머니의 여생을 섬길 사명을 너에게 의탁한다."

'내가 네 안에, 네 안에 내가 있다'는 진리 속에서, 신이 인간에게 행한 가장 간곡한 요청이자, 무한한 신뢰이자, 준엄한 지시이다. 예수는 어머니를 통하여 나(예수)의 운명이 곧 너(요한)의 삶이고 너(요한)의 삶이 곧 우리(하나님, 예수, 어머니)의 운명으로 일체화되어, 우리로 승화되고 있음을 알려준다.

이날 이후부터 그 제자 요한의 운명노선은 바뀐다. 요한은 효자 예수의 대리인이 되어 마리아의 생물학적 연령이 다하는 날까지 예수를 대

---

137) 이재철, 『요한과 더불어—여덟 번째 산책』, pp.360-372, 홍성사. "어머님 보십시오. 바로 어머님의 아들입니다." 그것은 어머니 마리아가 율법에 의해 돌에 맞아 죽을 위험을 무릅쓰고 동정녀 처녀의 몸으로 당신을 낳고 당신을 키워주었기에 하나님의 독생자로 이 땅에 와서 그리스도로서 구원의 사역을 완수할 수 있었다는, 어머니에 대한 예수의 긍지의 대 선언이었다. 동정녀 처녀였던 어머니가 내 어머니가 되어 주지 않았던들 그 모든 일이 가능할 수 없었다는 긍지에 찬 고백이다. 예수의 그 말 한마디로 인해, 처녀의 몸으로 하나님의 아들을 낳음으로써 마리아가 세상 사람들로부터 겪어야만 했던 온갖 고초와 고난의 고통이 눈 녹듯 사라졌을 것이다. 바로 이 긍지로 인해 사랑하는 제자 요한에게 "네 어머니"라며 당신의 모친의 여생을 간절하게 부탁할 수 있었고, 남의 손을 빌려 효도하려는 여타 인간들과도 구별되며, 그래서 네 부모를 공경하라는 하나님의 계명이 예수의 삶 속에서 성취될 수 있었던 것이다.」

신하여 40년간 자신의 집에서 모신다. 그리고 요한은 요한복음은 물론 성경 마지막 장을 기술한 뒤 그 이름을 따서 「요한계시록」으로 명명받는 영광과 기적 속에 사명을 완수하고, 평화롭게 육체적 삶을 마치게 된다.

요한은 예수의 제자들 가운데 순교하지 않은 유일한 사도였다. '요한은 순교하지 않고 자연사했다'는 역사적 사실에 대해 인간적인 해석이 가능한가? 불가능하다면 그 이유는 어디에 있는가? 간단하다. 요한의 후반기 삶은 신이 함께 공진한 운명과 역사이기 때문이다.

운명정체성의 작동 메커니즘은 상호작용과 공명, 융합과 교직의 관계이다. 하나님과 예수, 예수와 마리아, 예수와 요한, 예수와 베드로, 예수와 바울의 만남은 지구적 차원의 과거 운명을 정리하고, 현재진행형적인 운명과 삶을 결단하여, 우주적 차원의 미래적 정체성을 향해 벡터화된다.

2 나, 인간: 인간의 창조적 진화, 역사의 신

1. 인간의 발걸음은 반드시 그 흔적을 남긴다

인간의 발걸음은 반드시 그 흔적을 남긴다. 발걸음은 유년 시절에는 부모의 가슴에 안겨 옮겨지고, 자립한 뒤부터는 스스로 발자국을 떼어가고, 그 끝에는 반드시 쌓여 정리된 흔적이 남게 된다. 이름하여 삶의 여정 혹은 발자취이다.

우리의 발걸음은 원래 주어진 구조환경(연결망) 속에서 태어나 자신의 운명과 삶을 개척하고, 수많은 사건의 연결망을 네트워킹하여, 그 또한 그의 부모처럼 후손에게 현재진행형으로 연결시켜준 뒤 우리가 알지 못하는 시공으로 떠난다. 육체적 생명의 호흡은 끊겨 흙으로 되돌아가고, 생물학적으로는 그 후손의 몸속에 DNA로 융합되고, 사회정치적으로는 역사성에 합류하여 공동운명체로서 호흡하며 약동한다.

역사적 차원에서 본다면, 영원한 생명력을 가진 존재는 아무것도 없다. 인간은 물론이며, 사물, 기업, 공동체, 국가 운명마저도 영원하지 못하다. 인간은 고작해야 130세를 호흡할 뿐이고, 삼성이나 애플사 같은 기업도, 로마와 같은 국가도 반드시 그 생명줄의 끝이 있기 마련이다. 오직 영원한 것은 미생물에서 지구적, 우주적 차원으로 펼쳐지는 연결망, 즉 우주적인 생명관계의 시간만이 영원한 진리성을 지닌다.

이제 필자는 인물성 운명정체성 결집도해를 그려간다. 시간을 중심 축으로 한 입체적인 운명노선의 결집도를 통하여 우리는 제각각의 운명과 삶의 역정을 한눈에 볼 수 있다. 평면적인 원의 모형을 돌리면 입체적·다차원적 원형으로 약동한다. 이 시간과 사건의 엮임은 한 인간의 탄생에서 죽을 때까지의 모든 것, 아니 그 탄생 이전부터와 죽음 이후까지의 운명의 전개과정을 보여준다.

운명은 한 생명체의 탄생에서 죽음까지 총체적으로 엮인 사건과정 이다. 나의 탄생 이전에 엮여졌던 부모와의 관계성의 연결망, 탄생 이후 나를 중심으로 전개된 관계성의 연결망 그리고 나의 죽음 이후 전개되 는 관계성의 세계까지 굳세게 연결된다.

"눈 덮인 들판을 걸어갈 때 발자욱 하나라도 어지럽지 않게 하라. 오늘 내가 걸어간 발자취가 반드시 뒷 사람의 이정표가 된다."[138]

이 시문(詩文)은 600여 년 전 임진왜란의 전장을 누비던 서산대사의 숨결이다. 1948년 38선이란 분단의 공간선을 지우기 위해 발자국을 찍 어 넘어가던 김구 선생에게도, 1998년 1001마리의 소떼를 몰고 휴전선 이라는 전쟁공간을 지워가던 정주영 현대그룹 명예회장에게도, 2000년 하늘 길을 열어 평양으로 향하던 김대중 전 대통령에게도 그리고 지금

---

138) 踏雪野中去, 不須胡亂行, 今日我行跡, 遂作後人程. 西山大師.

이 순간에도 현재진행형의 시간으로 살아 생동하고 있음에 틀림없다. 시간 중심축의 세계관에 입각하면, 인류는 언제나 눈 덮인 들판에 첫 발자국을 떼고 있을 뿐이다.

2. 세종대왕: 한글창제 문명개안의 성군

1) 사회구조: 유혈 권력쟁투 핏줄 DNA 연결망

시간을 중심축으로 한 운명정체성 결집도해에 따르면, 세종대왕의 전 생애가 한눈에 들어온다. 그 양상은 입체적이고 다양하며, 다층적이고, 복잡하게 뒤섞여 있다. 태조 이성계에서 태종 이방원까지 연결되고

[그림1-11] 세종대왕 운명정체성 결집도해

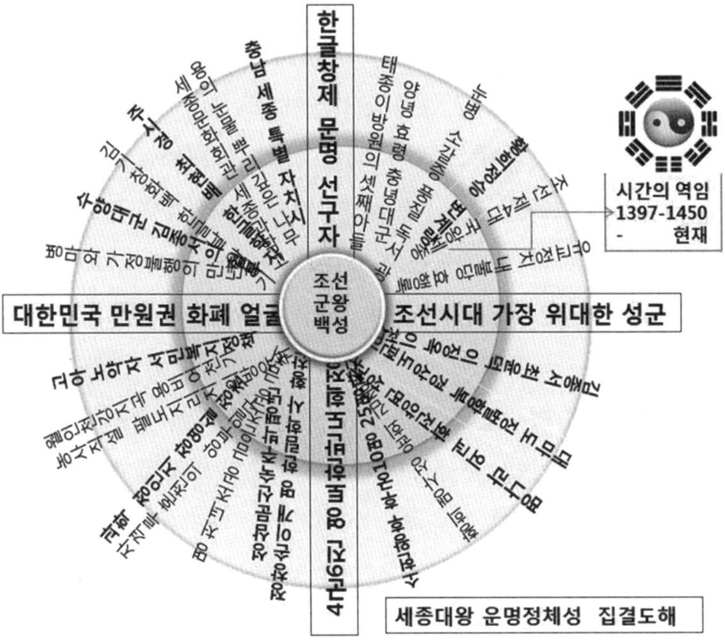

유년 시절로 네트워킹되는 과거 사건들의 총체적인 묶음들이 구조적으로 누벼진다. 그의 차남 수양대군의 왕위 찬탈에 이르기까지 과거와 현재성을 넘어서, 미래세계에까지 직접 연결되어 다시 패턴화되고 구조화된다.

세종대왕의 생물학적 운명의 숨결은 1397년에 시작되어 1450년에 멈추었으나, 그 사회·정치적 운명의 숨결은 현재까지 지속되고 있다. 세종대왕의 사회구조적 연결망은 1392년 아버지 이성계의 역성혁명을, 1400년 또 다른 세습 유혈쿠데타로 뒤바꾼 태종 이방원의 셋째 아들이라는 신분으로 시작된다. 태어날 때는 방계 왕족이었으나 아버지의 왕가 유혈 쿠데타에 의해 왕자로서 그 사회적 지위(신분)이 진화한다.

어린 시절 변계량이라는 특출한 사부를 만나 학문을 익혔고, 독서광인 그는 유년 시절 얻었던 안질, 소갈증, 풍질 등의 병은 그가 숨을 다할 때까지 그의 육체에서 함께 살았다. 맏형인 양녕대군, 둘째인 효령대군과 함께 후계구도를 놓고 갈등하였으나 양녕의 통 큰 결단에 의해 화해되고, 비로소 이성계를 축으로 한 이씨 왕가는 평화로운 왕권계승의 전통을 세우게 되었다.

그는 소헌왕후 외 첩 10명을 거느리고, 25명의 자식들을 두었다. 만년에 권력지향적인 차남 수양과 소헌왕후 그리고 고명대신 김종서 사이에서 일어나는 유혈 권력쟁투의 뿌리를 제거하지 못한 채 비교적 53세의 젊은 나이에 병사하였다. 시간을 중심축으로 볼 때 세종의 단명함은 그의 사후 5년 뒤인 1455년 차남 수양이 조카 단종을 폐위하고 왕위를 찬탈하는 사건의 예견이자 운명적 전환점에 해당한다.

2) 생애의 양상: 사건과 운명노선의 전개과정

세종은 1418년 세자로 책봉되고, 그해 왕위에 오른 뒤부터 발자취는 국제정세, 사람, 사물과의 전방위적인 만남과 사건들의 집결적 양상으로 나타난다.

황희 정승을 중용하여 왕권과 신권을 분리하는 의정부 서사제를 열었고, 주자가례와 효행록 등 유교정치를 펼치면서도, 내불당을 짓는 등 종교의 자유를 억압하지 않았다. 의정부 서사제는 병권과 인사권 외의 정무는 의정부 정승들이 주도한 뒤 왕에게 올리는 대리 결정과정으로서 오늘날의 책임총리제에 해당한다. 황희에게는 주로 인사, 행정, 군사 권한을 맡겼고, 맹사성에게는 교육과 제도정비, 윤회에게는 선왕인 태종과의 중개자 역할과 외교활동을 맡겼고, 김종서에게는 국방을 맡겼고, 만년에는 고명대신에 임명했다. 세종대왕은 왕조국가의 군왕이지만, 백성들과 끊임없이 수평적 구조관계를 실현한 통치자였다.

대외적으로는 세종 때에 비로소 명에게 처녀조공, 금, 은 세공을 말과 포로로 대체했다. 김종서, 이천, 이징옥을 보내어 여진족을 몰아내고 4군 6진을 설치하여 압록강과 두만강 변경을 확장하여 현재의 지도를 완성시켰다. 1419년에 이종무 장군을 삼도 도절제사로 삼아 대마도를 정벌하여 도주의 항복을 받아내고 경상도에 편입시켰다.

1420년 중앙집권체제 정책연구기관인 집현전을 설치하였고, 1443년 신숙주, 성삼문, 박팽년, 정인지, 정창손, 이개 등 집현전 학사들에게 명하여 조선의 언어를 개발한다. 이들은 명나라 언어학자 황찬을 만나 조언을 들어 음운을 연구한다. 마침내 1446년 음력 9월에 훈민정음을 반포하게 되고 반세기만에 지방하층민까지 쓰이게 된다.

이후 언문으로 불리며 쓰이다가 20세기에 들어와 주시경 선생에 의해 한글로 정리되어 오늘날, 대한민국과 조선민주주의인민공화국의 공식 언어로 계승된다. 한글은 조선이 스스로의 힘으로 문명세계의 문을 열어가는 역사적 혁명이자 동시에 지구적 차원의 문명사적인 진보였다. 660여 년이 지난 현재 한글은 스마트폰, 컴퓨터 자판의 글자체에서 세계최고로 간편하고 속도성이 간결한 문자체로서 정보통신 강국 대한민국의 지평을 여는 데 크나큰 자산이자 원동력이 된다.

3) 운명정체성과 그 벡터

평면적·공간적으로 본다면, 세종은 1397년에 태어나 1450년 53세의 짧은 나이에 생물학적 죽음을 맞이한 과거형 인물이다. 그러나 입체적·시간적으로 본다면, 세종의 역사적(사회정치적)운명은 지금까지 그리고 우리의 미래시대에까지 살아있다.

세종의 운명정체성은 조선시대가 남긴 유산(遺産)이 아니라 현재에도 우리와 함께 살고, 미래에도 우리 자손들과 함께 숨 쉬어갈, 역동하는 현재진행형의 행위자로서 엄연히 존재한다.

세종대왕은 인간과 인간의 만남을 진화와 네트워킹으로 성공시킨 대표적인 지도자이다. 인간과 인간이 만나 행위자로서 역량을 발휘하여 또 다른 세계를 만들고(진화), 전 사회적으로 펼쳐 나가는 (네트워킹) 과정과 양상들은 드라마틱한 장관을 이룬다. 우리는 세종대왕과 그의 인물들의 인간과 인간의 만남의 의미와 가치를 상대적인 관점에서 되새겨 볼 필요가 있다.

세종과 변계량, 황희, 맹사성, 윤회와의 만남은 오늘날 이원집정부적인 책임 총리제의 원형인 의정부 서사제를 창출시켰다. 황희, 맹사성, 윤회 등이 세종대왕을 만나지 못하였다면 그들의 운명은 어떻게 되었을까? 마찬가지로 세종대왕과 김종서, 최윤덕, 이징옥 등의 만남이 없었다면, 압록강과 두만강 변경은 이루어질 수 있었으며, 대마도정벌이 성공할 수 있었을까? 특히 천민 천재과학자 장영실과 제왕 세종과의 일대일 수평적인 만남은 조선시대 가장 찬연히 빛나는 인간과 인간의 혁명적인 만남의 드라마이다.

이와 같이 인간과 인간의 만남 그리고 진화와 네트워킹이라는 차원에서 본다면, 우리 모두는 독립된 개체가 아니라, 모두가 연결된 존재들임이 확인된다. 한 인간의 운명정체성이라 함은 그를 중심으로 전개된 네트워킹 집합의 구조이다.

세종대왕은 2015년 현재 한글날, 세종대왕동상, 세종문화회관, 남극의 세종연구소, 세종과학고, 세종대학교, 세종함, 세종특별자치시 등에 이르기까지 그 운명선이 연결되어 있다. 우리나라의 기본화폐인 만원권의 얼굴이 되어 대한민국을 대표하면서 금융, 경제 연결망의 기본 축으로서 전 세계에 연결망을 이루고 있다.

세종대왕의 운명정체성을 정리하면, 조선시대 가장 위대한 성군, 4군 6진을 개척하여 대한민국의 영토를 획정시킨 영웅, 한글을 창제하여 국민들을 문맹으로부터 개안시킨 선구자 그리로 오늘과 미래에는 대한민국 만원권 화폐의 얼굴, 즉 대한민국의 대표얼굴로 세계화되었다.

3. 이순신: 역사와 나라를 구한 전쟁의 화신

1) 사회구조: 조광조 사회정치적 연결망, 할아버지 이백록

이순신은 1545년 4월 28일(음력 3월 8일) 한성 건천동에서 아버지 이정과 초계 변씨 사이에서 셋째 아들로 태어난다. 형제들 모두 복희씨, 요, 순, 우 임금을 따라 시대순으로 희신, 요신, 순신, 우신으로 이름이 지어졌다.

조선 유교를 근본으로 정치와 교화를 추진하던 조광조 등 신진사대부가 제거된 기묘사화로부터 이순신의 사회구조적 연결망은 시작된다. 조광조의 사회정치적 계보와 맥락에 있던 이순신의 할아버지 이백록은 조광조의 죽음 이후 벼슬을 포기하고 조광조의 묘소가 있는 용인에서 은거하다 사망했고, 이로 인해 부친 이정 또한 43세쯤 벼슬을 단념한 채 처가인 충청도 아산으로 이사했다. 어린 이순신은 자신도 모르는 사이에 조광조와 연결되고, 그의 개혁사상은 할아버지와 아버지에게 이르러 아산으로 이사하여 성장하는 계기가 된다. 이순신은 여기에서 상주 방씨(온양 방씨)와 결혼하여 외가 근처에 할아버지 이백록이 사 놓았던 집을 물려받았으니, 지금의 현충사 자리이다.

이순신 장군의 생물학적 운명의 숨결은 1545년에 시작되어 1598년, 48세의 일기로 멈추었으나 그의 사회정치적 운명의 숨결은 현재뿐만 아니라 한민족의 운명이 계속되는 한 그 숨결은 영원불멸할 것은 자명하다.

2) 생애의 양상: 역사와 나라를 구한 전쟁의 화신

이순신은 20세에 보성군수를 지낸 방진의 딸과 결혼하고 1572년(28세)에 무과 훈련원 별과 시험에 응시했다. 시험을 보던 도중 말에서 떨어져 왼쪽다리가 부러지는 바람에 버드나무로 부목을 대고 시험을 계속하였으나 낙방하였고, 4년 뒤 1576년 32살에 식년시 무과에 병과로 급제하여 권지 훈련원 봉사로 처음 관직에 나섰다. 비로소 이순신의 자주적인 운명노선이 시작된다.

1587년(선조 20년) 조산만호 이순신에게 녹둔도의 둔전을 관리케 하여 그해 가을에 풍년이 들었으나 이순신과 경흥부사 이경록이 함께 군대를 인솔하고 추수를 하는 사이에 여진족이 본진을 침입하여 전투가 벌어져 패전한다. 이 패전의 책임자인 북병사 이일은 그 책임을 이순신과 이경록에게 덮어씌워 수금시켰고, 순신은 백의종군한다.

임진왜란의 예견. 무관으로서 이순신은 1589년(선조22년)에 비변사 무신 불차채용(순서를 따지지 않고 채용함)에 합격한 뒤 이산해, 정언신, 유성룡의 천거를 받고 정읍현감이 되어 선정을 베풀어 칭찬이 자자하였다.

임진왜란 1년 전 1591년 2월 47세로 정3품 당상장군인 전라좌군 수군절도사에 발탁되어 임명된다. 일본의 침입을 예측한 이순신은 부임하자마자 각 진의 실태를 파악하고 판옥선 20여 척에 군대와 군량미를 확보하고 거북선 개발과 건조에 박차를 가한다. 1년 뒤, 1592년 5월 23일(음력 4월 13일) 일본군 약 16만 명의 선봉인 고니시 유키나가군이 함대 700척으로 오후 5시경 부산포를 침략하여 임진왜란이 발발한다.

옥포해전. 이순신과 임진왜란을 통틀어 조선의 첫 승전, 왜선 39척을 침몰시켰다. 침략 4일 만인 5월 27일 도원수 김명원이 사수하던 임진강 방어선이 뚫리자 조선 조정은 한양에서 철수하여 평안도로 후퇴하고 있었고, 조선 땅 대부분은 일본군에 의해 유린되고 있었다. 전란 발발 이후 23일 만에 몽진하는 선조와 조선 조정에 날아든 첫 승전보이자 서광이었다.

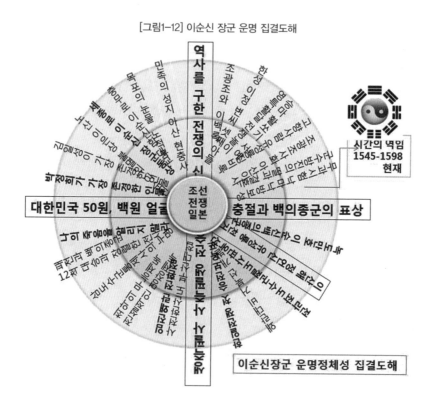

[그림1-12] 이순신 장군 운명 집결도해

이순신은 이후 **사천해전**(7월 8일)에서 거북선을 등장시켜 모두 63척을 침몰시켰고, 자신도 어깨 위에 관통상을 입었다. 그리고 임진왜란 3대 대첩으로 꼽히는 **한산도 대첩**(8월 14~15일)에서 학익진을 펼쳐 적선 110 여 척을 궤멸시켜 임진왜란의 전황이 돌변하는 변곡점을 일으킨다. 이와 함께 8월 초 육전에서 홍의장군 곽재우가 승리했고, 홍계남이 안성에서 승리하여 전세가 역전되기 시작한다.

　부산해전(음력 9월 1일). 전열을 정비한 이순신은 부산 앞바다에 이르러 적선 400여 척 중에서 110여 척을 쳐부수었고, 공격을 멈췄다. 그 이유는 배들을 모두 부수면 상륙한 일본군이 몰려 일본으로 퇴각할 방법이 없어지기 때문에, 후일 수륙 양면 공격을 위한 인내였다. 이순신의 옥포, 사천, 한산도, 부산해전은 승승장구하던 일본군의 기세를 완전히 꺾었다. 일본군은 서해 쪽 공격과 보급로 그리고 곡창 전라도 침략계획을 포기했다. 이순신은 삼도 수군통제사가 되었다.

　1597년 4월 11일 모함을 받고 통제사직에서 해임되었고, 한성으로 압송되어 투옥(4월 19일)되었다. 이후 우의정 정탁의 상소로 사형을 모면한 뒤(5월 16일) 도원수 권율 아래에서 백의종군하라는 명을 받는다. 녹둔도 이후 두 번째 백의종군이었다. 한편, 이순신 대신 삼도수군통제사에 오른 원균의 조선함대는 칠천량 해전(8월 28일)에서 궤멸된다. 경악한 조선에서는 경림군 김명원, 병조판서 이항복의 건의로 이순신을 다시 삼토수군통제사로 임명하였으나, 불가항력이라고 판단하여 수군을 폐지하라는 명을 내렸다. 이순신은 비장한 장개를 올렸다.

　"아직도 나에게는 12척의 배가 남아 있으며, 내가 죽지 않는 한 적이 감히 우리의 수군을 업신여기지 못할 것입니다."

　명량대첩(1597년 10월 25일). 진도 벽파진으로 진을 옮긴(8월 28일) 이순신은 명량해협 울돌목에서 일본 함대를 유인하여 13척의 전선으로 333척의 일본함대를 맞이하여 131척의 전선을 격파했다.

명량해전의 승리는 정유재란의 전세를 완전히 역전시켰다. 일본은 명나라에게 화의를 꾀하고 제해권을 다시 장악한 이순신은 화의에 반대한다. 이듬해 1598년 음력 8월 18일 도요토미 히데요시의 죽음과 함께 일본군은 패전 철수를 꾀하게 된다.

노량해전, 죽음과 영세불사 장군의 탄생. 1598년 음력 11월 18일, 19, 20일, 이순신의 작전지휘권 깃발아래는 조선수군 70여 척, 명나라 수군 400여 척이 있었고, 군사는 1만 5천여 명이었다. 이순신이 이끄는 조선·명나라 연합함대는 노량해협으로 출전하여 일본으로 탈출하려는 왜군 500여 척 중에 450여 척을 궤멸하고, 50여 척의 패선만이 도주한다. 노량해전을 끝으로 7년 동안 한반도에서 벌어졌던 임진왜란은 끝났고, 이 전투가 이순신이 숨을 거둔 마지막 해전이었다. 총탄을 맞은 이순신은 "싸움이 급하니 나의 죽음을 알리지 말라."라는 유언을 남기고 전사했다. 그러나 그의 생물학적인 죽음은 역사적으로는 영세불멸의 민족의 수호장군으로서 재탄생이기도 하였다.

그의 서거로부터 369년 뒤, 1967년 4월 28일 광화문 세종로에 높이 6.5m, 무게 8t의 동상으로 부활하였다. 박정희 대통령의 지시로 김종필 국무총리가 진두지휘를 했고, 고 김세중 작가가 디자인하고, 고 길광춘 대광공업사대표가 주조하였다.

당시 구리를 구하기 어려운 경제사정 속에서 작업이 진행된지라 선박엔진, 놋그릇 등을 녹여 만들었다. 이후부터 전국 방방곡곡에 이순신 장군의 동상과 사당이 세워진다.

곰곰이 곱씹어 되물어 보아야 한다. 서울 종로구 세종로 한복판에 세워진 이순신 장군의 동상은 예술작품이 전시된 것인가? 아니면 이순신 장군이 역사적 생명체로서 부활하여 우리와 함께 영세불멸의 숨결을 나누며 함께 살아가고 있는 것인가?

3) 운명정체성: 대한민국 백원권 초상

평면적·공간적으로 보면 이순신 장군은 불과 48세(1545~1598)의 짧은 삶의 생물학적 일기에 그친다. 그러나 입체적·시간적으로 본다면, 이순신 장군의 역사적(사회정치적) 운명은 그때로부터 지금까지, 앞으로도, 한반도에 한민족의 국가와 역사가 존재하는 한 살아 있음에 틀림없다.

이순신 장군은 우리 현실 세계 속에, 우리의 손 안에 엄연히 살아 있다. 우리 국민 모두가 일상 속에서 가장 많이 사용하는 100원짜리 동전이다. 앞면에는 장군의 얼굴이, 뒷면에는 거북선이 그려져 있다. 그 이전에 100원권 지폐가 있었다. 정주영 현대그룹 회장은 박정희 대통령의 지시를 받고 조선소를 건설하기 위해 영국을 방문하여 재무장관을 만난 자리에서 이 100원권 지폐를 한국의 조선 기술의 잠재적 가능성의 표징으로 제시하였다. 정주영은 400여 년 전 거북선 제조의 시간성을 현재로 부활시켜 한국 미래의 조선산업의 비전을 제시하여 비관적이던 영국 재무장관을 감동시켜 원조를 얻어냈다. 이순신과 거북선이 400여 년을 거슬러 돌아와 정주영 조선소 건설로 실현된 시간의 재현사건이다.

다소 거리가 있지만, 화폐가 그 나라의 얼굴이라는 점에서 북한의 화폐와 비교하여 보자. 북한 화폐는 김일성과 그 혁명역사 일색이다. 고작해야 60년으로서 남한의 역사 세종대왕 600년, 이순신 장군 400년과는 비교조차 할 수 없다.

4. 안중근: 민족의 정기를 수호한 장군

1) 사회 구조와 가계의 연결망

안중근은 1879년 9월 2일 황해도 해주 수양산 아래에서 진해현감 안인수의 손자이자 진사 안태훈의 장남으로 태어난다. 대지주이자 미곡상으로 성공한 할아버지 덕택에 풍요로운 유년 시절을 보낸다.

안중근의 5대조 안기옥의 대에 이르러 영풍, 지풍(안중근의 고조부), 유풍, 순풍의 네 아들이 모두 무과에 급제하는 쾌거를 거둔다. 이후 이들의 자손들은 상당수가 무과에 급제하면서 무인의 가풍을 이루게 되고, 안정록의 아들이자 안중근의 할아버지인 안인수는 통훈대부와 진해연감을 지냈다.

개화당 식객 아버지 안태훈의 위기. 안중근은 태어날 때 등에 점이 북두칠성의 7개점이 있어 어릴 때는 응칠이라고 불렀다. 1884년 갑신정변 이후 개화당 정객의 식객이었던 아버지 안태훈이 척신세력에 의해 죽임을 당할 위기에 놓였다. 할아버지 안인수는 셋째 아들을 살리기 위해 황해도 신천군 두라면 청계동으로 일가를 이끌고 피신했다. 안중근도 할아버지와 가족들을 따라 신천 청계동으로 이주했고, 아버지가 개설한 서당에 다녔다. 독실한 가톨릭 집안의 가풍에 따라 1895년 천주교 학교에 입학하여 신학과 프랑스어를 배웠다.

한편, 무장 집안의 소년 안중근은 말타기와 활쏘기에 능하고, 포수꾼들의 양향으로 사냥하기를 즐겨 명사수로 정평이 났다. 아버지 안태훈은 개인적으로 사병을 양성했고, 이 시절에 아버지 안태훈은 동학군 김구를 보호해준 인연으로, 안중근과 김구도 안면이 있었다.

2) 생애의 양상: 사건과 운명정체성의 전개와 그 벡터

1905년 을사늑약의 체결을 맞이하면서 안중근은 독립운동에 투신한다. 석탄상회를 경영하고, 삼흥학교를 세우고 돈의학교를 인수하여 교육운동에 나섰고, 국채보상운동 관서지부장으로 임명되었으나 일본의 방해로 실패했다. 마침내 1907년 헤이그 밀사사건에 따른 고종 황제의 강제퇴위와 함께 무장독립운동으로 노선을 전환, 연해주로 건너가 의병에 가담한다.

독립전쟁에 나선 안중근의 첫 모습은 블라디보스토크에서 활약하던 계동청년회의 임시사찰이었다. 1908년 안중근은 특파독립대장 겸 아령지구 군사령관으로 출정하여 함경북도 경흥군 노면에 주둔하던 일본군 수비대를 기습 공격하여 전멸시키는 등 전과를 올렸으나 얼마 후 일본군의 기습공격을 받아 처참하게 패배했다. 이후 연해주 지역에서 안중근의 입지가 줄어들고 비판을 받아 부대는 해체되었다.

1908년 안중근은 뜻을 같이하는 동지 11인과 함께 동의단지회를 결성하고, 의병재건에 노력했다. 1909년 10월 26일 이토 히로부미가 러시아 제국의 재무장관 코코프체프와 회담하기 위해 하얼빈에 오게 되었다.

이 소식을 대동공보사에서 전해 들은 안중근은 이토 히로부미 암살을 주도했다. 10월 21일 대동공보사 기자 이강(李剛)의 지원을 받아 블라디보스톡을 출발한 안중근은 우덕순, 조도선, 유동하와 함께 하얼빈에 도착했다. 10월 26일 오전 9시, 이토 히로부미가 탄 기차가 하얼빈역에 진입했다.

이토 히로부미는 열차 안에서 러시아 재무대신 코코프체프와 회담을 마친 뒤, 9시 30분경 하차하여 러시아 군대의 사열을 받았다. 안중근은 열차로 돌아가던 이토 히로부미를 브라우닝제 반자동권총 M1900으로

겨냥했다. 모두 일곱 발의 저격 총알 중에서 세 발은 명중했고, 나머지 네 발 중 세 발은 각각 옆에 있던 수행비서관, 하얼빈 주재 일본제국 총영사, 만주철도 이사를 관통했다.

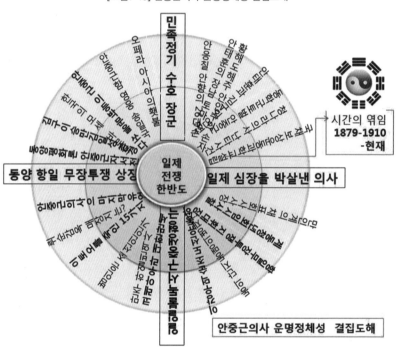

[그림1-13] 안중근의사 운명정체성 결집도해

안중근의사 운명정체성 결집도해

저격 직후 안중근은 러시아어로 "코리아 우레!"라고 크게 외쳤다. 이 외침은 "코리아 만세"라는 뜻이었다. 남한에서는 "대한민국 만세"로, 북한에서는 "조선 만세"로 번역한다.

피격당한 뒤 30분 만인 오전 10시경 이토 히로부미는 열차로 옮겨졌으나 곧 사망했다. 안중근은 곧바로 러시아 제국 공안들에게 체포되었고 최재형은 안중근 의사의 이토 히로부미 사살장소를 하얼빈으로 정하여, 일본이 아닌 러시아 법정에서 재판을 받도록 조치하고, 변호사인 미하일로프 주필을 안중근의 변호인으로 준비했다.

하지만 안중근 의사가 일본제국 정부에 넘겨져 뤼순 감옥에 갇혀 1910년 2월 14일 사형선고를 받고 같은 해 3월 26일 처형되었고, 유해는 오늘날 현재까지도 찾지 못하고 있다. 함께 거사한 우덕순은 징역 3년, 조동선과 유동하는 각각 징역 1년 6개월을 선고받았다. 한편 법관양성소 출신 변호사 안병찬이 안중근을 위해 무료변론을 했다. 안중근은 체포되어 처형되기까지 재판과정에서 재판소내의 어떤 기세에도 굴하지 않고 이토 히로부미를 죽인 이유를 당당히 밝혔다.

안중근은 옥중에서 「동양평화론」을 집필한다. 자신은 그 전쟁의 대장(장군)으로 정체화시키고, 하얼빈 의거를 동양평화를 위한 전쟁으로, 저격의 성격을 전범 이토 히로부미에 대한 정의의 응징으로 규정했다. 또 옥중에서 집필한 「안응칠 역사」라는 제목으로 집필한 자서전은 뒤에 「안중근 자서전」의 원본에 해당한다. 당시 안중근을 지원한 사람은 거부 최재형이었고, 뛰어난 그의 유묵은 우리나라 보물 569호로 지정되었다.

『안중근 의사의 마지막 유언』

"내가 죽은 뒤에 나의 뼈를 하얼빈 공원 곁에 묻어 두었다가 우리 국권이 회복되거든 고국으로 반장하여 다오. 나는 천국에 가서도 또한 마땅히 우리나라의 회복을 위해 힘쓸 것이다. 너희들은 돌아가서 동포들에게 각각 모두 나라의 책임을 지고 국민 된 의무를 다하여 마음을 같이하고 힘을 합하여 공로를 세우고 업을 이르도록 일러다오. 대한독립의 소리가 천국에 들려오면 나는 마땅히 춤추며 만세를 부를 것이다.

3) 운명정체성: 영원불사 민족정기 수호장군

안중근의 생물학적 연령은 불과 41세(1879~1910)이다. 그러나 안중근의 정치 사회적 생명은 지금까지 계속 살아 민족의 정기를 바로잡고 있음에 틀림없다. 남한 김구와 이승만, 박정희, 북한 김일성 등은 한결같이 뤼순감옥 근처에 매장된 것으로 추정되는 안중근의 유해를 찾기 위해 안간힘을 썼다. 민족정기를 지키고 바로세운 안중근이라는 운명정체성을 자기화하여 계승하기 위한 남북 정권 간의 치열한 역사정체성 정립 경쟁에 해당한다.

안중근 전쟁은 동양의 수호자를 자처하던 일본을 향한 아시아 저항의 첫 승리이다. 이토 히로부미가 동아시아 전쟁의 핵심권력이자 일본의 상징이라는 점에서 욱일승천하던 일본의 국가정기를 꺾어버린 쾌거에 해당한다.

"일본의 정체에 대해 속지 말라!"라는 안중근 의사의 총성을 두고 청나라 말기 혁명가인 장타이옌(章太炎)은 안중근 의사를 '아시아 최고의 의협(義俠)'이라고 칭송한다. 중공 저우언라이(周恩來)는 "안중근 의사의 이토 히로부미 사살은 중국과 조선 인민들이 일제 침략에 맞서 싸운 투쟁의 시초"라고 했다. 장제스(蔣介石)는 안중근 의사 기념관에 '충렬춘추'(忠烈春秋)라는 글을 헌사했다. 안중근의 일본인 교도관 다카오 미조부치는 그를 동아시아의 의인이라고 평하였다.

이토 히로부미 암살이후 김구는 안중근의 부인 등 유족들을 돌보았고, 그의 동생 안공근은 김구의 부하가 되어 한인애국단과 한국독립당 특무대를 창설하는 데 동참한다. 1927년 중화민국 장쉐량의 지시로 동북 36개 모범소학교에서 수업 전에 안중근의 노래를 합창했고, 중일전쟁 발발 이후에는 저우언라이 등이 무한, 장사에서 화극 〈안중근〉을 연출하여 반일투쟁을 고무했다.

2005년 대한민국과 조선민주주의 인민공화국은 제15차 남북장관급 회담에서 '안중근의사 유해발굴사업 공동추진'에 합의했다. 2010년 중화인민공화국 정부는 안중근의사 추모행사를 공식적으로 승인했고, 러시아 정부가 안중근과 관련된 외교문서를 대한민국 정부에 처음 전달했으며, 2011년 안중근 의사 유해 발굴 및 국내 봉환을 추진하는 비정부사업회가 공식출범했다.

2013년 중국은 하얼빈시에 안중근 의사기념관을 세우면서 안중근의 동양평화론을 서구유럽에서 구상한 아시아평화의 개념보다 70년이나 앞섰음을 강조했다.

"안중근 의사가 추구한 동양평화의 정신을 오늘 중국인도 배웠으면 한다. 안중근 의사의 동양평화론은 오늘의 관점에서 보아도 선구적인 사상이다. 한국에서 안중근의 평화사상을 왜 국제화하지 못하는가?"

한국 천주교는 안중근을 한국의 모세, 한국의 사도 바오로로 부른다. 전쟁을 수행한 뒤 '코리아 우레!(코리아 만세!)'를 외친 안중근은 고구려의 을지문덕, 고려의 강감찬, 조선시대 이순신 장군의 계보를 이어 구한말 한민족과 그 나라의 역사정체성의 정기를 지키고 위신을 드높인 민족정기 수호대장이다.

안중근은 역사 속에서 장군의 화신으로, 영원 불사의 사회정치적 생명체로 살아 생동하며 그 정체성이 미래화된다. 우리 대한민국의 얼굴인 화폐에 안중근 의사의 얼굴이 새겨지고, 세종로 이순신 장군 앞길을 열어 남대문 앞에 안중근 동상이 세워질 날을 기다린다.

4. 박정희: 국민을 배고픔으로부터 해방시킨 독재 영도자

1) 사회구조와 가계의 연결망

박정희는 1917년 경상북도 구미에서 아버지 박성빈과 어머니 백남의 사이에서 넷째 아들로 태어났다. 그의 아버지 박성빈은 조선 말에 효력부위를 지냈으나 동합접주 출신으로 연좌되어 가장으로서 경제생활을 할 수 없었다. 맏형 박동희는 독립했고, 둘째형 무희와 셋째형 상희가 실질적인 가장으로 생계를 꾸려나갔다. 1926년 구미공립보통학교에 입학한 뒤 3학년 때부터 내내 급장을 맡았고, 그의 담임은 성적은 전 과목이 우수하고 암기력이 좋아 산수, 역사, 지리 등은 언제나 만점을 받았다고 기록하였으며, 조리 있는 발표력과 예민한 사고력을 특기사항으로 기록하였다. 당시 박정희는 학교 수업 외에 독서를 즐기고, 나폴레옹의 위인전을 탐독하면서 군인을 동경한다.

1932년 보통학교를 졸업한 박정희는 가난한 가족의 반대에도 불구하고 그해 대구사범학교 제 4기생으로 응시하여 합격했다. 이때 입학정원 100명 중 조선인 90명, 일본인 10명이었으며, 사범학교 5년간 성적은 하위권이었다. 품행평가에서 '양'이 네 번, '가'가 한 번이었고, 군사 및 체육 관련 교과목의 성적은 뛰어났고, 이 성적표는 그의 집권기간에는 공개되지 않았다.

대구사범 졸업 1년 전 1936년 4월 1일, 세 살 아래인 김호남과 결혼하였다. 1937년 3월 25일 대구사범을 졸업한 뒤 문경공립보통학교 교사로 부임하고, 그해 박정희의 장녀 박재옥이 태어났고, 1938년 9월 4일 아버지 박성빈이 67세로 사망했다. 1940년 2월까지 문경학교 교사로 재직한다.

2) 생애의 양상: 사건과 연결망의 전개과정

청년기: 만주군관학교(1940~1942)

1940년 박정희는 만주국 육군군관학교(신경군관학교)에 제2기생으로 입교했고, 이때의 인맥은 박정희의 지지기반이 되었다. 한 해 전인 1939년 제1기 시험에서 낙방한 박정희는 같이 교사생활을 한 유증선의 권유로 만주군 지원서류에 혈서와 채용을 호소하는 편지를 제출한 바 있다.

"일본인으로서 수치스럽지 않을 만큼의 정신과 기백으로 멸사봉공의 굳건한 결심입니다. 목숨을 다해 충성을 다할 각오로 확실히 하겠습니다. 한 명의 만주국군으로서 만주국을 위해, 나아가 조국을 위해 어떠한 일신의 영달을 바라지 않겠습니다. 멸사봉공 견마의 충성을 다할 결심입니다. 한 번 죽음으로써 충성하겠습니다. 박정희."

이 혈서는 1939년 3월 31일자 만주신문에 보도되었고, 현재 일본 국회도서관에 소장되어 있다. 이때까지 청년 박정희의 조국은 일본이었고, 그의 미래 정체성은 조국 일본에 충성하는 만주국 군인이 되는 데 있었다.

[그림1-14] 박정희의 운명정체성 결집도해

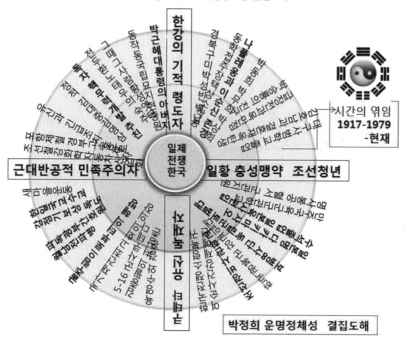

박정희 운명정체성 결집도해

일본 육군사관학교 편입학과 만주군 시절(1942~1945)

1942년 3월 박정희는 만주국 신경군관학교 2기 예과 졸업생 240명 중 수석으로 졸업하고, 만주국 황제 푸이로부터 금시계를 하사받았다. 이어 1942년 10월 1일 일본 육군사관학교 제57기로 편입했고, 300명 가운데 3등으로 졸업한다. 수습사관과정을 거쳐 1944년 7월 열하성 주둔 만주국군 보병 제8사단에 배속된 뒤 12월 23일 정식 만주군 소위로 임관했다. 이때 함께 근무했던 신현준, 이주일, 방원철 등은 훗날 군사정변의 동지가 된다.

박정희가 배속된 만주군 제8사단의 주벌부대는 중국군 팔로군이었다. 이 팔로군에는 조선독립군이 배속되어 항일무장투쟁을 벌였다. 보수논

객 조갑제는 팔로군과 독립군은 무관하다고 주장하고, 진보논객 진중권, 김명호 등은 팔로군과 신사군의 지도 아래 독립군이 연군을 맺고 항일무장투쟁을 전개했다고 대립한다.

군관 시절 박정희는 스스로 타카기 마사오(高木正雄)로 일본식 이름으로 바꾸었고, 만주군관학교 2기생 졸업앨범과 일본 육사 졸업앨범에서도 같은 이름을 사용한다.

광복과 귀국(1945~1950)

박정희는 만주 보병 제 8사단에서 일본이 제2차 세계대전에서 패망할 때까지 근무했다. 1945년 8월 15일 광복이 되자 소속 부대가 없어진 박정희는 9월 21일 동료들과 함께 베이징 쪽으로 건너가 장교경험자를 찾던 한국광복군에 편입된다. 북경의 김학규가 지휘하는 한국광복군 제3지대 제1대대 제2중대장에 임명되어 광복군 장교로 활동하다가 1946년 5월 8일 미군 수송선을 타고 부산항으로 귀국했다. 그러나 박정희가 독립운동에 참여했다는 자료나 증거는 없다.

1946년 9월, 조선 경비사관학교 2기생으로 입학하여 그해 12월 14일 조선경비사관학교를 졸업, 광복을 맞은 한국의 군대에서 다시 육군소위로 임관한다. 소위로 임관한 박정희는 춘천의 8연대로 발령받고 연대단위의 기동훈련을 기안한 공로로 중위를 거치지 않고 바로 대위로 진급한다.

그 뒤 육군 소령으로 진급, 1948년 육군본부 작전정보국에 근무하던 중 여수·순천 반란사건 연루 혐의를 받았다. 여순 반란사건으로 비롯된 대한민국 군대 내부의 공산주의자를 색출하는 숙군작업에서 박정희는 남조선로동당(로동당) 군부 하부조직으로 의심받았다. 그해 11월 체포되었고 1심에서 파면, 급료 몰수, 무기징역을 받았으나 2심에서 징역 10년으로 감형되었고, 다음 해 1월 강제 예편되었고 문관으로 근무하게 되었다. 이 무렵 동거하던 이현란은 아들을 출산했으나 사망했고, 두 사람은 헤어졌다.

1950년 6월 육군 정보국에서 근무하던 박정희는 김종필과 함께 남침을 예견하여 보고했다. 전쟁의 발발과 함께 소령으로 현역에 복귀한 뒤 육군본부 작전정보국 제1과장을 거쳐, 1950년 9월 15일 인천상륙작전이 감행될 때 중령으로 진급하고, 육군본부의 수송지휘관을 맡았다. 10월 육영수를 소개받아 서둘러 약혼식을 올렸고, 10월 25일 장도영의 추천으로 제9사단 참모장으로 임명되었다.

1953년 11월 25일 육군준장으로 승진하여 장군이 되었고, 1955년 제5사단 사단장이 되었으나 그해 겨울 예기치 않은 폭설로 소속 장병들이 사고를 당한 책임을 물어 1956년 육군대학에 편입되었다. 전쟁의 시간은 또 다른 거인을 키워내고 있었다.

1957년 육군대학을 졸업한 뒤 육군 소장으로 진급했고, 1957년 제7사단장, 1959년 제6관구 사령관을 거쳐 1960년 부산군수기지 사령부 사령관으로 발령받았다. 1960년 이승만이 하야했고, 1960년 7월 민주당 허정 내각이 수립되었으나 이종찬 장군의 박정희 중용 추천에 대해 주한미군 사령관 맥아더는 '박정희는 좌익'이라면서 그런 사람을 어떻게 요직에 앉혀뒀냐며 항의했다.

5·16 군사정변과 제3공화국

1961년 5월 16일 새벽 제2군 사령부 부사령관 박정희와 그의 처조카 사위 김종필 등 군부세력이 주도하여 일으킨 '육·해·공 심야 군사 쿠데타'이다. 군과 행정을 장악한 쿠데타 세력은 5월 18일 장면총리의 하야

선언을 끌어내고, 장도영을 초대 군사혁명위원회 위원장, 박정희가 부위원장에 취임하고 20일 국가재건최고회의로 이름을 바꾸면서 입법, 사법, 행정의 3권을 장악했다. 1963년 중반 박정희는 군으로 복귀한다는 혁명공약과는 달리 예비역 육군대장으로 예편한다.

7월 3일 장도영을 거세한 박정희는 국가재건최고희의 의장에 취임했다. 제5대 대통령 선거에서 민주공화당 박정희 후보는 민주당 윤보선 후보를 물리치고 당선되어 12월 17일, 제3공화국이 수립되었다. 같은 해 독일을 방문하여 에르하르트 수상을 면담하고 원조를 약속받고 '라인강의 기적'을 본보기로 삼아 고속도로, 제철산업, 자동차, 정유, 조선 산업 등을 추진한다. 1964년 미국의 요청을 받고 야당의 반대를 무릅쓰고 8월부터 한국군의 베트남 파병을 단행했다. 그해 식량증산 7개년 계획과 국토종합개발 계획 등 경제부양을 시도한다.

박정희는 1965년 8월 학생들의 반대 데모를 억누르기 위해 서울시 일원에 위수령을 반포한 뒤 한일협정을 체결하였다. 그해 7월 19일 이승만이 미국 하와이 호놀루루에서 사망하자 유해를 운구하여 김포공항에 국회의장 이효상, 대법원장 조진만, 국무총리 정일권 등과 함께 영접하고, 사회장과 함께 국립묘지에 안장하여 법통을 잇는다.

3선 개헌과 10월 유신

박정희는 다시 1967년 5·3 대통령 선거에 출마하여, 윤보선을 116만여 표의 근소한 차로 꺾고 재선에 성공했다. 박정희는 경제개발의 성과와 비전을 내세우면서 이를 지속하기 위한 지지를 호소했다. 상대 후보인 신민당 윤보선은 쿠데타 이후에 추진된 경제개발의 폭력성과 독재성을 규탄하며 월남파병을 미국의 청부전쟁으로 비판했다. 독립군이자 언론인 장준하는 "일본 천황에게 충성을 맹세하고 일본군 장교가 되어 우리 광복군에 총부리를 겨누었다."라고 비난했다.

1969년 3선 개헌을 골자로 한 개헌안을 국민투표를 통해 통과시켰다. 투표율 77.1%에 찬성률 65.1%였다. 1972년 제3차 경제개발 5개년 계획을 실시했고 1976년에 쌀의 자급자족을 달성한다. 1968년 1월 21일 조선 민주주의인민공화국의 특수부대 민족보위성 정찰국 소속인 124부대 소속 김신조 등 31명이 청와대를 습격했고, 국민적 반공의식이 높아지는 계기가 되었다.

1971년 제7대 대통령 선거에서 김대중을 약 95만 표 차로 이기고 3선에 성공했으나, 김대중의 득표력에 경악했다. 1972년 박정희는 제3공화국 헌법을 폐기하고, 독재인 10월 17일 유신 독재체제를 선포하며, 1973년 1월부터 새마을운동을 전 국민적 운동으로 확산시킨다. 이 일련의 체제와 권력 조정 과정에서 중앙정보부장 이후락은 김영주 북측 남북조절위원회 북측위원장과 만났고, 7·4 남북공동성명이 이뤄진다. 박정희 만년의 권력은 긴급조치로 시간을 독재하며, 간당간당 유지된다. 1970년 제1차 미중 데탕트를 전후하여 남측의 박정희와 북측의 김일성은 동시에 핵개발을 추진한다.

1974년 8월 영부인 육영수를 간첩 문세광의 저격으로 잃었다. 1978년 12월 27일 통일주체국민회의를 통한 간접선거로 제9대 대통령 선거에 당선되어 취임 선서했다. 1979년 8월 9일 YH여공들이 신민당사를 점거하여 농성하는 사건이 발생하자 이를 강제 진압하는 과정에서 노동자 김경숙이 추락하여 사망했다. 국회는 당시 신민당 당수 김영삼을 국회의원직에서 제명하였고 부마항쟁의 원인이 되었다.

임기 말에는 핵개발과 인권문제로 카터 미 행정부와 갈등으로 정권의 기반이 결정적으로 흔들렸다. 박정희의 사상 전력은 그의 만년까지 괴롭혔다. 남로당 출신 박갑동에 따르면 국민에게는 독재자 소리를 듣고, 미국에게는 공산주의자로 의심받고, 북조선에게는 친일파로 매도되어 완전히 사면초가에 몰렸다고 주장했다.

10월 16일 부산, 마산항쟁은 창원 등지로 확산되었고, 싱가폴 수상 리콴유가 내한하여 정상회담을 가진 뒤, 19일 새벽 0시를 기해 계엄령을 선포하여 부마사태를 무력으로 진압한다. 10월 26일 충남 당진의 삽교천 방조제 준공식에 참석한 뒤 귀경하여 오후 7시경 궁정도 안가에서 측근들(경호실장 차지철, 비서실장 김계원, 중앙정부부장 김재규)과 함께 가수 심수봉, 한양대생 신재순을 불러 연회를 하던 도중, 김재규의 총에 저격당하여 사망했다. 당시 63세였다. 이름하여 10·26 사태이다.

김재규는 재판과정에서 "유신개헌으로 민주주의가 무너졌다. 나는 자유민주주의를 회복하고 국민의 희생을 막기 위해 박정희를 저격했다."라고 진술했다. 그러나 핵 개발과 인권 탄압에 따른 미국과의 갈등과 묵시적 개입이라는 주장이 지금까지 끊이지 않고 있다. 따라서 김재규 저격과 박정희의 죽음은 세 갈래로 정리된다. 첫째, 김재규의 독자적인 결단에 따른 행동인가? 둘째, 김재규와 차지철의 갈등인가? 셋째, 미국정부의 조장은 없었는가에 있다.

박정희의 가장 뼈아픈 역사적 오류는 그가 사망한 뒤 발생했다. 독재자 박정희가 비호하고 양성했던 군부실력자 전두환·노태우는 박정희의 5·16 쿠데타 노선을 100% 벤치마킹하여, 그 로드맵을 따라 12·12 군사쿠데타를 일으켰다. 나아가 이듬해 5·18 광주민주화운동에서 학살을 자행하고 강제 진압한 뒤, 계엄령 속에서 권력을 장악하는 '괴물 신군부 권력집단'이 등장했다. 현대사의 시간은 고려 말 무신집권기로 돌아가는 역사의 퇴행을 경험했다.[139] '박정희는 전두환이 정치괴물로 등장할 미래시간을 꿈엔들 짐작이나 했을까?'

3) 운명정체성: 독재자인가, 대한민국 번영의 영도자인가.

박정희는 생물학적으로는 63세를 살았다. 그러나 그의 정치생명이랄 수 있는 유신 독재권력은 이후 전두환 7년, 노태우 5년 정권을 합하면 모두 75세로 연장된다. 중국의 덩샤오핑은 마오쩌둥의 공적과 과오를 실사구시에 입각하여 그를 비판적으로 계승하였다. 이런 균형 잡힌 평가는 우리나라에는 요원한 일인가? 중국을 G2로 부상시킨 개혁개방은 박정희의 근대화·산업화 전략노선을 판에 박은 듯 닮았다.

그러나 2015년 현재 박정희는 진보 진영에게는 독재자의 전형으로 비난받는다. 반면, 보수 진영에게는 대한민국의 번영을 일으킨 영도자로 추앙받는다. 이 양극단의 평가 속에서 그의 딸 박근혜는 제 14대 대통령 선거에 당선되어, 부녀 대통령의 시대를 열었다.

1948년 정부 수립 이래 2015년 현재까지 대한민국은 양극단의 정치적 진영전쟁을 계속하고 있다. 특히 박정희의 군사정변과 정치 참여, 유신헌법과 긴급조치와 계엄령의 전통은 전두환·노태우 등 신군부의 쿠데타로 계승되어 영·호남 지역 간, 민주와 반민주(뒤에 보수와 진보로 변형) 이념 간 진영전쟁 전선을 극단화·첨예화시켰다. 그 모든 기원에 박정

---

139) 김종필은 2015년 9월 11일자 회고록을 위한 중앙일보와의 인터뷰에서 이 같은 요지를 증언했다.

희의 쿠데타가 있었음은 주지의 사실이다.

반면, 박정희는 독일 원조, 베트남 참전과 미국의 원조, 한일협정과 보상금을 오롯이 포항제철, 고속도로, 항만 등 국가 기간산업에 쏟아부었다. 경제를 부흥시키고 산업화에 성공하여 국민을 배고픔의 눈물로부터 해방시켜낸 빛나는 공적이 있다. 정치 권력자에게 국민의 배고픔보다 더 큰 죄악과 책임은 없다. 오늘날 한국은 분단과 전쟁을 딛고 산업화와 민주화에 성공한 세계에서 전무후무한 나라로 손꼽힌다. 박정희는 그 토대를 닦았음은 두말할 나위가 없다.

박정희의 운명정체성은 실사구시에 입각하여 솔직하게 정리하면 된다. 우선, 국민을 배고픔으로부터 해방시킨 독재자이다. 그리고 젊은 시절 일본 황군에 충성을 맹세한 조선 청년이고, 여순 반란과 남로당 사건에 연루되어 공산주의자로서 무기징역 선고를 받은 전과가 있다. 1·21 청와대 습격사건이 있었음에도 불구하고, 유연하게 김일성과 7·4 남북공동성명을 함께 발표하고, 독자적인 핵무력 개발을 추진한 근대적인 민족주의자임에 틀림없다. 또 '괴물권력' 전두환·노태우 신군부를 양성시킨 5·16 쿠데타와 유신독재 권력의 아버지이다. 가정적으로는 신사임당 이래 우리나라 여성상으로 꼽히는 육영수의 사랑을 받은 남편이자 2013년 대통령으로 선출된 박근혜의 아버지이다.

2015년 현재 박정희는 대한민국 보수 세력의 심장부이자 핵심중추로서 엄연하게 살아 맥동하는 사회정치적 생명체이다. 살아있는 권력으로서 현실정치에 영향력을 미칠 미래생명이다. 박정희의 이름은 영남과 산업화의 역사로서 호남과 민주화의 역사인 김대중과 양대 축으로서 운명정체성화된다.

정치사회적으로 살아 있는 박정희에게 묻고 싶다. 박근혜 정권은 박정희의 참뜻을 계승했는가? 즉, 딸 박근혜는 아버지 박정희가 빈곤과 가난은 인간의 운명을 뒤바꾼다는 사실을 인식하고, 경제혁명의 동력으로 전환시킨 철학을 계승했는가 하는 질문이다.

5. 김대중: 국난 극복, 아시아 민주주의 상징

1) 사회구조: 성장과정의 사회적 연결망

인간은 태생에서부터 독립할 때까지 가계와 사회구조에 의해 그의 운명선의 궤적이 그려진다. 인간은 유년 시절에는 '누구의 아들'이라고 불려지고, 독립하고 나면 그 자신의 이름이 호칭된다.

김대중의 태생과 유년 시절은 복잡한 가계로 인하여 혼란스럽다. 어머니 장수금은 세 번의 결혼 속에서도 아들 김대중을 공부시키기 위해 올-인(all in) 하는 섬 출신 강인한 어머니상의 전형을 나타낸다.

어머니 장수금은 19세인 1911년 제갈성조와 결혼하였으나 사별하고, 1920년 윤창언과 결혼하였으나 역시 사별했다. 마치 태풍이 불어닥친 바다의 파도를 맞고도 살아남는 해송(海松)같이 드센 팔자다. 그리고 김운식을 만나 그의 첩으로 입적한 뒤 1924년 김대중을 낳는다. 이후 김운식은 1960년에 본부인 김순례와 이혼하고 장수금이 본부인이 된다. 김대중도 적자의 차남으로 입적되면서 강원도 인제군 북면 원통리로 분가하여 전적한다.

그의 부모는 하의도의 집과 농토를 다 팔아 목포로 이사하고, 여관을 운영하면서 김대중을 교육시켰다. 김대중은 일본인 학생이 다수이던 목포북교 공립심상소학교에서 1937년 수석으로 졸업한다.

1938년 6년제 목포상고에 수석 입학했다. 김대중은 일본 학생들을 물리치고 3년간 반장을 맡아 뛰어난 통솔력을 보였고, 이때 평생의 친구인 임종기를 만난다. 그는 독서광이면서 정치와 영어에 관심이 많고, 작문과 역사 성적, 언변과 웅변이 뛰어났다.

그러나 김대중은 결국 대학진학을 포기한다. 김대중은 4학년이 되면서 독서로 인해 넓어진 견문 탓에 반일사상이 생겨나 전 과목에서 성적이 떨어지고 반일작문이 문제가 되기도 했다. 일본으로의 유학은 미국 해군의 해상 봉쇄정책으로 인해 여행 허가가 어려웠고, 만주 건국대학 진학은 일본군 징집이 뻔했다.

한편, 15세가 되던 1938년 도요다다이추(豊田大中)으로 개명했고, 대통령이 된 뒤 일본을 방문할 때마다 그의 목포상고 시절 은사에게는 이 이름을 사용했다고 아사히신문은 보도했다. 김대중은 일본의 전시 특별 조치로 인해 6개월 앞당겨진 1943년 가을에 졸업한 뒤 일본의 징집을 피하기 위해 목포상선회사에 경리사원으로 입사한다. 여기까지가 아버지 김운식과 어머니 장수금의 아들로서 김대중의 정체성의 형성과정에 해당한다.

2) 생애의 양상: 사건과 벡터의 전개

해방과 한국전쟁기

1945년 8월 해방이 되면서 김대중은 종업원대표로서 경영위원회 회장에 선출되고, 이해 여운형이 이끄는 건국준비위원회 목포지부에 참여하여 선전부원으로 활동한다. 이후 북조선 인민공화국이 수립되자 공산주의 정당인 조선신민당에 입당하여 조직부장으로 활동하는 한편,

민주청년 동맹 목포지부 부위원장으로 활동했으나 곧 탈당했다. 그 해 차용애를 만나 결혼했고 목포상선을 떠난다. 김대중은 1946년 9월 조선 노동조합 전국평의회가 주도하는 전국 총파업에 연루되어 파출소습격 사건의 배후 주동자로 밀고, 20일간 경찰서에 구속된다. 당시 한민당 목 포시당 부위원장이던 장인의 신원보증과 함께 '다시는 좌익단체에 관 여하지 않겠다'는 서약서를 제출한 뒤 훈방되었다.

[그림1-15] 김대중의 운명정체성 결집도해

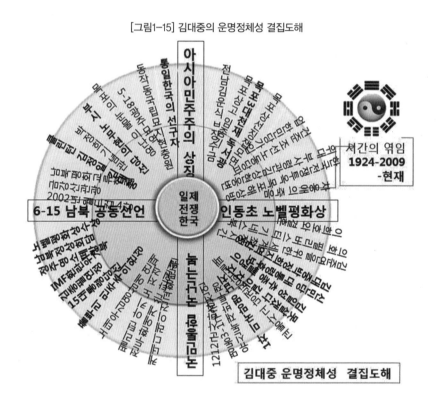

1950년대 후반 정치입문과 좌절

1951년 김대중은 목포해운회사(현 흥국해운) 사장에 취임하고 전국해운 조합 회장, 한국조선조합 이사직에 올랐고, 1954년 목포시 국회의원 선거에서 무소속으로 출마하였으나 (첫 번째) 낙선했다.

낙선 이후 회사를 처분하고 고향을 떠나 상경한다. 《태양》이라는 잡지를 발행하고, 《사상계》에 '한국노동운동의 진로'등을 기고한다. 그 이후 장면을 대부로 모시고 당시 노기남 대주교 집무실에서 천주교 영세를 받고 '토마스 모어'라는 세례명을 받는다.

59년 강원도 인제 재보선에 민주당 후보로 출마했으나 당시 자유당 전형산 후보가 제기한 색깔론에 의해 (두 번째) 낙선한다. 설상가상으로 부인 차용애가 사망한다. 1960년 민주당 기획위원 겸 대변인이 되었고 3·15 부정선거 규탄시위에 참여하였고, 그해 7월 5대 국회의원 선거에 인제군 후보로 출마하였으나 (세 번째) 낙선한다.

자유당 전형산 의원이 공민권 제한 대상자로 선정되어 자격이 박탈되자 김대중은 1961년 5월 14일 강원도 인제 재보궐선거에 출마하여 민 의원에 드디어 당선된다. 그러나 이틀 뒤 박정희 등 군부의 5·16 쿠데타가 일어나 국회가 해산되어 의원활동을 하지 못하였다. 그 해 이희호와 만나 재혼하였고, 1963년 고향 목포에서 민주당 소속으로 제6대 국회의원으로 당선되면서 재선 국회의원이 되었다.

김대중은 1970년 1월 24일 신민당 대선 후보자 경선에 뛰어들면서 "만일 1971년 대선에서 또다시 박정희 대통령 당선을 허용한다면 이 나라는 영원히 선거 없는 총통시대가 올 것이다."라고 예견했고, 같은 해 10월에 유신헌법시대가 도래하였다.

1971년 4월 27일 제7대 대통령 선거에서 신민당 후보로 지명되어 출마한 김대중은 "10년 세도 썩은 정치, 못 참겠다. 갈아치우자!"라는 슬로건을 내세워 539만 표를 얻고, 634만 표를 얻은 박정희에게 94만여 표 차로 패배, 관건·부정선거 시비가 일었다. 대선에서 박정희는 '신라대통령론'으로, 김대중은 '호남푸대접론'으로 맞붙으면서 대한민국의 영호남 지역갈등의 정치적 기원으로 보는 축도 있다.

유신에서 망명까지

1972년 10월 11일 유신이 발표되었다. 일본 도쿄에서 정계 순방 중이던 김대중은 일본 정계와 언론을 통해 비상계엄령과 유신체제를 비판했고, 미국 워싱턴으로 날아가 국민투표 무효선언과 기자회견을 하는 등 미국과 일본을 오가면서 본격적인 반유신 투쟁에 나선다. 급기야 1973년 7월 6일 초대서울시장 김상돈, 미주민주국민회의 의장 임창영, 전 한국신학대학장 김재준 목사, 예비역 해군제독 이용운 등과 함께 워싱턴에서 한국민주회복통일촉진국민회의(한민통)을 결성하여 초대의장이 된다. 7월 10일 일본지부 결성을 위해 일본에 입국하였으나 8월 8일 박정희 정권에 의해 납치되어 129시간여 만에 서울 동교동 자택 근처에서 풀려난다. 이 사건은 한일 양국 간 외교문제로 비화되었으나 김종필 당시 국무총리의 사과 방일로 무마되었다.

김형욱 전 중앙정보부장은 미국의회에서 "김대중 납치사건은 한국 중앙정보부의 범행"이라고 발언했고, 이후락 전 중앙정보부장은 1987년 신동아 10월호에 "김대중을 암살하려는 의도는 없었고 교포사회를 중심으로 해와 망명정부를 세울 것을 우려해 납치를 계획한 것"이라고 밝혔다. 김종필 전 총리는 2015년 중앙일보 회고록 인터뷰를 통해 "이후락이 독자적으로 월권 한 짓"이라고 증언했다.

납치사건 이후부터 가택연금을 당한 김대중은 **"반독재 투쟁과 민주화의 상징"**으로 변모해 갔다. 연금상태에서 1976년 3월 1일 윤보선, 정일형, 함석헌, 문익환 등 재야민주지도자들과 함께 '명동 3·1 민주구국 선언'을 주도하여 긴급조치 9호위반으로 구속되면서 1977년 3월 23일 대법원에서 징역 5년, 자격정지 5년형을 확정받은 후 옥고와 투쟁을 병행하면서 그의 운명은 살아 있는 인동초의 드라마로 진화한다.

전두환 쿠데타와 1987년 체제

1979년 10월 26일 박정희는 측근인 김재규에게 암살된다. 긴급조치는 해제되었고 김대중은 그해 12월 8일 가택연금에서 해제되어, 신민당에 입당하려 했으나 김영삼 총재의 사실상의 반대로 무산된다.

1979년 12·12 군사반란으로 실권을 장악한 신군부는 1980년 5월 17일 비상계엄을 전국으로 확대하면서 포고령 10호를 발표하여 김대중을 필두로 재야인사 20여 명을 사회혼란 및 학생, 노조 배후조종 혐의로 전격 체포하여 연행하였다. 김대중은 내란음모사건의 수괴로서 군사재판에서 사형을 선고받고, 법정 최후진술에서 "이 땅의 민주주의가 회복되면 먼저 죽어간 나를 위해서 정치보복이 다시는 행해지지 않도록 해달라."라고 말했다.

최후진술이 알려지면서 교황바오로 2세, 지미카터 전 미국 대통령, 레이건 행정부, 에드워드 케네디 미국 상원의원, 빌리브란트 당시 독일 사민당 총재 등 세계 각국 지도자와 인권단체들이 구명운동에 나서 사형집행을 중지하라고 전두환 신군부를 압박한다.

전두환은 김대중의 형을 감형하여 주는 조건으로 레이건의 취임식에 초청을 수락받고 1981년 1월 23일 김대중 등 11명에 대한 감형을 실시한다. 김대중은 무기징역에서 20년으로 감형되고 형 집행정지 처분을 받아 구속된 지 2년 7개월 만인 1982년 12월에 탄원서를 제출하고 석방되어 미국 망명길에 오른다.

망명한 김대중은 미국에서 한국의 민주화를 위해 활동하던 중 1985년 2월 8일 미국정부의 만류에도 불구하고 귀국을 강행한다. 김대중의 귀국은 그 자체가 새로운 민주화의 봄을 예고했다. 그의 김포공항 귀국길에는 미국 하원의원 토머스 폴리에타와 이드워드 패이언 등을 비롯한 저명인사들이 그를 에워싸고 입국하는 광경이 전 세계에 보도되었다.

김대중은 김포공항 입국장에서 대기하고 있던 안기부 요원들과 경찰들에게 강제 연행되어 동교동 자택에 연금되고, 1985년 김영삼과 함께 민주화추진협의회 공동의장에 취임한다. 1986년 신민당 고문으로 추대되고, 1987년 6월항쟁을 맞는다. [140]

김대중은 신민당을 탈당하여 평화민주당을 창당한다. 1987년 12월 16일 제13대 대통령직에 출마하였으나 낙선, 김영삼과 야권후보 단일화에 실패한 책임을 두고 맹비난을 받았다. 이듬해 1988년 2·12 총선에서 평화민주당을 민정당에 이은 제2당으로 올려놓았다.

1990년 10월 8일 노태우, 김영삼, 김종필의 3당 합당을 야합이라며 반대를 위한 단식투쟁에 들어가 10월 29일 내각제합의 파기와 지방자치제 실시를 약속받고 단식투쟁을 중단한다. 1991년 4월 15일에 이기택이 총재로 있던 민주당과 합당하여 통합민주당을 출범한다. 이때 3당에 합류하지 않은 노무현도 입당한다.

김대중은 1992년 5월 15일 민주당 전당대회에서 제14대 대통령 후보로 지명되었고 "이번에는 바꿉시다"라는 슬로건을 내세웠다. 신한국

---

140) 김영삼 문민정부 시절인 1995년 광주민주화 운동에 대한 특별법(5·18 특별법)이 제정되어 재심청구와 명예회복이 이루어졌고, 김대중은 자신이 대통령 임기를 마친 뒤인 2004년 1월에 무죄를 선고받았다.

당 김영삼, 국민당 정주영과 함께 3파전을 치룬 결과 800만여 표를 얻어 190만여 표 차이로 김영삼에게 패배한 뒤, 19일 아침 정계은퇴를 선언하고 영국 유학길에 오른다. 그러나 영국 케임브리지 대학교 객원교수로 활동한 지 불과 6개월 만에 김대중은 귀국하여 아시아·태평양 민주지도자회의(아태재단)을 설립하고 상임공동의장에 취임하여 사실상 정치를 재개한다.

김대중은 새정치민주연합을 창당하고 1995년 6월 27일에 실시된 지방선거에서 지역할거론을 내세우며 주도하여 서울시장과 호남의 지방권력을 몰아 쥐는 대승을 거두며, 이를 발판삼아 새정치국민회의를 창당하여 화려하게 정계 복귀한다.

그러나 1996년 4월 11일 제15대 국회의원 총선거에서 78석, 14번 전국구에 배치했던 자신도 낙선하는 참패를 당한다. 결국 대선승리가 난망한 김대중은 1997년 11월 3일 자민련 김종필, 박태준과 함께 내각제와 권력반분을 조건으로 DJP 연합에 성공한다. 12월 18일 제15대 대선 투표결과 김대중은 1030만여 표를 얻어 99만여 표를 얻은 이회창 후보를 39만여 차로 간신히 누르고 당선된다. 아이러니하게도 신한국당을 탈당한 충청권 출신의 이인제 후보는 492만여 표를 얻어 김대중 당선에 결정적인 공헌을 한다.

대통령으로서 리더십과 공적

김대중 정권의 리더십과 공적은 모두 그가 제시한 국정과제의 실현 속에 담겨 있다. 국민의 정부가 내세운 국정과제는 "국난극복, 국민화합, 햇볕정책, 제2의 건국"이다. 경제위기 극복은 김대중 정부 최대의 치적이다. 김대중 국민의 정부는 김영삼 문민정부 말 닥친 IMF 외환위기 사태를 극복해야 하는 과제를 떠안았다. 국민의 정부는 IMF로부터 구제금융을 받는 대가로 기업의 강도 높은 구조조정과 국제 표준화의 투명성 제고 그리고 부채비율 축소정책을 추진하여 금융, 기업, 노동, 공공 4대 분야에서 피눈물 나는 개혁을 단행했다.

2001년 8월, 예상보다 3년을 앞당겨 IMF로부터 빌린 195억 불을 전액 상환하여 졸업했다. 그러나 한국전쟁 이래 최대 국난이라는 4년간 외환위기 사태로 한국사회는 명예퇴직과 중소기업의 도산 등으로 인하여 중산층과 서민이 몰락했다. 역대정권 최초로 정권기간을 종합하여 무역수지 흑자, 5년 동안 경상 수지 흑자는 906억 달러 증가했고, 대북 포용정책, 이른바 햇볕정책은 세계를 놀라게 한 장엄한 드라마였다. 1998년 6월 15일부터 정주영 현대그룹명예회장은 두 차례에 걸쳐 소 떼 1001마리를 이끌고 북한 고향 땅을 방문하면서 김정일 국방위원장을 면담하여 남북 평화협력 교류의 길을 닦았다. 정주영의 2년간 신뢰구축을 바탕으로 하여 2000년 6월 15일 김대중과 김정일 간에 역사적인 남북정상회담이 이루어져 전 세계를 감동시켰다.

국민화합 부분에서도 성공을 거뒀다. 박정희 시절부터 역사적·이념적 정적이었던 충청권의 김종필, 대구경북의 중심인 박태준과 산업화와 민주화의 결합이라는 이름(DJP)으로 연합하여 당선되었다. 3년간 실질적인 공동정권을 운영했고, 부산 출신 노무현 대통령을 탄생시킴으로써 국민대통합의 취지에 부합되었다.

그러나 제2의 건국이라는 역사적 목표는 노무현의 당선과 취임 그리고 정책기조의 전환, 열린우리당의 창당과 새천년민주당의 해체로 이어져 참담한 실패로 끝난다. 김대중은 재임 중에 열린 2002년 한일 월드

컵에서 한국축구가 4강에 오르는 기쁨을 직접 운동장에서 국민과 함께 누렸다. 2001년 겨울에는 인간으로서는 가장 영예스러운 노벨평화상을 수상했다.

2009년 8월 18일 86세의 나이로 김대중이 떠나던 해 9월 23일 미국의 시사주간지 뉴스위크(인터넷 판)는 조국의 정치, 경제, 사회적 변혁을 이끈 11인 지도자 '트랜스포머'로 김대중을 선정했다. 김대중의 장례에는 전 세계가 큰 지도자를 잃었다면서 함께했다. 김대중의 장례는 6일간의 국장으로 정해졌고, 장지는 국립 서울현충원 소박한 공간에 안장되었다.

3) 운명정체성과 그 벡터

김대중이라는 거인의 운명정체성을 어떻게 규정할 수 있을까? 역사 속에서 군부정권의 수괴이자 광주시민 학살자로 낙인찍힌 전두환은 "김대중 대통령 시절이야말로 전임 대통령들이 가장 평안했던 시절"이라고 높게 평가한 바 있다. 2011년 8월 노태우는 자서전에서 "수없는 난경을 겪어오면서 얻은 경험이 몸에 배어 있었고 관찰력이 예리하고 대단한 사람이었지만 시간이 흐름에 따라 총명함이 흐려지는 것을 느낄 수 있었다."라고 평가했다.

김대중은 세칭 비천함의 대명사인 '첩의 자식'으로 태어났으나 총명함과 노력으로 자신의 입지를 세워 상업고등학교 출신의 첫 대통령이 되었다. 인간적, 역사적, 국가적으로 공자가 말한 '절차탁마대기만성(切磋琢磨大器晚成)'의 귀감이다.

운명노선 속에서는 정치적 실패로 첫 부인을 잃고 네 번의 국회의원 낙선과 세 번의 대선 낙선 속에서 만고풍상과 간난신고를 겪었다. 납치와 고문, 사형선고와 망명생활, 연금과 투옥과 단식, 불구가 된 맏아들,

대통령 당선 이틀 전 숨긴 동생의 죽음, 40년 각고의 세월 끝에 인동초의 꽃은 피어났다. 나라를 외세의 환난 위기에서 구해내고, 민족의 평화통일 구도를 설계하고 바탕을 닦은 세계사적인 거인임에 틀림없다.

우리는 이 지점에서 김대중과 박정희를 대비하여 볼 수 있다. 총괄적 삶의 과정이라는 안목에서 보면 김대중과 박정희의 운명정체성과 시간은 그 통괄적 과정이 상통한다. 김대중과 박정희는 모두 제각각 주어진 현실과 운명의 한계를 박차고 일어났다. 두 사람 모두 공자가 말한 운명 노선을 몸소 실현하고, 실사구시(實事求是)와 실용(實用)을 자신의 새로운 운명과 현실 속에 구현한 절차탁마대기만성(切磋琢磨大器晚成)의 철학자이자 실천인이다. 한 사람은 민주주의와 인권을 비전으로 한 상인적 철학자이자 정치 혁명가였다. 다른 한 사람은 물리적 힘을 바탕으로 권력을 장악한 독재자이자 경제혁명가였다. 두 사람 모두 빈곤과 가난은 인간의 운명을 뒤바꾸며, 극복의 동력으로 전환될 수 있다는 경제철학을 지니고 있었다.

김대중이 서거한 뒤 그의 장례식에 발간된 소책자의 이름은 '인생은 아름답고 역사는 발전한다'이다. 살아있는 김대중에게 되물어 본다. 과연 그런가? 우리들의 삶은 2000년 당시의 대한민국, 그때보다 아름답고 긍정적이며 살 만한가? 김대중의 운명정체성은 아시아민주주의 상징, 국난 극복과 민족 화합의 구현자이다.

3 너, 사물: 인간의 사물화, 사물의 인간화

1. 물음: 인간인가, 돈인가, 핵무력인가

우리는 살아가면서 한결같은 질문을 던진다.

"과연 이 세상과 삶의 주인공은 나(인간)인가? 돈인가? 나라들은 왜 핵무력(절대무력)을 보유하려고 하는가?"

이 두 가지 기초적인 질문에 대한 해답을 찾고자 하면 의외로 인류 문명사적 차원에서 전회를 이룩한 양대 과학 혁명과 맞물린다. 17세기 유럽의 산업혁명과 국가세계의 전환을 주도한 데카르트-뉴턴의 근대 과학혁명, 20세기 초 열강의 식민지전쟁의 정점인 세계 제1차대전을 주도한 유럽은행과 미연방준비은행의 화폐혁명, 연이어 세계 제2차대전을 종식시킨 핵무력의 기원인 상대성이론과 양자역학에 의한 현대 물리학혁명이다.

데카르트·뉴턴의 정신·물질 이분법과 보편 절대적 자연법칙은 근대

세계가 신으로부터 벗어나 인간이 자신의 운명의 주인으로 등장한 일대 혁명의 시대였다. 인간과 과학기술이 신의 지위를 차지하고 운명의 주인이 되었다는 점에서 근대는 확실히 '인간이 주인'인 시대를 열었다.

산업혁명과 근대화, 즉 대량생산과 도시화에 성공한 유럽사회는 더욱 많은 국부를 창출하기 위해 아프리카와 아시아의 식민지 쟁탈전을 벌이던 도중, 인간의 생명과 재화를 물 쓰듯 퍼부은 세계 제1차대전의 광풍 속으로 휘말려 들어갔다.

1914년부터 1918년까지 4년 동안 40개국이 참전하고, 사상자만 19개국에서 2300여만 명(사망자 938여만 명)을 낸 처참한 인류 살육전쟁이었다. 이 지구적 차원의 재앙을 주도한 숨은 행위자는 다름 아닌 영국 중심의 유럽은행이었고, 종전사태를 정리한 행위자는 신대륙의 미국 연방은행이었다. 이 세계의 주인이 인간에서 화폐로, 유럽에서 미국으로 세계의 중심축이 이동했다. 인간은 화폐를 교환의 매개수단으로 발명했다. 그러나 화폐 결집망의 총화인 은행은 인간사회의 권력과 지위를 역전시켰다. 은행은 군사무력의 배후에서 전쟁을 조종하며, 오로지 자신들만의 이득을 취했다. 1차대전 후 세상의 주인과 중심축은 인간과 유럽에서 은행과 신대륙미국으로 이동했다.

불과 20년 만에 재발한 세계 제2차대전은 자본과 에너지의 강국인 미국이 발명한 절대무력인 핵무력에 의해 종식되면서, 미국은 태평양 안보패권을 획득했고 지구적 차원의 안보관리 국가로 우뚝 섰다. 미국은 절대무력인 핵무력과 기축통화인 달러라는 양대 절대적인 행위역량을 통해 세계 중심축의 위상을 차지했다. 2차 세계대전 이후 세계의 시간은 안보와 경제 면에서 미국시계를 기준으로 하여 돌아가고 있음에 틀림없다.

17세기 근대화와 산업혁명의 주인은 분명 신의 지위를 대체한 '인간'이었다. 그러나 20세기 이후 전개된 현대과학은 핵무력을 발명했고, 핵무력은 미국 화폐(dollar)를 세계의 기축통화로 견인했다. 인간과 돈과 핵무력이 융합되어 제3의 행위자로 진화된다. 화폐와 핵무력이 그 기원에서부터 미래에 이르기까지 인간화되고, 인간은 화폐화·무력화된다. 그 관계생명의 전개과정과 결집된 구조가 국가 운명정체성으로 나타난다. 따라서 양대 전쟁을 일으킨 진정한 행위자는 '인간+화폐+과학+기술+이념'이라는 복잡하고 다양한 행위자들의 지수함수적 결집의 총화이다. 이 도식은 시간의 ANT와 교정된 구성주의의 국가 정체성에도 부합된다.

2. 화폐(돈, money): 영생불사 생명력을 가진 물신

화폐는 돈의 총칭이자 현실태이다. 인간과 집단의 일상생활에서 가용성이 있다고 판단되는 가치(물질, 정신, 정보)의 교환수단이다. 화폐의 기원과 진화과정은 아담 스미스, 게오르규 짐멜, 칼 마르크스 등과 현대 경제이론가들이 역사·철학·사회적으로 모두 비슷한 맥락에서 논의하고 있다.

인간은 생존에 필요한 물질·정신적 에너지를 취득하기 위한 가치 있는 재화를 요구했고, 다른 사람 혹은 공동체와의 교환을 통해 공급받아 가치를 충족했음을 두말할 나위가 없다. 이 교환 관계의 과정에서 시장이 탄생하고 시장에서 보편적·객관적으로 다수에게 필요하고 가치가 인정되는 매개물이 주요 교환수단(=화폐)으로 등장했다.

시대의 변천과 함께 화폐를 토대로 한 잉여물의 축적은 곧 부의 축적으로 이어지고, 부의 축적은 곧 사회적 관계를 결정짓는 권력으로 진화했다. 시장의 발달과 사람과 상인들 간의 신용관계가 발전하면서, 그 선택에 의해 원시 금융 자본가와 은행이 생겨났다. 금 본위의 화폐에서 진화하여 어음 등 종이 신용화폐가 탄생하고, 왕조나 국가가 지불보증을 하게 되면서 채권이 등장했음은 어렵지 않게 짐작할 수 있다.[141]

역사적으로 화폐의 축적은 곧 자본의 축적이며, 자본은 곧 제2의 정치권력을 획득하는 실질적인 힘이었고, 급기야 제1의 권력인 합법적 폭력이 전쟁을 일으키도록 숨은 행위자로서 역할과 기능을 하면서, 역사의 숨은 주인공으로 지위를 차지하게 된다. 그 실례가 세계 제1차대전이다.

1) 기원과 성격

화폐의 기원은 교환가치의 매개물, 즉 상품교환의 직접적 물질적 수단으로 발생했다. 처음에 개인과 개인, 개인과 공동체, 공동체와 공동체 간에는 서로 일대일의 잉여생산물을 교환함으로써 자신에게 필요한 물품을 조달받았다. 그러나 시장이 형성되면서 생산물은 다양한 방법으로 저장할 수 있고, 다각도로 유통되기 시작했고, 상품의 교환과정 자체가 생산의 목적이 되었다.

이 교환과정에서 다양한 상품들이 관련되고 특정종류의 상품이 일반적 등가(교환가치의 척도)로 탄생하고 또 시대에 따라 바뀌어 가게 된다. 다만 교환가치의 척도가 되는 상품은 보편적 다수가 필요하다고 가치가

141) 에릭 바인하커, 『부의 기원』, 안현실 · 정성철 옮김, 서울: 랜덤하우스, 2010, pp.457-463.

인정되는 상품일 수밖에 없다.[142] 예를 들어 기원전 2000년 전부터 가축, 귀한 돌, 농기구, 직물, 금속 등이 오랫동안 화폐의 역할을 하는데 이를 상품(물품)화폐라고 한다. 인도에서는 무늬개오지 조개(cowrie shell), 북아 메리카 인디언들은 조가비구슬인 웜펌(wampum), 피지에서는 고래이빨이 사용되었다. 고립된 고산지대인 티베트 지방의 경우 최근까지도 물물 교환 수단의 화폐로 야크와 양을 사용하여 오고 있다.

최초의 표준화된 화폐를 주조한 국가는 기원전 7세기경 오늘날 터키의 서부지역에 위치했던 왕국, 리디아였다. 이 화폐는 금과 은을 섞어 콩알 모양으로 만들어졌는데 일정한 가치를 표시하기 위해 무늬를 새겼다.[143]

중국에서는 농본사회의 특성에 맞게 칼, 가래(spade) 그리고 기타 연장 들이 화폐로 사용되었고, 기원전 12세기경에는 축소한 연장모형이 나 오기 시작했다. 기원후 7세기경에 처음으로 지폐를 사용하기 시작했고, 13세기에 중국을 방문한 마르코 폴로는 중국인들이 지폐를 내면서 거 래하는 모습을 보고 놀랐다고 기록했다. 유럽에 지폐가 사용되기 시작 한 것은 17세기경부터 이고, 이때부터 일부 유럽 은행들에서는 금이나 은으로 바꿀 수 있는 은행권을 발행하기 시작했다.

2) 행위역량(기능, 역할, 지위)

① 화폐의 기능

시장에서 교환의 확대화와 복잡화와 더불어 다른 국가와의 교역에 서 화폐형태는 일반적 등가에 의한 사회적 기능에 적합한 상품, 즉 귀금

---

142) Adam Smith, 『국부론』(1776), 유인호 옮김, 서울: 동서문화사, 2014, pp.35-41.
143) http//100.daum.net/encyclopedia/print/42XXXXX00372(2015. 7. 27.)

속으로 옮겨지는데 금, 은이 대표적이다. 이와 같은 금본위의 화폐는 ⊙ 교환되는 상품의 가치를 척도하여 가격을 결정하고(가치척도의 기능), ⓛ 고정된 금의 분량을 기준으로 하여 상품의 일정량을 도량하고(가격 도량기준의 기능) ⓒ 상품유통의 매개물(유통수단의 기능)로서 행위한다. 금본위 화폐의 발전은 상품의 외상과 함께 거래 후 지불수단으로서의 기능을 갖게 되었고, 상품이 국내유통을 넘어서 국제유통으로 나아갈 경우 금 자체로서 지불되어 세계화폐의 기능을 하게 되었고, 지불수단의 기능이 발전하면서 신용화폐가 생기게 되었다.[144]

② 화폐의 역할

아리스토텔레스는 화폐는 사회적 합의의 결과물인 노모스(nomos)로, 아담스미스는 올바른 사회관계의 구현체로, 마르크스는 사회관계의 응축으로 규정했다. 한계효용이론을 정립한 오스트리아 경제학자 멩거(Carl Menger)는 "화폐는 물물교환의 단점을 극복하기 위해 탄생한 발명품"으로 간주했다. 흔히 화폐를 경제의 핏줄이라는 의미에서 인체에 비견하여 혈액으로 묘사한다.[145]

필자는 게오르그 짐멜이 제시한 '돈의 철학'에 주목한다. 짐멜은 사회를 유형화된 상호작용의 그물망으로 보고 그 형식으로서 화폐(사회적 관계 속에서 상호작용과 공명의 물리적 구현체로서 화폐)을 연구한다.[146]

세계형식을 관계 그물망으로 보면 교환은 하나의 생활양식이다. 교환과정을 통해 대상들은 자신들의 가치를 상호적으로 표현하고, 순수

144) 박은태, 경제학사전, 2011. 3. 9.
   http//www.genyunsa.com/new/genyunsa/genyunsa.htm(2015. 7. 27.)
145) 김철환, 2011. 10. 19. http://navercast.naver.com/print.nhn?contents_id=6410(2015. 7. 27.)
146) 게오르그 짐멜, 『돈의 哲學』, 안준섭 · 장영배 · 조희연 역, 서울: 한길사, 1990, p.218.

한 주관적인 가치를 극복하게 된다. 가치 및 진리의 객관성은 주관적 요소들 간의 상호관계로 파악된다. 상호관계는 상품과 인간집단의 상호작용과 공명, 교직과 융합의 메커니즘이다. 이 메커니즘은 주관적 가치를 객관적 가치로 전환·평등화하고, 화폐를 기준단위로 계량화하여 사용한다. 화폐는 상호관계의 메커니즘이 생성시킨 객관적·일반적·보편적 가치의 물리적 구현체이다.[147]

화폐는 인간·상품·집단의 상호관계와 결합과정에서 탄생한다. 그러나 그 지속적인 네트워킹 과정 속에서 자생적 조직화와 관계생명을 보유한 행위자로 진화한다. 결국 화폐는 시장과 교역 세계의 핵심적·본질적 행위자로서 인류의 모든 상품가치(물질, 정신, 지식, 정보, 기술, 서비스 등)를 환유하여 대리한다. 이제 화폐는 돈은 자기 충분성 속에서 다른 가치들로 변화되기도 하고, 이익과 권력을 생성하고, 인간을 원격조종하게 된다. 화폐는 인간운명과 일체화된 화신으로서, 물신의 정체성을 드러낸다.

인간의 가치에 대한 상호교환은 근본적인 생활양식이다. 화폐는 사회적 상호작용이자 교환관계를 표현하는 행위자이다. 화폐는 가치 있는 대상들로부터 추상화된 경제적 가치를 표현하는 관계적 생명체이다. 개인들 사이의 직접적인 상호작용으로서 교환의 기능은 독립적 구조로서의 화폐의 형태 속에서 결정화된다. 교환이야말로 살아 있는 유기체로서 인간이 사회를 만들어내는 촉매제이다. 관계생명이란 그 유기체들 간의 원자들의 상호작용의 합계이며, 사회는 가치의 교환관계

---

147) 게오르그 짐멜, 위의 책, pp.101-104.

들의 총합이다. 교환의 기능은 상인계급과 화폐를 탄생시켰다.[148]

화폐는 살아서 실질가치를 맥동시키는 물리적 구현체이다.[149] 화폐의 역할은 인간의 교환행위를 실천, 교류, 생동시키는 상호작용과 공명의 메커니즘이자 행위자이다. 화폐는 교환가치의 물리적 실현태로서 관계생명을 생성시켜 사회적 그물망을 교직한다. 그 교직의 총합이 사회이며, 사회 속에서 상인계급과 금융계급을 탄생시켰다. 그들은 현대 산업사회의 주도자적 지위를 차지하고 있다.

③ 화폐의 지위

화폐는 지구적 에너지계의 총화이자 교환관계의 물리적 구현체로서 물신의 지위에 등극한다. 에너지계는 물질, 정신, 지식, 정보, 기술 등 인류문명에 필요한 동력계를 망라한다. 교환관계란 에너지화할 수 있는 모든 가치가 인간, 집단, 국가, 자연, 우주 등과의 소통과 교역관계를 의미한다. 화폐는 우주적 차원에서 잠재된 의미와 가치의 현실화이자 물리적 생명태이다. 화폐는 막강한 힘으로 사회관계라는 살아 있는 총체적 그물망을 주도한다.

물신으로서 화폐는 경제 생활상의 절대 권력을 행사한다. 한 명의 자본가가 노동자 만 명보다 막강한 힘을 보유하고, 풍요로운 공동체는 빈곤한 공동체에 물질적 정신적으로 강력한 영향력을 미치고, 부자나라는 가난한 나라를 예속시킨다. 화폐는 인간의 생활과 운명 그리고 시간을 제어한다. 나아가 이자로서 자생적 조직화한다.

---

148) 게오르그 짐멜, 위의 책, p.154, p.225.
149) 게오르그 짐멜, 위의 책, p.185.

화폐의 절대적 권력은 개인과 공동체, 국가의 운명을 주도하고 결정한다. 구소련 공산주의체제를 붕괴시키고, 중국을 노선 선회시켰으며, 미국의 기축통화 패권은 더욱 강화되었다. 화폐와 이윤의 목적과 지향성은 최소비용의 최대효과의 실현에 있다.

전쟁의 기원에는 화폐가 숨어 있다. 전쟁은 화폐가 작가로서 설계하고, 감독으로 연출하고, 주연으로 수행하는 화폐권력의 자생적 조직화의 투쟁현장이다. 따라서 전쟁을 주도하는 권력행위자는 인간이나 국가가 아니라 화폐가 숨은 행위자로서 은폐되어 있다. 세계 제1차대전의 주요요인 가운데 하나이고,[150] 한국전쟁과 베트남전의 전개과정과 정전협정과 철수, 1973년 중동전쟁은 미국 기업과 일본 기업들에게 막대한 이익을 가져왔다.[151]

화폐는 세계 권력을 약동시키는 결정적인 동력이자 행위자이다.

화폐는 지구적 단위의 절대적 권력을 지닌 물신이다.

화폐는 인간 생활양식의 교환수단이었으나 운명적인 목적으로 진화했다.

화폐는 생존·경제·세계교역 면에서 핵무력이다.

국가의 화폐는 그 국가의 역사와 운명정체성을 담아내는 얼굴이다. 중국의 인민폐, 미국의 달러화, EU의 유로화, 한국의 원화 등이 모두 그

---

150) 꿍훙빙, 『화폐전쟁』, 차혜정 옮김, 박한진 감수, 서울: 랜덤하우스, 2009, pp.149–177.

151) 히로세 다카시, 『제1권력: 자본, 그들은 어떻게 역사를 소유해왔는가』, 이규원 옮김, 서울: 프로메테우스, 2011, pp.287–305. 다카시는 1945년 해방 이후 동양척식회사가 갖고 있던 막대한 재산의 관리권을 모건의 내셔널 시티은행이라고 기술하고, 또 록펠러 형제가 한국전쟁의 개전과 종전일자를 정확하게 알고 있었다면서 미국 정부는 최소한 북한의 남침을 고대하고 있었다고 주장한다.

국가의 기원과 역사문화를 대표하는 인물들로 도안되어 있다. 이렇게 보고 나면, 돈이 인간, 공동체, 국가의 운명에서 차지하는 절대적인 지위를 부인할 수 없다.

3) 돈의 운명정체성

돈의 운명정체성은 한마디로 물신이다.

돈은 인류가 존재하는 한 영생불사의 생명력을 지닌 절대적 행위자이다.
돈은 지구적 단위의 에너지와 과학기술, 정보 체계를 지배하는 물신이다.
돈은 지구적 단위의 전쟁과 지역적 단위의 다툼에 결정적인 역할을 한다.

전쟁이란 죽음을 통해 재화를 소모하는 현장이며, 기업과 금융가들이 가장 선호하는 생산현장으로서, 결국에는 돈이 결정권력을 쥔다. 오일 에너지가 집중된 가치의 땅, 중동에서 전쟁이 날 경우 자본 군사 강대국들이 나서지만 가치가 없는 땅에 일어나는 전쟁에는 참여하기를 꺼려한다.

돈은 에너지의 환유이고, 그 환유의 대표성이 오일 에너지이다.
돈은 인간정신을 기형화시키고 전쟁무력을 양성화한다.
돈은 인간과 인간, 공동체와 공동체, 국가와 국가를 수직적으로 차등화, 강제화, 척도화한다.

돈은 인간 생활양식의 교환의 수단이었으나 운명의 목적으로 진화
했다.

돈은 인간과 공동체의 생물학적, 사회적, 정신적 운명의 노선을 결정
한다.

돈은 인간의 생명과 삶의 내용을 결정하고, 이자로서 자생적 조직화
한다.

국가 화폐의 변천사는 국가의 얼굴이자 역사이며, 운명정체성을 표
현한다. 돈의 운명정체성은 물신이다.

3. 핵무력: 세계 패권무력의 현상적 실체, 괴멸의 화신

1) 핵무력의 개념과 성격: 전쟁 개념의 코페르니쿠스적 전환

무력이란 총체적 군사역량의 개념이다. 세계 2차대전부터 전쟁의 전
개 양상은 총력전의 성격으로 변모했다. 총력전이란 육·해·공군과 물자
등 모든 군사력을 총칭하는 개념이자, 전쟁수행을 위해 동원되는 산·학·
연, 즉 민간과 국가의 전쟁수행을 위한 합동 동원체제 능력을 의미한다.

따라서 무력이란 좁게는 군사력을 의미하고, 넓게는 전쟁을 지원하
는 민간의 지원구조까지 포함된다. 예를 들어 미국의 경우에 세계 안보
무력 패권국가로서 평시에도 산·학·연의 군산복합체가 국가이익(군사력
과 경제력)과 연동되면서, 패권국가로서의 미국의 운명정체성을 쉼 없이
구축한다.

핵무력은 핵, 핵무기, 전술핵은 물론 핵파괴력의 가동과 운반수단까
지를 포괄하여 총칭한다. 핵무력은 재래식 무기와 전혀 다른 절대적 차

원으로서 무력과 전쟁개념에 대한 인식을 뒤바꾼다.

예를 들면, 재래식 무기 체제는 쇳덩어리의 개념이다. 재래식 무기의 발전과정은 나무와 돌, 칼과 화살, 총과 대포로 진화되었다. 재래식 무기체제하에서 이뤄지는 전쟁의 개념은 인간의 계획과 통제와 조정이 가능한 양의 문제이다. 전투비행기는 공중급유를 통한 공간을 연장하고, 육군과 해군의 투입을 시간절차에 따라 계획, 조정, 통제, 변경을 가하면서 전쟁을 수행한다. 따라서 양을 기반으로 하는 질적 체계라고 할 수 있다. 재래식 무기체제하에서 수행되는 전쟁을 주도하는 인간의 정체성은 변함없다. 시간의 경과와 노력 여하에 따라 전쟁의 상처와 환경적 복원이 가능하고, 정신적 상처도 치유될 수 있다.

그 사례로서 한국전쟁과 북한의 경우를 들어보자. 브루스커밍스는 그의 저서『한국전쟁의 기원』의 첫머리를 "1953년 한반도는 완전히 잿더미 상태였다."라면서 핵전쟁의 공포까지 불러일으켰다고 기술한다.[152]

1953년 한반도는 완전히 잿더미 상태였다. 부산에서 신의주에 이르기까지 한반도 전역에서 한국인들은 죽은 사람들을 매장하고 잃어버린 것에 대해 슬퍼하고 삶의 파편들을 다시 모으기 시작했다. 그 당시 한반도에는 미국, 소련, 중공의 3개 강대국이 맞대고 있었는데 그들은 새로운 세계전쟁을 일으킬 뻔했으며, 한국 국민에게 핵전쟁의 공포까지 불러일으켰다.

미군 보고서에 따르면, 미 공군은 6·25 전쟁 당시에 북한의 도시들(특

---

152) ruce,Cumings, The history of the Korean war, Princeton: Princeton University Press. 『한국전쟁의 기원 上』, 김주환 옮김, 서울: 청사, 1981, p.13, p.26.

히 평양)을 융단폭격을 가해 초토화시켜서 '황무지'로 만들어 놓았다고 보고한다.[153] 그러나 북한은 20여년 만에 전쟁의 폐허와 상처를 복구하여 오히려 70년대 초반까지 남한 경제를 앞질렀다. 이와 같이 철제 무기체제하에서 전개된 전쟁의 상처는 시간의 축적과 인간의 노력에 따라 파괴로부터 재건과 환경 복원이 가능하다.

그러나 핵 체제 전쟁의 경우 무력의 근본적인 질적 전화를 의미한다. 무력의 성격과 전쟁의 전개양상이 하늘과 땅만큼 크게 뒤바뀐다. 천동설과 지동설의 개념에 비견될 수 있는 코페르니쿠스적인 인식의 대전환과 같다.

핵무력의 출현은 전쟁개념 인식의 대전환을 불러왔다. 핵무력 생성의 원리와 절대적 파괴역량은 인간과 집단, 국가의 생존욕구를 절대적으로 보호하는 물리적 구현태로서 마력을 지닌다. 핵보유 국가는 침공당하지 않고, 핵 무력은 지속성, 전이성, 확산성, 속지성의 생성 노선을 구축한다.

[도표2] 재래식 철제 전쟁과 핵무력 체제 전쟁양상 비교

	재래식 철제 무력전쟁 체제	핵무력 체제 전쟁 양상
① 성격, 확정성, 불확정성	패권강국 군산복합체 생산 공급 구성, 소모, 변경, 이동, 개량, 폐기 기획·조정·통제·관리 가능	상대적 속지성(원자력발전소) 환유, 전이, 확산, 전방위, 생성 조정·통제·관리·예측 불가능
② 파괴력, 수준, 가측성	시공 제한적, 규모적, 방법적, 선택적, 국지적, 초토화,	절대적·시공초월 빅뱅력 **무제한 괴멸성(Death-Zone)化**
③ 구성요소, 행위자	육·해·공군, (산·학·연)군산복합체 운동·이동수단, 에너지와 쇳덩이 (총·균·쇠)	핵물질과 원자력 발전소 기폭수단 운송수단

153) Bruce Cumings, KOREA'S PLACE IN THE SUN, 1997, 김동노·이교선·이진준·한기욱 옮김, 『브루스 커밍스의 한국현대사』, 서울: 창비, 2003, pp.404-406, p.411.

	재래식 철제 무력전쟁 체제	핵무력 체제 전쟁 양상
④ 결과, 복구가능성	자연환경, 외교관계 전환, 제한전 협력가능, 삶의 회복과 치유가 가능	전 지구적 핵 전쟁확산 가능성 **치유 불가능**
⑤ 주체, 주도행위자	패권 강대국 중심 단위·연합국가 미국 단극체제 주도 지역연합지원	핵 카르텔 국가 외 3국 (미·러·영·프·중·인·이·파) UN 헌장, IAEA, NPT 등 국제기구
⑥ 지위와 역할 명분과 목적	Big Brother, Great Giant, 세계 안보질서 유지, 미국 이익 수호	핵무력 보존, 상호불가침의 법칙 핵무력 원격조정과 진화성 핵보유국 평등국가화·충성경쟁
⑦ 전쟁의 함의 의미 분석	승자 독식 게임 패자 박멸 게임 물리력 지배 게임	Minus-sum game (인류, 전지구 궤멸게임) Nuclear Logos game
⑧ 철학적 기초	뉴튼적 자연법칙적, 공간성 바탕 근대적 개념의 국가론	현대물리학적, 시간성 주도 현대적 개념의 네트워크 총화
⑨ 이론적 배경	현실주의, 자유주의, 구성주의 인간, 국가가 주인이자 지배자	현대 과학과 기술주의 핵무력 네트워크의 원격조정

핵의 절대무력적 성격을 재래식 무력체제와 비교하면 [도표2]와 같다.

핵무력은 첫째, 3차원적 현상계의 시공을 초월한 무력이다. 재래식 무기는 인간의 속도전이다. 적과 아군, 작전지역과 민간지역을 구분하여 선택적 공격이 가능하고, 공격의 범위와 정도의 통제와 조정이 가능하다. 그러나 핵무력은 빛의 속도전이다. 인간의 능력을 벗어나 적과 아군은 물론 민간과 자연을 4차원적으로 전 지구적인 차원에서 괴멸시킨다. 핵무력의 파괴력은 인류의 시간과 역사를 무화(無化)시켜 버린다. 그 실례로 히로시마와 나가사키에 원폭 이전의 역사가 살아남아 있는가를 자문해야 한다.

재래식 무기체제하에서의 전쟁의 개념은 인간의 계량화가 가능하고 승자가 존재하는 제로 섬(Zero-Sum Game) 게임이다. 그러나 핵 체제 전쟁은 계량화가 불가능하고 확률로서만 존재한다. 양자 모두가 공멸하고 환경적 복구가 불가능한 마이너스 섬(Minus-Sum Game) 게임 체계를 의미한다. 알렉산더 웬트가 말한 미국의 관점과 입장에서는 영국의 500개보다 북한의 5개가 더 위험하다는 인식은 보유량과 상관없이 전 지구적 차원의 딜레마이자, 속지주의적 상대성[154]을 함유하고 있음을 의미한다.

핵의 절대무력적 성격을 정리하면, ① 3차원적 현상계의 시공을 초월한 무력이다. ② 마이너스섬, 즉 모두의 궤멸적 확률적 차원의 게임체계이다. ③ 전 지구적 차원의 공포적 딜레마다. ④ 속지주의적 상대성을 갖는다.

2) 핵무력의 역할

핵무력이 지닌 전쟁역량과 국제관계적 역할은 네 가지 측면으로 정의된다.

첫째, 절대무력인 핵은 국제관계 행위자로서 인간보다 절대적 우위의 자격과 지위를 지닌다. 핵무력은 공포의 파괴력 때문에 보유할 수는 있으나 인간세계에 사용할 수는 없는 무력으로 규정된다.[155] 동시에, 절대무력성에서 나오는 괴멸력에 대한 심리적인 공포감으로 현실적인 전

---

154) 전쟁이 일어난다면 원자력발전소는 자국에 핵폭탄을 떨어뜨리는 결과를 낳을 수 있다. 원자력 발전소가 전쟁 시에 재래식 포탄에 의해 공격당할 경우 핵의 에너지는 핵 파괴력으로 전환되어 자국을 파괴한다. 체르노빌과 일본 후쿠시마 원전은 인간의 핵 관리 능력이 얼마나 취약한지를 극명하게 입증시켜주고 있다. 예를 들어 한반도에 전쟁이 일어난다면, 북한은 남한의 고리, 영광 등을 포격할 것이며, 남한은 북한의 영변 등지의 핵시설을 집중 포격할 것이다. 이때 포격에 사용되는 재래식 무기(대포, 미사일 등)는 결과적으로 핵무력을 운반하는 수단으로 질적 전화됨을 의미한다. Alexander Wendt, Social Theory of International Politics, Cambridge: University Press, 1999, p.255.

155) 문수언, "러시아의 새로운 억지정책과 핵전략", 『슬라브학보』 제15권 1호, 2000, p.279.

쟁권력을 현상화한다.[156]

따라서 핵을 둘러싼 국가들 간의 최전선 격돌양상은 말대 말, 제한된 행동을 동반한다. 핵 자기보존의 법칙과 상호 불가침의 법칙에 의해 핵무장 국가 간에는 국지전은 발생할 수 있으나 국가의 운명을 건 전면전 성격의 전쟁은 발생하지 않는다.

둘째, 핵무력은 자신이 속한 국가의 국제안보적 지위와 정부의 외교 역량을 격상시킨다. 냉전체제하에서 미-소 핵무력은 제국주의 핵심역량이자 패권의 현상적 실체이다. 1945년 8월 일본의 히로시마와 나가사키, 두 도시의 역사를 무화(無化)시킨 원자폭탄은 세계 제2차대전의 종결자이자 미래세계 패권국가로서 미국의 국가정체성에 그 지위와 역할을 부여했다. 현재 핵무력을 보유하고 국제적으로 인정받고 있는 국가는 유엔 안전보장이사회 상임이사국이거나 인도와 파키스탄, 이스라엘 정도이다. 이들은 모두 UN에서의 합법적인 핵 카르텔을 형성하고 있으며 미국과 함께 핵기술 개발 억제와 확산방지의 실질적 주도 국가들에 해당한다.

셋째, 핵무력은 세계체제이자 기구이다. 핵 딜레마는 미국과 러시아, 영국, 프랑스, 중국 등 인준된 핵 보유국가들 외에도 UN 안보리의 핵심 의제이고, IAEA와 NPT의 존립 이유이자 목적이다. 손바닥을 뒤집어 보면 손등에 동맥의 굵은 선이 보이듯이 UN안보리, IAEA, NPT 등은 핵체제이자 기구의 실상으로서, 기존의 핵보유국 이외 핵 개발 의지를

---

156) John J Mearsheimer, The Tragedy of Great Power Politics, ,2001, W.W.Norton & Company, 이춘근 역. 『강대국 국제정치의 비극』, 서울: 자유기업원, 나남출판, 2001, pp.288-291.

원천적으로 통제하고 개발행위를 구조적으로 제한한다.

핵무력의 절대무력적 마력은 국가들로 하여금 그 필요성에 대한 환유성, 전이성, 확산성을 자극한다. 미국과 서구 중심의 자본주의 체제 그리고 핵 카르텔 국가가 주도하는 국제정세 속에서 중동과 남미, 아프리카 등 군소 국가들은 체제안보 유지의 차원에서 핵무력의 절대적 안보마력을 보유하고자 하는 유혹에 이끌린다. 예를 들면, 중동 이집트의 사담 후세인, 이라크의 카다피 정권들이 핵을 보유하고 있었다면, 미국의 침공이 불가능했으리라는 게 북한의 판단이다.

넷째, 핵무력의 전쟁 억지력은 패권무력을 무의미화시키고, 핵 보유국간 지위를 수평화를 강제하고, 보유국 상호 간에는 핵무력 자기 보존의 법칙과 핵무력 상호불가침 법칙이 적용된다.

핵무력이 부여하는 공포의 전쟁 억지력은 새로운 차원의 지구적 차원의 안보 권력을 생성시키고, 미국 중심의 패권, 강대국 중심 지구적 무력 관리체제를 위협한다. 패권무력의 특징은 군사력과 경제력의 군산 복합이라는 작동기제(mechanism)를 구동한다. 핵은 이 작동기제의 구동역량을 축소시키거나 무의미화시킨다.[157]

3) 기능: 전쟁 절대권력과 외교권력의 생성과 원격작용

핵무력이 진화되어 안보 블랙박스로 일상화되면, 그다음 네트워크와

---

157) 월츠, 앞의 책, pp.186-187. 월츠는 핵무력 외에도 강대국들은 핵무력을 능가하는 신무기를 개발했을 것이라고 주장한다. 『국제정치이론』, 박건영 옮김, 서울: 사회평론, 2000, p.278-281; 한인택, 「핵폐기 사례연구: 남아프리카공화국 사례의 함의와 한계」, 『한국과 국제정치』 제27권 제1호, 2011년 봄, 통권 72호, p.87, p.92, p.98, p.102.

결합하여 원격작용을 통해 권력과 질서를 배분한다.[158] 이와 같이 핵무력은 패권권력을 일상화된 무력으로 블랙박스화하고, 정부와 원격작용을 통해 권력을 발현한다.

① 상호불가침의 법칙

핵무력은 핵 네트워크 간의 전면 전쟁을 억지한다. 핵무력의 절대무력적 성격(속성, 정체성, 행위성)은 핵무장 국가 간에는 서로를 때릴 수 없는 핵무력 상호 불가침 법칙이 자동적으로 구동된다.

핵보유 국가와 비핵국가 간에는 무력의 비대칭적 지위가 구축되어 일방적인 재래식 체제의 제한 전쟁이 발발할 수 있다. 즉, 핵무장 국가와 비핵 국가 사이에 군사력이 월등히 차이가 나는 비대칭 불균형상태에서 승패의 전망이 확실하고, 국가 이익이 전쟁을 상회할 때는 핵무장 국가가 비핵국가를 향해 전쟁을 일으킬 수 있다.

그러나 핵무력 보유 국가 간에는 상호 불가침의 법칙이 작동된다. 공포의 억지력을 인식하고 있는 핵 국가 간에는 국지적인 도발과 응징의 국지전이 발생할 수 있으나, 공도동망의 마이너스 섬 괴멸게임의 전면전으로 확전되지 않는다.

예를 들어, 북한이 도발한 천안함 피격이나, 연평도 피폭 사태가 발생했을 때, 한국 이명박 정부가 보복을 억제한 상황은 핵무장 국가와 비핵국가 간의 비대칭적 안보역량의 한계와 매뉴얼을 놓고, 응전과 확전의 정책결정 과정에 대두된 '숨은 고뇌'는 상수(常數)이다.[159]

---

158) Latour, 1995, "A Door Must Be Either Open or Shut: A Little Philosophy of Techniques," in Andrew Feenberg and Alastair Hannay eds, Technology and the Politics of Knowledge, pp.272–81, Bloomington, Indiana University Press.

159) 당시 대부분의 언론들은 이명박 정부의 즉각적이고 적극적인 대처를 지적했다. 그러나 이 같은 논조는 북한이 보유한 핵무력의 위력을 인지하지 못했거나 무시하는 결과에 해당한다

또 2003년 미국의 이라크 침공은 핵 종주국 패권강국과 비핵국가와의 게임이라는 점에서 시나리오와 결과 예측은 물론, 전개 양상에 있어서의 일방성과 제압성이 강제화되어 있었다.

② 국제관계 무정부 개념의 폐기

핵무력은 국제체제이자 무력기구이다. 핵무력은 국제관계의 근대적 안보 질서 개념을 전소시키고 새로운 평등화된 질서 구축을 강요한다. 근대적 질서란 국제체제의 무정부 구조의 신화의 질서를 바탕으로 한 양극체제 혹은 강대국을 중심으로 한 동맹 국가들에 의한 재래식 전쟁 역량에서 비롯된 안보의 세력균형을 의미한다.

세력균형이론에 따른 안보역량은 군사무력이 중심이 되고 사실상 강대국 중심의 종적 질서가 강제화된다. 그러나 보유량의 많고 적음과는 무관한 핵무력의 지위와 전쟁억지력의 평등성과 균등성은 전쟁억제력에 관한 한 대칭적 균형을 이룬다.

핵무력은 비핵국가들로서는 강대국 중심논리의 핵심이자 패권의 현상적 실체에 해당한다. 현재 핵무력은 미국−러시아−영국−중국−프랑스 등이 공식 보유하고 있다. 모두 UN 상임이사국이고, 인도와 파키스탄은 미국의 용인을 받았다고 할 수 있다.

핵무력으로 국경을 맞댄 중국과 파키스탄, 중국과 인도, 인도와 파키스탄의 경우 핵 보유량의 수량적 다과와는 상관없이 이들 핵무장 국가 간에는 '전면전'이 억제된다는 결과적인 측면은 동일하다. 어떤 형태로든 핵무장 국가를 선제 타격한다는 것은 불가능하다.

고 할 수 있다.

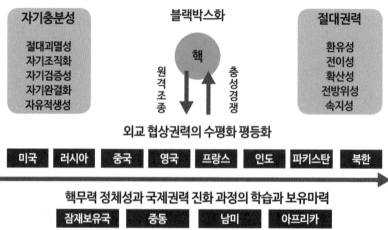

[그림1-16] 핵무력 행위역량의 불랙박스화와 원격조종[160]

자기충분성
절대괴멸성
자기조직화
자기검증성
자기완결화
자유적생성

블랙박스화
핵
원격조종
충성경쟁

절대권력
환유성
전이성
확산성
전방위성
속지성

외교 협상권력의 수평화 평등화

| 미국 | 러시아 | 중국 | 영국 | 프랑스 | 인도 | 파키스탄 | 북한 |

핵무력 정체성과 국제권력 진화 과정의 학습과 보유마력

| 잠재보유국 | 중동 | 남미 | 아프리카 |

③ 핵무력은 국가성을 강화하고 권력과 가치(국가이익)을 생성한다.

행위자로서 핵무력은 자신을 보유한 국가들에게 국제관계 속에서 절대무력 보유국가로서의 새로운 차원의 외교적 지위와 역할을 획득하게 하여 준다. 그 행위역량은 공포의 전쟁억지력으로서 사용가치, 핵기술 유출 가능성으로서의 교환가치, 핵 실력검증 최전선 격돌과정을 거치면서 확보한 국가 안보 역량을 타국과의 외교 협상테이블에서 유리한 지형을 선점하게 한다.

예를 들어 북한 핵무력 딜레마는 시간이 흐를수록 동북아 차원을 넘어서 전 지구적 차원의 안보 딜레마로 확장, 강화되어 갈 수밖에 없다. 미국으로선 지구상 최빈국의 핵무력 체제화, 미국과 전쟁에서 정전 중인 분단국가의 핵무장화, 역사적인 반미국가가 자생적인 핵무력으로

---

160) 본 연구는 ANT에 입각하여 국내연구로는 김승국의 『한국에서의 핵문제 핵인식론』, 황상익의 『핵전쟁과 인류』, 황상규의 『위험한 에너지 핵』을 참고하여 도해로 도출하였음을 밝혀둔다. 안준호, 『핵무기와 국제정치』, 서울: 열린책들, 2011, pp.195-219. 이스라엘, 인도, 파키스탄의 핵개발, 핵보유 과정을 참조하라.

무장된 첫 케이스로 등장했다. 북한 핵보유에 대한 미국의 대응과 협상의 딜레마는 다른 약소 국가들에게는 '지표성'을 갖게 된다.

또 북한의 핵 무장은 남한과 일본, 대만의 핵 무장 의지를 자극하고 명분화하여 도미노현상을 불러일으킬 가능성을 잠재한다. 나아가 북한은 핵 관련 사회기술적 구성의 노하우를 중남미나 아프리카 등지의 약소국가들과 경제적인 이득으로 교환하며 전이시키고, 전방위적으로 확산시킬 가능성을 배제할 수 없다.[161] 결론적으로 핵무기의 행위성은 국가성을 강화하고, 권력과 가치(국가이익)를 창출한다.

4) 핵무력의 운명정체성: 미국 핵의 국제 권력 네트워킹 과정

[그림1-17] 핵무력의 기원과 운명정체성 도해

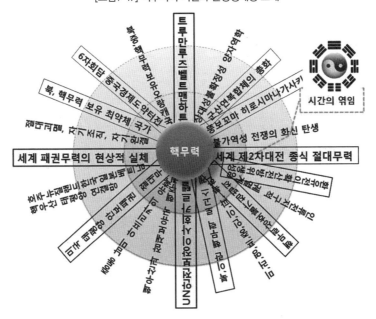

161) Noam, Chomsky, Rogue States,2000.South End Press,7,Brookline Street1,Cambridge,MA,USA. 장영준옮김, 『불량국가』,(서울:두레,2001)p.38.촘스키는 1995년 미 국방부 비밀보고서에서 이란, 이라크, 북한을 블랑국가로 지정했다고 밝혔다.

핵무력의 행위역량은 빅브라더의 지배적인 주도역량을 수평화·단위화시킨다. 중세시대 왕권신수설에 따르면 힘(Power)은 신으로부터 왕이 부여받는다. 그러나 1945년 세계 2차대전 종전 이후부터는 '핵무력' 체제 전쟁관리 시대가 도래했다. 핵무력은 국가와 권력집단에게 안보권력을 부여한다.

핵무력은 무력과 경제력, 국가와 자본, 인간과 과학기술의 결합의 총화, 즉 국가, 경제력, 자원, 과학기술과 인력이 엮이어 국가역량으로 창출된다.[162] 핵무력은 전쟁이라는 국제 정세 속에서 국가+경제력+지도자 결정+과학기술+물자+기타역량 등이 결집되어 구성된 인물성(人物性, human-things) 네트워크 동학(dynamics)의 총화이다. 따라서 핵은 최영 교수의 주장대로 국제체제이자 기구이다. 이제 케네시 월츠의 국제관계 무정부론은 교정되어야 한다. UN, NPT, IAEA 등과 지역방위 협력체제는 모두 핵무력체제이자 기구이다.

한마디로 국제관계와 외교의 목적은 국가 간 상호생존에 있고, 핵무력은 그 근본적인 딜레마를 해결하여 주는 절대무력이자 안보권력, 그 자체에 해당한다. 핵무력은 국제적인 집합 네트워크와 정부 그리고 과학기술이 3위 일체 적으로 융합·교직하여 국제 안보권력을 생성하는 관계망의 총화체제를 구동한다. 한마디로 국제네트워크, 핵무력, 과학기술, 국가성은 서로 행위자로서 행위역량을 발휘하고, 자격(주도자, 반려자, 매개자)을 바꾸어 가며 서로를 새로운 모습의 인물성 네트워크로 확장시켜 나간다.

---

162) 한스 모겐소에 따르면, 국제정치는 주권국가 간의 파워, 즉 국력(national power)을 둘러싼 투쟁이다. 국력은 지리, 천연자원, 공업력, 군비, 인구, 국민성, 국민의 사기, 외교의 질 및 정부의 질 등 9가지로 요소로 구성된다. 모겐소의 분류는 비인간을 망라하고 있다는 점에서 ANT 이론에 상당한 시사점을 제공한다.

핵무력은 그 탄생과정에서부터 국제관계의 행위자적 지위를 누리게 된다. 체제이자 기구인 UN안보리와 IAEA, NPT의 탄생이유와 목적은 핵 카르텔 국가 외에 또 다른 핵무기의 탄생을 원천봉쇄하는 데 있다.[163]

새롭게 핵개발을 추진하려는 국가는 이들 국제 네트워크 행위자그룹과 실력의 진리성 검증을 위한 언어와 행동의 최전선 격돌을 벌이게 된다. 따라서 재래식 철제전쟁과 핵무력 체제전쟁은 그 차원과 수준이 전혀 다른 네트워크의 성격을 띤다. 재래식 무기체제의 관계망은 인간과 국가가 관리할 수 있지만, 핵의 관계망은 국가나 국제기구의 단독관리가 불가능하다.[164]

핵무력은 자기조직적으로 국제관계를 구성·재구성의 되먹임구조를 구동하는 집합 네트워크이다. 1945년 탄생한 핵무력은 국제관계의 힘의 구심력을 미국 중심으로 편성하고, 1990년대 구소련 연방의 해체 이후에는 중국 포위전략을 전개하여 왔다. 1970년 닉슨대통령의 베트남 철수과 미-중 데탕트는 아시아-태평양권을 핵 안보무력으로 지키면서 유럽의 대소련 안보경쟁력을 강화시키려는 전략의 일환이었다. 결국 소련체제는 붕괴되고 사회주의 연방은 해체되었다. 그러나 소련의

---

163) 김승국. 앞의 책. (1991).pp.79-86. ; 안준호,『핵무기와 국제정치』.(서울: 열린책들,2011),p.151.,p.161. ;Noam Chomsky. HEGEMONY or SURVLIVA: America's Quest for Grobal Dominance. 2003.황의방, 오성환옮김, 『패권인가, 생존인가: 미국은 지금 어디로 가는가』.(서울: 까치,2004),pp.301-302. 『참략의 권리는 미국과 미국이 선택할 수 있는 우방국들에게만 주어져야 한다.』

164) 케네시 월츠(Kennth Waltz) 등 세력균형이론과 일반 국제정치 패러다임은 이 지점에서 난점을 겪게 된다고 수 있다. 따라서 핵을 무력(,武力,superpower)가 아닌, 무기(武器,weapons)로 번안했다.

핵무력 체제는 결코 손상을 입지 않았다.[165]

　라투르는 소련 연방의 해체는 소련 연방관계망의 부분적 와해에 불과하다고 지적한다. 소련 국가성 네트워크 가운데 체제의 정체성이 변환된 것이지, 소련이라는 국가성의 총화나 소련의 핵무기가 소멸된 것이 아니라는 데 있다.[166]

[그림1-18] 핵 변강(오랑캐)국가의 출현과 태평양 세력균형 변동 도해

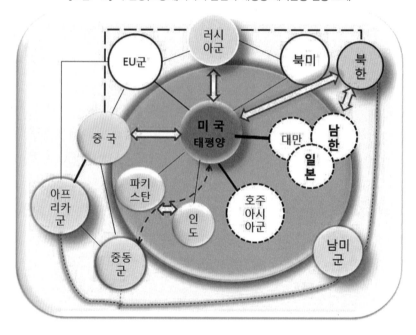

165) 데니스 프로리그(Dennis Florig), 『미국의 힘과 패권주의』, 김희명·김수연 역, (서울: 매봉,2005),pp.47-60. ; Noam Chomsky. HEGEMONY or SURVLIVA: America's Quest for Grobal Dominance. 2003,황의방, 오성환옮김, 『패권인가, 생존인가: 미국은 지금 어디로 가는가』,(서울: 까치,2004),pp.19-26.

166) 라투르,『우리는 결코 근대인이었던 적이 없다』홍철기 옮김,(서울: 갈무리,2009),pp.35-39.; 문수언, "러시아의 새로운 억지정책과 핵전략",『슬라브학보』제 15권 1호(2000),p.1.

[그림1-18]은 1945년 이후 미국과 국제관계 그리고 북한 핵 출현 이후의 태평양 안보관계 도해에 해당한다. 그림은 1990년대 초 소련연방 해체와 독일통일을 미국의 승리라고 주장하는 일군의 견해들이 핵무력과 국제관계에는 전혀 해당되지 않는 현실을 적시하여 준다.

제2차 세계대전 이후 미국은 기축통화 달러를 기반으로 하여 일본과 한국과 대만, 호주와 아시아권을 핵우산 안보동맹화함으로써 태평양 권력의 안보와 이익을 사실상 독점적으로 유지하여 오고 있다. 미국의 세계 패권전략은 안보패권이 원심형적으로 파동을 확대하는 가운데 경제패권이 구심형적으로 수렴하는 나선형을 보여준다.

G_2로 부상한 중국은 인도와 파키스탄, 러시아의 핵 권역에 포위되었고, 태평양권으로는 일본, 남한, 대만, 호주라는 미국의 핵우산에 의해 태평양 패권 진출이 자동적으로 저지된 형세이다.

1990년대 구소련 해체 이후 중국흥기론이 제기되면서 펼쳐진 중국 포위전략의 핵심적 역량은 핵무력이었다. 1945년 이후 행위자로서 미 행정부는 또 다른 행위자인 핵무력과의 관계를 상호작용과 공명을 하면서 상호강화, 상호진화, 상호확장이라는 자기 보존의 법칙에 따른 윈-윈(win-win) 전략을 펼쳐왔다고 할 수 있다. 월츠의 '국제체제의 무정부상태'란, 미국의 핵체제 패권을 위장하는 '뿔 달린 토끼'에 불과하다.

2013년 이후 진화된 북한 핵무력은 미국의 태평양 안보의 핵심딜레마임에 틀림없다. 한마디로 핵무력은 현재진행형의 집합 인물성 집합 네트워크의 총화이다.[167] 핵무력은 곧 인간이자, 국제체제이자, 기구이

---

167) Nick Richie, Relinquishing nuclear weapons: identities, networks and the British bomb, Blackwell Publishing Ltd, The Royal Institute of International Affairs 86:2(2010), pp.465–487, pp.467–468.

며, 현실적인 안보역량의 총화에 해당한다. 2차대전 이후 지금까지 미
국이 그 중심축이다.

4 우리, 공동체: 국가운명정체성

1. 국가운명정체성 정립과정[168]

1) 개념: 국가, 운명, 정체성의 생성과 그 벡터

국가는 국민과 영토가 운명 공동체로 결합하여 합법적 폭력과 대내외 자주권을 행사하는 역사적 정치적 실체이다.[169] 마키아벨리가 제시한 국가를 구성하는 3대 행위요소(토지, 국민, 주권)[170]에는 가장 핵심적인 행위

---

168) 특별한 전제가 없는 한 국가정체성은 국가운명정체성을 의미한다. 예를 들어 영국의 정체성이라 함은 영국의 국가운명정체성을 의미하고, 한국의 정체성이라 함은 한국의 국가 운명정체성을 의미한다.

169) 마키아벨리는 『군주론』에서 사람들에 대한 명령권을 갖고 있었고, 또 현재 가지고 있는 통치영역은 국가이며, 그것은 공화국이나 군주국 가운데 하나라면서 국가의 구성요소로 토지, 인간, 지배력(주권)을 들었다. 막스 베버는 국가는 일정한 영토 내에서 합법적 폭력을 단독으로 사용할 수 있게 성공한 인간의 무리라고 규정했고, 칼 마르크스는 국가는 부르주아 자본가의 이익을 대변하는 집행위원회이고 지배계급의 도구에 불과하다고 규정했다.

170) 국가란 국민, 주권, 영토를 3대 기반으로 하여 구성된 정치단체로서 통치권을 행사하는 강제적인 집단이다. 두산백과사전 http://naver.com/entry.nhn?cid=200000000&docId=1066662&mobile&categor. 〈검색일자: 2013. 3. 22〉 알렉산더 웬트(Alexsander Wendt)는 국가의 속성으로 법제도 질서, 조직적 폭력의 합법적 사용에 대한 독점권을 가진 조직, 주권을 소유

자가 결여되어 있다. 바로 역사이다.[171] 인간이 탄생 이전에 10개월간 모태의 생명진화 시간을 축적하듯, 모든 국가는 건국 이전에 반드시 독립을 위한 목숨을 건 투쟁기를 비축한다. 이 투쟁기간은 토지의 획득, 자주역량의 축적, 운명 공동노선의 강화를 통해 국가로 탄생되는 본질적인 네트워킹 과정이다.

우리나라는 1919년 임시정부로부터 시작하여 독립투쟁기를 거치고, 미국도 17세기 초부터 170년간 건국을 위한 독립을 위한 투쟁기를 축적했다. 자구상에 건국 이전 투쟁의 역사를 갖지 않는 나라는 단 한 곳도 없다. 모든 생명체에 알파와 오메가가 있듯이 멸망하지 않고 영원불멸하는 국가도 없다. 국가는 살아있는 유기적 결집체이다.[172] 국가란 개인(너와 나)과 공동체(우리) 등, 부분과 전체 연결망 결집체의 운명적인 총화이다.

운명은 생명결집체의 탄생부터의 죽음에 이르는 물리적인 존속과정이다. 알파와 오메가의 전 과정에 이르는 관계생명들의 역동적인 시간 축적 과정과 결집구조이다. 정체성은 생명의 자생적 조직화 과정의 구조, 조직의 패턴 그리고 결합과정의 통괄적인 결집양태이다. 즉 생명을 가진 행위자의 운명의 양상(모습, 얼굴, 진면목)이다.

운명은 조직패턴의 네트워킹 과정을 물렁물렁한 구조로 구현한다. 그 양상과 형태가 정체성이라는 얼굴(진면목, 眞面目)으로 드러난다. 즉 운명의 전개양상은 관찰자에 의해 정체성이라는 언어적인 기호와 은유로

한 조직, 사회, 영토 5가지를 꼽았다.

171) 현실주의자인 마키아벨리로서는 숨은 행위자로서의 시간이 눈에 보이거나 감촉될 수 없었다. 그러나 시간성은 국가성립의 가장 결정적인 요인이자 행위자이다.

172) 국가 유기체설에 해당한다. 그 기원은 플라톤은 국가를 초인적 인간의 기능에 비유한 데서 비롯되며, 뮐러(A.H. Müller), 헤겔의 국가관으로 전승되었고, 19세기 생물학과 심리학을 거쳐서 스펜서와 콩트의 사회유기체설로 분화하기도 하고, 알렉산더 웬트 등에 의해 사회구성주의 국제관계이론으로 전개되고 있다. 본 연구의 입론의 출발점은 화이트헤드의 유기체적 과정철학에 있다.

구성된다. 운명은 생명결집체의 탄생에서 죽음까지, 즉 알파와 오메가에 이르는 과정에서 구축된 연결망 구조이다.[173]

　우리가 어느 특정국가라를 말한다면, 해당 국가의 운명정체성을 포괄하고 있다는 사실을 망각해서는 안 된다. 운명(運命) 속에는 본질적으로 시간성이 개입되어 쉼 없이 변화하고 있기 때문에, 국가 정체성을 정의하거나 포착하기가 어렵다.[174] 예를 들어 1945년 세계 제2차대전 참전 이전의 미국과 참전 이후의 미국 국가정체성은 전혀 다르다. 고립국가와 세계 중심축 국가이다. 또 1978년 개혁개방 이전의 중국과 이후의 중국은 전혀 다르다.

　2013년 초 로켓발사와 제3차 핵실험에 성공한 이후 북한과 그 이전의 북한은 전혀 다르다. 그 시간을 변곡점으로 국제관계 속에서 북한의 국가정체성을 결정짓는 획기적인 사건과 운명노선이 달라졌기 때문이다. 국가는 영토, 국민, 주권이 상호 운명선으로 연결되어 있는 물렁물렁하고 느슨한 집단 네트워크의 구조이면서, 쉼 없이 변모하는 역사적 구현체이다.

　국가의 기본책무가 영토를 지키고 국민을 보호하며, 주권을 보장하여야 한다고 할 때, 이들 주요 행위자들은 서로 공동운명체적 일체감으로 집결되어 현재진행형의 시간성 속에서 상호작용과 공명, 융합과 교직을 통하여 유기적인 관계동력을 생성시켜 나가야 한다. 국가의 운명을 결정하고 유지하는 생명선의 중심축(벡터)을 꽉 움켜쥐어야 한다. 국민으로부터 나오는 권력의 위임체인 국가를 보위하고, 국민을 보호하기 위하여, 합법적 폭력이 부여된 물리적 강제적 집단이자 국가권력을 주도하는 현실적

---

173) 운명은 시간을 중심축으로 붙잡고 생성, 구현, 현실화된다.
174) 본 연구는 이 난점을 마키아벨리의 난점이라고 칭한다.

수단이 곧 정부(정권, 체제)이다. 따라서 정부는 국가와 국민의 운명선을 주도하여 운영하고 관리하는 주도적 행위자이자 권력의 실체이다.[175]

국가 운명정체성은 국가역량의 역사적 총화이다.[176] 국가라는 느슨한 집단 네트워크는 정부에 의해 국가 운명을 주도하고 관리하는 국가역량으로 발현된다.[177] 정상국가에서는 정부의 권력집단은 항상 교체되기 마련이지만, 국가는 변하지 않는다.

요컨대, 국가 정체성은 국가운명을 끌고 가는 주도자이자 국가역량의 총화이다. 국가정체성은 국가 내부로부터 생성되기도 하고, 외부적으로는 국가 간의 관계를 맺는 과정에서 생성되기도 한다. 물론 내부적이든, 외부적이든 상호작용과 공명과정에서 그 목표와 작동기제는 권력과 가치의 증식이다.[178]

필자가 교정한 '운명정체성'과 '시간의 ANT'는 국가를 유기적 조직체로 규정한다. 따라서 국가운명정체성은 그 국가의 과거태(원형: 민족, 역사, 사회, 문화, 영토)를 말해주고, 현재적으로는 실천목표(건국의 목적, 국가의 운명)와 현재진행형의 양상을 보여주고, 미래적으로는 그 국가의 미래상(미래목표와 그 벡터)을 예측하게 한다.

국가정체성의 얼굴이 국가운명(주도자)이며, 그 운명의 삶(반려자)의 과

---

175) 국가는 팽팽하고, 견고한 확정성의 언어로서 변동불가능한 조작 명사에 해당한다. 정부는 느슨하며(물렁물렁하며) 유연한 불확정의 변화가능한 동사에 해당한다.

176) ANT에 입각하면 국가정체성은 곧 국가운명을 결정하는 연결망의 주도자이다. 국가 간에 상호작용과 공명의 과정을 통하여 권력과 가치(국가이익)을 발굴하여 융합하고 교직하는 과정을 전개하기 위한 지위와 역할과 기능을 보유하고 국가역량을 주도하는 느슨한 집단 네트워크(정부)의 참모습이자 행위역량에 해당한다.

177) 한스 모겐소의 현실주의가 제시한 국력(national power)은 아홉 가지로 구성된다. 질, 천연자원, 공업력, 군비, 인구, 국민성, 국민의 사기, 외교의 질 및 정부의 질 등이다. 결국 힘으로 정의된 국가이익은 안보이익이 가장 크며, 국제 간에는 세력균형이 영속적인 조정원리로 작용한다.

178) 현실주의에서는 권력과 가치를 국가이익으로 규정한다.

정이 노선으로 치환하여 설명해도 논리적 모순이 발생하지 않는다. 국가 운명은 독립투쟁기에서 출발하여 현실적인 실천목표와 미래적인 지향점을 향해 나간다. 국가가 자생적 조직체로 독립하기 위해서는 반드시 역사안보적 자주역량을 획득해야 한다. 역사성은 국내정치와 국제관계에서 국제권력과 가치(국가이익)를 번안하고 벡터를 형성한다.[179]

2) 성격: 중층적 복잡계 양상과 융합적 심층성

국가 정체성은 복잡성과 다양성, 심층성과 융합성의 양상으로 나타나기 때문에 맥락과 국면을 포착하기가 쉽지 않다.[180] 국가정체성은 과정의 맥락과 국면에서 영속성–단일성–보편성–공유성–속지성의 기본 축을 구동시킨다.[181] 이 다섯 가지 공통된 개념 축은 연결망 속에서 국가정체성의 복잡성과 혼합적 성격을 생성·강화하는 중심원리이다. 그 원리는 자강불식의 상호작용과 공명과정이다. 시간의 ANT에서는 국

---

179) 그 대표적 사례가 티벳을 들 수 있다. 티벳은 국가주권이 중국화되어가는 민족의 역사문화의 전몰적 상황을 맞이하여 가고 있다. 티벳의 특징은 95%의 문맹률에 이른다. 민족문화 정체성 발원의 근간인 언어 체계가 결여되어 있다. 티벳의 역사문화 정체성은 중국 문화권에 편입되는 역사화 과정에 들어 서 있다. 중국은 티벳의 모든 언어를 중국어로 일통하고, 모든 지명을 중국어로 뒤바꾸었다. 중국은 장기간의 역사화를 통해 티벳의 중화화(中和化)할 것이며, 티벳의 사람들은 중국의 언어와 결합하여 새로운 티벳에서의 중화문화 정체성이 생성되어가고 있는 과정에 있다고 할 수 있다. 티베트의 중국화는 역사문화의 언어를 통한 동화 전략에 해당한다.

180) 문수언, "냉전의 논리와 데탕트: 미소관계에 대한 소련의 관점", 『국제정치논총』, 1980, pp.49–66. 문수언에 따르면, 국가정체성을 구성하는 대표적인 사례가 데탕트를 바라보는 소련과 미국의 관점과 입장의 격차이다. 문수언은 일반적인 관점과 입장을 180도 바꾸어 1970년대 초 데탕트의 주도자를 소련으로 지목하고, 미국을 오히려 반려자로 규정한다.

181) 양승태, "국가정체성 문제와 정치학 연구: 무엇을, 어떻게 – 하나의 거대연구기획을 위한 방법론적 시론 –『한국정치학회보』 제40집 제3호, 2006, 겨울
국가 정체성은 국가 구성원 개개인 자의식의 경험적 내용을 초월하면서도 서로 공유하는 영속적인 가치나 이상을 통해서 규정될 수밖에 없다. 즉 영속성–단일성–보편성–공유성의 네 가지 개념 축이 국가 정체성 개념의 핵심이다. 본 연구는 양승태의 견해를 수용하고 속지성을 추가한다.

가는 생명집단의 연결망 총결집체이다. 따라서 국가운명정체성은 시간과 사건의 추이에 따라 변화한다.

국가는 내부적 요인, 국제환경과 국가, 국가 간 연결망이 모두 교호되어 그 관계의 유형과 속성을 다양한 형태로 생성하게 된다.

따라서 국가의 정체성은 중층적 복합성과 혼합적 성격 그 자체이다.[182] 필자는 알렉산더 웬트가 제시한 국가정체성의 (유기적, 유형적, 역할, 집단) 정체성의 개념을 수렴하고, ANT와 동양 쪽 국가의 특징인 역사과정(변강, 민족, 문화, 핵무력)을 토대로 역사정체성을 새롭게 교정했다.[183] 아쉽게도 웬트의 국가정체성 개념에는 '시간성'이 결여되어 있다. 그 결과 운명노선, 즉 생명선이 없다는 성찰 때문이다.[184]

미국의 국가정체성을 예를 들어보자. 웬트에 따르면, 미국의 정체성은 패권국가(역할), 자본주의 국가(유형), 민주주의 주권국가(유기), 서구사회(집단) 등 4가지 유형으로 규정된다.[185] 여기에 필자가 갱신한 역사 정체성을 적용하면, 미국의 정체성은 세계국경 조정국가(변강), 다민족 연합국가(민족), 다문화 국가(문화), 핵무력 국가가 추가된다. 최소한 이 8가지의

---

182) 예를 들면, 북한 핵의 정체성을 둘러싼 국제 간의 관계를 한, 북, 미, 중 4국가로 한정시켜 적용해 보기로 한다. 북한 핵은 ① 북–미관계, ② 남–북관계, ③ 북–중관계, ④ 한–중관계, ⑤ 중–미관계, ⑥ 한–미관계를 포괄하면서, 또한 6자회담과의 관계성을 갖고 있다. 물론, 이들 모든 관계들은 각자의 국가이익을 우선시하고 있음은 두말할 나위가 없다. 정체성의 중층적 구조와 혼합적 성격은 국가이익을 공유의 어려움, 즉 확률적 축소를 의미한다. 따라서 이들 4국의 차원을 넘어선 6자회담을 통해 북한 핵 문제를 풀어낼 확률성은 더욱 협애해진다. 이와 같은 정체성의 중층적 구조는 6자회담이 왜 무력화될 수밖에 없는가에 대한 인과적·구성적 설명을 가능케 된다.

183) 예를 들어 남–북관계의 혼합적 성격을 적용할 수 있다. 남북관계는 ① 한반도 민족국가를 바라보는 이상과 현실(1국가 2체제, 2국가 1체제) ② 사회주의 국가와 자본주의 국가의 이념 ③ 서구문화와 동양문화 ④ 북–미관계와 한–미동맹의 상호 적대성과 연관관계 ⑤ 통일방식과 북한 핵에 대한 시각차 ⑥ 경제적 격차에 대한 시각차 등이 복합적으로 혼합되어 있다.

184) 알렉산터 웬트의 이론이 철학적으로는 유기체론, 구체적으로는 국가유기체설에 입각하고 있으나 시간성의 개입을 인식하지 못한 결과 생명력을 획득하지 못하고 관념화되었다.

185) Alexander Wendt, Social Theory of International Politics. Cambridge: University Press,1999,p.232.

미국의 정체성의 모습이 미국 국내정치와 국제관계에 작동하여, 미국의 권력과 가치(국가이익)를 획득하는 역사노선을 생성하게 된다.

3) 행위역량: 지위, 역할, 기능

정체성은 나(주도자)의 과거의 모습(원형)을 설명하고, 현실적 삶(현재)을 판단하게 하고 그리고 미래의 모습(미래상)을 예측케 한다.[186] 그 정체성의 주도자가 운명(運命)이며, 정체성의 전개과정이 삶이다. 운명정체성은 침묵 속에서 진면목을 자증한다.[187]

운명적인 만남이란 정체성의 상호확인이자 운명선의 수렴과 공명이다. 마찬가지로 국가정체성은 외교마당에서 국가 상호 간 자격과 행위역량을 결정하고 그 현장에서 생성되는 권력과 가치를 획득한다. 정체성 외교의 작동원리는 상호작용과 공명, 융합과 교직의 되먹임구조이다.

국가 간에 외교관계를 맺게 되면 시간에 따른 신뢰와 가치(이익)의 축적에 따라 새로운 국가정체성이 생성된다. 새로운 국가정체성은 국가 간에 축적된 역사정체성 과거관계를 정리하고, 현재적 운명과 삶을 결단하며, 미래적 운명정체성을 지향하여 미래노선화하게 된다.

국가는 복잡하고 다층적인 집단연결망 다발이다. 국가관계는 부단한 상호작용과 공명, 융합과 교직의 과정을 통해 과거를 정화하고, 미래관계를 설정하는 부단한 현재진행형의 진화과정이다. 따라서 국제관계에서 국가정체성의 역할과 기능은 국가역량을 상호교환하고 융합하여

---

186) 서구적인 의미로는 노예가 있어야 주인이 있다. 그러나 동양의 주체는 내재적, 독립적, 자증적이다.

187) 구성주의적 정의: ①자신이 누구인지를 자신에게 말해주고, ② 자신이 누구인지를 타자에게 말해주고, ③ 타자가 누구인지를 자신에게 말해준다. 그 결과 구성주의에서 국가이익은 국가정체성과 국제문화적 환경에 의해 재생산된다.Henri Tajfel, Human Groups and Social Categories:Studies in Social Psychology (Cambridge, U.K; Cambridge University Press,1981),p.255.

권력과 가치(국가이익)을 자기 운명화하는 번안과정이다.[188]

2. 정체성 이론의 교정: 역사정체성 산출

[그림1-19] 교정된 국가운명정체성 개념 도해

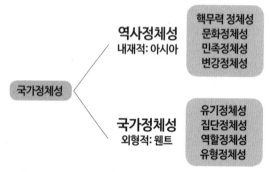

– 웬트의 정체성개념은 ANT와 동일하며, 차용한다.
– 웬트는 핵무력 정체성을 역할정체성에 혼용하고 있다.

알렉산더 웬트(Alexander Wendt)의 국가정체성의 분석개념은 유기, 집단, 역할, 유형 4가지 정체성이다. 이미 지적한 대로 시간성이 결여되어 정태적이다. 필자는 웬트이론에 아시아적 가치를 반영하여 역사정체성(변강, 민족, 문화, 핵무력)을 포함하여 국가운명정체성의 분석단위를 모두 8가지 개념으로 확장·갱신한다.

1) 변강정체성(邊疆整體性, identity of historical borders)

변강(邊疆)은 국가 간 경계선(국경, 國境)이다.[189] 그러나 서양에서의 국경

---

188) 북한과 미국과의 관계는 상호작용과 공명, 융합과 교직이 부족한 결과, 국가의 운명과 벡터를 일치시킬 수 있는 동력인 권력과 가치를 생성시켜 자기화할 수 있고 상생하는 국가정체성의 확립을 창출하지 못하고 있다.

189) 馬大正 외 지음, 『중국의 국경, 영토인식 – 20세기 중국의 변강사 연구』(1988), 조세현 번역, 서울: 고구려연구재단, pp.3-4. 중국의 국경개념이다. 중국은 육지의 경계선을 지강, 바다의

은 현재의 개념으로써 매우 정태적인 반면, 수시로 변동되는 동양의 국경선 개념과는 그 성격이 전혀 다르다. 중국을 중심으로 한 아시아권의 변강은 과거, 현재, 미래가 일관성과 지속성 속에서 변동되는 역사적 소유주권 변동과정이 내재되어 있다. 즉, 축적된 과거와 당면한 현재의 사건이자 미래를 예견케 하는 영토주권의 벡터적 성격을 갖고 있다.

변강의 조정은 해당 국가운명이 걸린 사활적 가치(이익)에 해당한다. 따라서 변강이란 국가주권과 역사·정치·문화의 현재태이다. 변강사는 국경을 두고 발생하는 국가 간 정치·문화적인 모든 측면에서 협력교류와 긴장, 전쟁과 분쟁 등 총체적이고 현재진형행적인 사건관계를 내포한다.

[그림1-20] 중국과 주변국가 역사적 변강관계(청나라)[190]

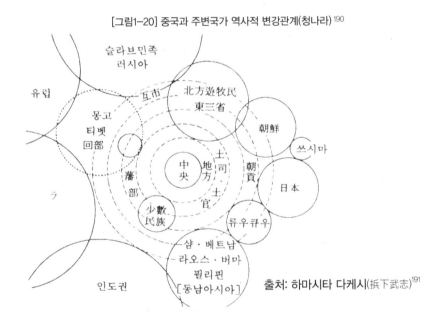

출처: 하마시타 다케시(浜下武志)[191]

경계선을 해강으로 정의한다. 전 세계에서 유일하게 중국에만이 변강학이 존재한다. 중국으로선 과거, 현재, 미래적인 문제로서 절실한 통시적, 공시적인 당면과제라고 할 수 있다.

190) 하마시타 다케시(浜下武志), 1991, 국제정치이론, 권호연 옮김(1992), p.59, 한울아카데미.

191) 하마시타 다케시(浜下武志), 위의 책, p.59.

그 실례로서 북·중간 변강의 변천과정을 살펴보자. 2015년 현재 북한과 중국 간에 맞대고 있는 국경은 현재적·공시적 관점에서는 북한과 중국 간에 신의주와 나진 두 도시를 축지점으로 하여 압록강 변과 두만강 변을 따라 선형적으로 연결되어 정립되어 되어 있다.[192]

그러나 역사적·통시적으로 볼 때 북-중 변강은 고조선-고구려-통일신라-고려-조선으로 이어지는 국가와 한나라-수-당-송-명-원-청에 이르는 국가 간의 전쟁과 분쟁(대립과 갈등), 경제 문화 협력교류(협력과 교류)의 역사·운명적 긴장관계로 구획되고 변동된다.

북·중 국경은 양국 관계가 정치적·문화적 관계의 변천에 따라 지리·지형적인 경계선이 변동 된, 과거적 사건-현실적 삶-미래상을 관통하는 역사적 과정과 사건의 국가운명의 사활적인 현장이다.

국가 간 무력전쟁 사태의 예를 들자면, 고구려가 중국을 토벌하여 대륙을 강압한 시기가 있었다. 반면, 중국이 한반도를 침략하여 한민족 국가의 변강은 최소한으로 축소되기도 한다. 신라가 당나라를 끌어들여 전쟁을 벌인 결과 획정된 고려의 변강이 여기에 해당하고, 1950년 한국전쟁 시 북한은 중국, 남한은 미국과 UN이 동맹군으로 참전한 결과, 분

---

192) 조-중 국경 협약: 조중국경조약 체제는 1962년 국경조약과 1964년 국경의정서에 따라 북한과 중국 간의 국경이 압록강-백두산 천지-홍토수(두만강 최상류 지류)-두만강으로 확정되었다. 조중 국경조약체제의 특징은 1909년 간도협약과 1712년 백두산정계비와 비교할 때 다음 세 가지로 집약된다.첫째, 1962년 국경조약 제1조는 백두산 천지를 북한 54.5%, 중국 45.5%로 분할하고 천지 서북부는 중국에 동남부는 북한에 귀속하도록 규정하고 있다. 둘째, 1962년 국경조약은 1712년 백두산정계비에 규정된 토문강(土門江) 대신 백두산으로 뻗어 있는 도문강(두만강의 중국명칭)의 4개의 지류(支流) 중 최상류에 있는 홍토수(紅土水)를 조중 국경으로 규정하고 있다. 셋째, 신법 우선의 원칙을 규정하고 있는 1962년 국경조약 제5조 제3문에 따라 1909년 간도협약과 1712년 백두산정계비는 정식으로 효력을 상실하게 되어 간도지역이 중국에 귀속되었다고 볼 수 있다. 그렇다면 북한이 이러한 국경조약을 체결할 조약체결능력 즉 국제법주체성이 인정되는가? 통일한국의 조중 국경조약체제의 승계 문제에 관하여 독일통일 사례를 통일한국에 적용하면, 통일한국에도 그대로 적용된다고 볼 수 있다. 이현조, "중국경조약체제에 관한 국제법적 고찰", A Study on the National Border Treaty Regime between North Korea and China in International Law, 國際法學會論叢 第52卷 第3號(通卷 第109號), 2007. 12, p.177

단의 변강이 획정된다.

남과 북을 넘어서, 한반도 변강은 시간을 중심축으로 하여 공간을 변동시키는 역사 그 자체이다. 통시적으로는 국제관계의 정치·경제·문화의 전쟁과 분쟁, 협력과 긴장의 과거적 사실과 사건들을 설명해고, 공시적으로는 우리의 현재의 좌표점을 명확히 읽게 하고, 또한 상호관계의 노선을 예측하게 한다.

중국은 왜 패권국가인가?

중국 변강사는 곧 아시아 변강 국가 쪽에서는 중국의 대륙 패권성과 대외관계의 변천과정을 자증한다. 역설적이게도 서양적인 패권 개념으로는 중국이 왜 패권국가인가를 설명하기란 쉽지 않다.[193]

그러나 변강사적인 관점에서 볼 때 북-중간에는 동북공정과 백두산 개발(陸疆), 한-일관계에는 독도(海疆), 중-일관계에는 다오위다이(釣魚島), 한-중 간에는 제주도 해역의 파랑도, 중-동남아 해역의 난사군도 분쟁 등이 대륙을 에워싼 아시아 변강 국가들이 직면한 긴장관계가 한눈에 드러난다.

시간을 중심축으로 잡으면, 중국의 패권전략은 두 갈래로 전개되는 특징을 통찰할 수 있다. 그 한 갈래는 미국에 대응하는 국제관계의 패권국가 정체성으로서 대륙세력의 해양세력권으로의 진출욕망의 이익패권이다. 또 다른 한 갈래는 중국은 고대로부터 자국의 역사문화를 영토와 연결시켜 원심형적으로 확장시킨다. 주변국가와 끝없는 마찰과 긴장관계를 일으키는 동시 역사적으로 잠식하여가는 변강 패권정체성이다.

---

193) Chomsky, Noam, Rogue States, 2000, South End Press7, Brookline street1, Cambridge, MA, USA, 장영준 옮김, 『불량국가』, 서울: 두레, 2001, p.38.

한마디로 중국의 패권전략의 특징은 공간전선(국경분쟁)과 역사시간 전선(역사전쟁)을 병진한다.

2) 민족 정체성

민족 정체성은 서구식 개념으로는 설명할 수 없는 아시아 국가 운명정체성의 또 다른 성격이다. 서구중심적인 개념과 이론에 따르면, 민족은 상상의 공동체라거나 산업혁명의 산물이다. 그러나 서양 민족개념을 동양 국가사회들에 적용할 때, 근대화 이후의 제한된 일면만을 설명한다. 왜냐하면 동양 쪽의 관점에서 국가의 역사는 곧 (종족 중심의) 민족사이기 때문이다. 서양에서 민족의 원형이라고 지칭하는 그 종족(ethnic)은 동양 쪽의 역사에서는 역사문화적·민족 운명공동체이자 곧 국가를 의미한다.

중국, 남북한, 일본 등 동양 문화권의 국가들은 민족의 역사문화 운명공동체로 형성되어 있다. 적어도 외면적으로, 중국은 수십 개의 민족 역사문화권으로 중층되고 혼합되어 형성된 한(漢)민족 중심의 '다민족 연합국'이다. 중국은 국제사회이며, 중국의 통일의 역사는 곧 국제전쟁의 역사이라는 주장과 관점의 래원이 여기에서 비롯된다.[194] 그러나 내면적으로 중국은 한족 중심의 단일민족 국가에 다름 아니다.

그 외에도 한반도의 남한과 북한은 한민족 운명공동체라는 특유한 역사문화를, 인도는 인도 민족문화권을, 몽골은 몽골족의 민족역사문화 국가를 형성하고 있다. 동양 국가들에게 서양의 민족의 개념을 적용

---

194) 중국은 2005년 말 현재 총인구 13억 756만 명(대만, 홍콩, 마카오 불포함)에 이르며, 한족(漢族)을 포함한 총 56개 민족으로 구성된 다민족국가이다. 그 증거가 중국의 인민폐에는 모든 종족들이 포함되어 있고, 2008년 베이징 올림픽 때는 모든 종족들이 기수단을 선두로 하여 행진하는 모습은 중국이 민족사회들의 연합국가이며, 곧 국제사회라는 정체성을 과시한 장면이라 할 수 있다.

할 때 야기되는 난점(딜레마)이 여기에 있다.

유럽과는 달리 종족의 역사문명의 총괄태가 민족이고, 민족을 담아내
는 물렁물렁한 그릇이 국가이기 때문이다. 동양사회에는 종족과 역사문
화가 없는 민족도, 민족이 없는 국가도 없다. 반대로 국가는 민족사회이며,
민족사회는 곧 종족사회라는 운명공동체적 일체감이 구축되어 있다.[195]

3) 문화정체성

문화정체성은 첫째, 동양문화권과 서양 문화권을 구분해주고, 둘째,
동양문화권 내에 민족국가들 간의 관계와 그 지향점을 보여준다. 즉 정
체성의 중층적 구조와 혼합적 성격이 양태를 설명한다.

동양 문화권은 크게는 중국 문명과 인도 문명으로 나뉜다. 중국문명
이 실사구시와 격물치지의 경험를 중시하여 실용주의적 문명을 창진시
켰던 반면, 인도문명은 우주적이고, 관념적이며, 철학적인 종교적인 문
명을 창진시켰다. 이 두 문명은 수·당 시기에 운명적인 만남을 이루게
되고, 양대 문명을 매개한 행위자는 불교였다. 불교의 중국 전파는 중국
의 사상체계에 역사적 전기를 가져왔다. 경험중심적이었던 원시유가와
그 대척점에 서 있던 노장사상에게는 그들의 사상체계를 뛰어넘는 또
다른 새로운 우주적인 관념체계의 대두를 의미했다.

중국의 한자는 변강국가들에게는 문화의 원천이었다. 현재 한국어,
일본어, 베트남어 등 아세아의 언어 창성체계 속에는 한자의 표음과 표

---

195) 백낙청, 앞의 책, 1981, pp.8-9. 송두율, 『민족은 사라지지 않는다』, 서울: 한겨레신문사,
    2000, pp.68-71.

의 문자의 원리이다. 따라서 동양 문화권을 중국문화권 혹은 한자문화권이라고도 한다. 그럼에도 불구하고 각각의 나라들은 자신들의 민족문화를 중국 혹은 다른 나라들과 긴밀하게 교류하면서 독자성을 지키면서 발전, 지속시켜왔다. 이런 역사 문화적 맥락에서 중국은 자신들은 한(漢)민족 문화권의 연합이자 중심인 中華民族 국가를 표방하고, 다른 민족문화를 변방민족(오랑캐)이라고 칭하게 된다.[196] 이와 같이 동양 쪽에서의 국가정체성이란 시간을 중심축으로 하여 중층적 구조와 혼합적 성격을 띠고 전개된 역사의 축적과정 자체이다.

국가운명이 극명하게 엇갈린 사례로서 몽골과 티벳이 대표적이다. 몽골의 역사는 칭기즈칸이 중화를 제패하고 유럽을 침략하여 뒤흔들어 버린 사건 외에는, 중국과 러시아에 의해 줄곧 침략을 당해온 피침탈의 역사이다.[197] 그러나 현재 몽골은 국가로서의 주권과 역사적 문화를 간직해오고 있다. 몽골은 중국과 변강을 맞대고 있으나 한자문화권에 흡수되지 않았다. 몽골 민족문화와 종족성이 유지되고, 언어로는 몽골 전통적인 위구르어에 러시아어를 가차하여 혼용하고 있다. 역사적 맥락에서 몽골의 문화는 독립적인 민족문화의 특성을 갖고 있다.

동양권 국제관계에서 문화적 정체성이 갖는 지위와 역할을 설명해 준다. 통시적 측면에서 몽골민족(국가)은 다른 민족(국가)와 갈등과 협력의 관계를 맺고, 그 영향을 미래적으로 받는 중층적 구조를 안고 있고(침략 국가, 혹은 예속국가), 그 문화는 가치체계와 언어 등 혼합적이면서도 주체적

---

196) Nicola Di Cosmo, Ancient China and Its Enemies, 2002, 『오랑캐의 탄생』, 이재정 옮김, 서울: (주)황금가지, 2005, pp.70-71.

197) Jack Weatherford, Genghis Khan The Making of the Modern World, 2004, 정영목 옮김, 『칭기즈칸, 잠든 유럽을 깨우다』, 서울: 사계절, 2005, pp.11-38.

으로 형성되는 성격을 띤다.

이와 같이 정체성은 그 형성과정에서 중층적 구조와 복합적 성격의 과정을 띠기 때문에 포착하는 데도 어려움이 뒤따른다. 국가정체성 개념을 적용하면, 몽골의 유기적 정체성은 국가가 폭력을 독점하고 있다. 집단정체성은 동북아에 속하며, 역할 정체성은 러시아와 중국의 공간성적 위치에 있고, 유형 정체성은 사회주의와 민주주의를 혼합하고 있다. 변강적 정체성은 중국과 러시아와의 전쟁, 예속 정체성 긴장관계였고, 민족정체성은 몽골민족 단일 공동체이며, 문화정체성은 복합적·독립적이면서 동양문화권에 포괄된다.

반면, **티베트**는 국권과 민족문화 정체성을 잃고 중국 중화 문화권에 편입·동화되어 가고 있는 민족국가이다. 티베트는 세계 제2차대전까지는 독립국가였고, 중립을 지킨 평화로운 라마교 단일종교국가였다. 그러나 1949년 10월 덩샤오핑이 지휘하는 중공군이 침공했고 1951년 5월 중공의 종주권과 티베트의 자치권을 인정하는 17개항의 평화협정을 체결했다. 중국은 수도 라싸에 중공의 민간주재기관과 군사사령부를 설치하고, 시캉성(西康省) 창두지구로 편입시켰고, 연이어 동 티베트를 강제 분할하여 쓰촨성(四川省)으로 편입시켰다.[198] 티베트는 자국의 언어가 없고, 문맹률이 90%에 달한다. 중국은 티벳을 점령한 뒤 수도 라사의 지명부터 시작하여 시장에 이르기까지 모든 언어를 중국어 일색으로 바꾸고, 중국 역사문화화 과정(中和化)이 진행되고 있다.

---

198) 두산백과, 티베트, Tibet, 검색일: 2013년 4월 18일

4) 핵무력정체성

핵무력은 동양 국가들 간의 역사적인 관계의 산물이기 때문에 동양 국제관계 역사를 설명하는 데 핵심적 사건과 지위를 차지한다. 누누이 강조하였듯이, 동아시아 국가들의 역사는 중국과의 변강을 맞대고 벌여온 전쟁과 협력의 긴장관계의 역사이다. 즉, 아시아 국가의 핵무력이라는 전쟁수행 절대무력은 중국과의 변강적인 갈등과 마찰을 원천적으로 봉쇄하는 최강의 자위적 안보력이다.

1964년 중국이 핵실험에 성공한 이래로, 1974년 인도, 1978년 파키스탄 등 중국과 역사적 변강적 갈등에 시달려온 나라들로서는 대중국핵 차원에서 상호불가침 무력인 핵무력 개발이 요구되었다. 더욱이 1978년 노선 선회와 개혁개방 선언에 따른 고도성장과 G2국가로의 급부상은 중국의 변강국가들로서는 긴장을 하지 않을 수 없는 처지에 이르렀다. 동남아의 난사군도 지위권, 우리나라 제주도 인근 파랑도가 모두 직면한 해강(海疆)의 문제에 해당된다.

한국과 일본, 대만은 미국과의 동맹관계 속에서 미국의 핵우산 아래에 있고, 최근에 전쟁적국이었던 베트남이 미국과 군사합동훈련(2010년)을 하거나, 미국과 뉴질랜드와 호주와의 군사 동맹관계가 강화되는 차원이 모두 중국의 대륙패권의 원심력을 경계하고 있다. 이들 국가들은 모두 태평양제해권 방어를 위하여 대중국 핵 포위와 동맹전이 전략으로서 핵무력 정체성의 미래목표와 그 벡터에 두고 있다. 북한 핵무력은 표면적으로는 미국을 최우선 목표로 삼고 있지만, 중국의 변강 오랑캐 국가라는 맥락에서 볼 때 그 심층에는 중국과의 변강 역사적인 긴장관계가 숨어있다.

결과적으로 중국은 북쪽으로는 러시아, 서쪽으로는 파키스탄과 인도 동쪽으로는 북한 그리고 태평양 쪽으로는 미국 핵무력(한국, 일본, 대만, 호주, 베트남, 호주와 뉴질랜드)에 포위된 형국이라고 할 수 있다. 대다수 중국인들은 미국을 중국의 주요 전략적 위협으로 보고 있으며, 미국이 중국 주변에서 실시하는 군사활동 및 세계패권 유지전략을 중국은 줄 곧 경계하여 왔다.[199]

그 결과 중국의 변강국가들은 안보 면에 있어서 역사적 피침의 경험으로 인하여 핵무력의 필요성을 절감하고, 핵 보유를 추진하게 된다는 결론이 도출된다. 결국 중국과의 거시적·통시적으로는 중국과의 역사정체성에 대한 인식이 인도, 파키스탄, 북한 등 중국 변강국가들의 핵무력 보유를 자극했다. 변강정체성은 동북아 국가들 간의 관계와 핵무력 보유의 인과관계를 자증하여 준다.

3. 새로운 국가운명정체성 모형

운명정체성 이론은 시간 중심축에 의거하여 국가운명정체성을 입론한다. ① 역사의 통시성을 과거태(원형), 현재형(현실이념), 미래상(미래이념)로 구분하고 ② 건국이념, 기초철학, 실천목표, 국제관계에서의 방법과 미래벡터 결정에 영향을 미칠 수 있는 딜레마를 도출하여, ③ 국가의 과거정체성, 현재정체성, 미래정체성을 규정할 수 있도록 조작했다. 아래 그림은 그 통합모형에 해당한다.

---

199) 王緝思, "北核問題 和 當面 中韓關係", 중한관계 세미나, 2010. 9. 28, p.8.

[도표3] 국가정체성 정립과 그 벡터

	건국이념(원형)	현실이념(현재형)	현실이념(현재형)
정체이념 외교관계	건국의 철학적 기초 과거에서 현재까지	현실 국가 형태 현재진행형	국가 지향과 목표 현재부터 미래까지
정체성	국제적 지위와 역할 안보의 자주성	안보경제 강국 네트워크 세력균형	국가역량 강화확장 주체적 국제참여
실천목표	역사적 반성과 성찰 개정된 전략과 전략	국내 대안창출 국제 외교 주도력	국내 분열방지전략 국제 네트워크 체제
방법	특정 국가 동맹 전쟁의 예방최소화	동맹 네트워크강화 현실적 정책창출	네트워크 확장 진화 자위적 안보 강구
딜레마	동맹의 딜레마: 선위차순 결정, 신뢰구축과 배신. 내부(국내 갈등)모순과 외부(국제간의 국가이익)모순의 충돌.		

출처: 조정남의 국가정체성 분석 틀을 모형도표로 재구성[200]

조정남 교수는 중국의 통치이념 구조를 분석하기 위한 준거의 틀로서 '이상이념·현실이념·실천목표' 등 세 가지 위계적인 분석단위를 제시한다.[201]

이상이념이란 특정 통치이념에서 나타나고 있는 최고의 지향목표에 해당하는 것으로, 일반적으로 구성원들에게 통일적이며 의식적인 세계관 형성의 토대를 마련하는 주는 이념체계이다.

---

200) Robert A. Haver, "The End of Ideology as ideology" in Frank Lindenfeld ed., Reader in Political Socilogy, Funk & Wagnalls, 1968, pp.558–559. 조정남, 『현대정치의 이념구조』, 서울: 교양사회, 2001, pp.186, 재인용. 하버(Robert Haver)는 특정이데올로기의 보편적 구성 요소를 일련의 도덕적 가치체계, 그 가치체계가 실현될 '이상사회'에 대한 설계, 현존사회구조에 대한 조직적인 비판과 사회변동에 대한 분석 그리고 미래사회에 건설에 대한 정략적 입장 등 네 가지를 들고 있다.

201) Giovanni Sartori, "Concept Misformation in Comparative Politics" in APSR(DEC. 1970), pp.1039–1041. 조정남, 앞의 책, p.187, 재인용. 조정남은 특정의 통치이념체계를 분석함에 있어 그것을 몇몇 개념용기로 개념화함으로써 그와 같은 분화된 개념의 틀을 통하여 더욱 체계적인 내용분석을 시도한다. 이런 방법은 현실적인 면에서 지나치게 단순화할 수밖에 없는 한계성을 갖지만, 그러나 이런 방법은 추상화 단계를 거침으로써 현상에 대한 관측적인 개념을 이론적인 개념 수준으로 발전시킬 수 있는 장점을 가진다는 것.

현실이념은 특정이념구조의 중간적인 이념목표로 이상이념을 설명하여 주는 하위개념이자 하위 분석단위인 실천목표의 이념적 기반으로서 역할을 가진 이념체에 해당한다. 실천목표는 특정 이념체계가 그의 세계관과 이념적 지향성을 실제적 행동으로 구체화시키는 직접적이고 명시적인 행동지침이자 현실정책에 해당한다.[202]

도표는 조정남 교수의 분석 틀을 시간을 중심축으로 하여 이상이념은 미래상, 현실이념은 현재진행 양상, 실천목표는 과거(원형)으로 변역하여 적용한다. 따라서 외교활동과 외교정책은 행위자이자 자주적 주도자인 국가가 국가의 내재적인 정치로서 혹은 국제관계의 환경과 국가정체성이 혹은 국가정체성과 국가정체성 간에 관계를 맺고 자국의 운명이 걸린 권력과 가치(국가이익)를 창출하는 과정이 상호작용과 공명적 관계로 이뤄진다.

---

202) 조정남은 이와 같은 분석도식에 따라 등소평체제의 통치이념구조를, 이상이념에 해당하는 개념으로는 마르크스−레닌주의와 모택동사상, 현실이념으로는 사회주의적 민주주의, 실천목표로는 4개현대화 정책을 각각 설정하여 적용한다. 조정남, 앞의 책, pp.186−188.

5 핵심 4개국 국가운명정체성과 그 벡터

1. 미국: 세계대전 종식 세계안보 구심형 패권국가

1) 기원과 성격

① 기원과 벡터: 정체성 생성과정의 궁핍성

미국 국가 운명정체성의 기원과 벡터를 포착하려면, 관찰자는 한동안 혼란스럽게 된다. 미국의 정체성은 표면적으로는 세계 중심국가로서 세계안보질서를 지키고 미국의 국가이익을 달성하는 목표와 그 벡터가 선명하게 보인다.[203] 그러나 미국의 운명정체성의 기원을 발굴하여 정립하기란 쉽지 않다. 1776년 건국 이후 역사가 240여 년에 불과하고, 그 주도자들은 유럽에서 이주하여 온 다국적인 기업과 청교도들, 아프리카 흑인노예 등 다인종, 이민자 집단들로 형성되어 있다.

역사가 짧다는 것은 그 국가에 축적된 가치와 사상, 문화와 언어체계

---

203) 벡터는 운명선, 운명노선, 지향노선, 미래상, 미래노선, 방향성이 모두 동의어이다.

그리고 관계망의 범위와 심층성이 '얇다'는 것을 말한다. 국가 간 역사를 상대적으로 비교할 수는 없지만, 최소한 새뮤얼 헌팅턴을 원용한다면, 미국은 역사문화적으로는 '신생국가'에 해당한다.[204]

그 예로 할리우드 영화 문화를 들 수 있다. 블록버스터란 상업, 이익 문화, 물리적, 폭력적 문화의 기형성을 대표하고 상징한다. 에어포스원, 로보캅, 람보, 아이언맨 등은 신기술 문명과 외형적 거대규모, 초감각적 긴박성과 흥행성을 자랑한다.

미국 영화문화에는 스토리의 핵심인 인간의 운명정체성과 삶의 벡터가 결여되어 있다. 최소한 미국 할리우 드 문화에는 "인간이 어디로부터 와서, 어떻게 살며, 어디로 가야할 것인가?"에 대한 인간과 철학, 즉 역사와의 대화가 결여되어 있다.

② 미국은 다인종 이민자 연합국가이다.

미국의 가장 큰 자랑은 다인종과 이민자를 통괄한 용광로 국가라는 데 있다.[205] 복합적이고 다양한 이민자들인 인종과 인권의 딜레마를 운명공동체적 일체감으로 생성·융합시켜내는 가치철학은 청교도정신이다. 한편 유럽계 백인, 아프리카계 흑인, 동양계, 히스패닉계 등 인종의 전시장을 방불케 하는 미국에 구심적 가치철학과 문화적 토양이 단단히 구축되기에는 아직 역사가 짧다는 견해도 있다.

---

204) 새뮤얼 헌팅턴이 기반하고 있는 사회구성주의 이론을 미국에 적용하는 데 있어서 현실적인 딜레마에 해당한다. 웬트이론의 핵심기초원리는 문화이다. 문화는 규범, 공유의식, 사회공동체의 삶의 지향성과 경향성을 모두 통합한 체계구조이다. 그런데 미국은 문화의 다층적 구조와 역사적 축적성을 결여하는데다, 물질문명 우위의 기형성을 갖고 있어서 적용하기가 쉽지 않다. 오직 현실주의와 신자유주의만이 미국과 미국 중심의 세계구조를 설명할 수 있다. 따라서 신현실주의와 신자유주의는 미국 중심만의 특수이론일 뿐이라는 이론적 논쟁을 일으킨다. 새뮤얼 헌팅턴, 『문명의 충돌』, 이희재 옮김, 김영사, 2009, pp.423~429.

205) 미국의 인구는 3억 8백여만 명이다(2010년 기준). 백인이 72%, 흑인이 12.5%, 아시아계 4.8%, 혼혈이 2.8%이다.

그러나 국가의 구성요소로 토지, 국민, 주권 외에 건국 투쟁기라는 역사성이 포함되면 이야기가 달라진다.[206] 미국의 독립은 17세기 초 개척시대, 1776년 7월 4일 필라델피아 독립선언에 이르기까지 영국 식민지에서 벗어나기 위한 170년간 목숨을 건 투쟁과 전쟁이라는 운명적 경험이 비축된다. 17세기 초부터 지금까지의 역사기간을 모두 합산하면 2015년 현재, 미국 역사는 410년이란 만만치 않는 역사적 과정이 그 모습을 드러낸다.

비록 동양 국가들과는 비견될 수 없는 짧은 역사일지라도, 유럽 문명의 전통과 자생적, 자주적인 플랫폼 위에 세워졌다는 점에서 미국문명은 무시할 수 없는 역사와 전통을 지층화하고 있다. 미국은 독립전쟁과 건국에 이어, 남북전쟁과 노예해방, 세계 1·2차대전을 거치면서 세계에서 가장 크고 다양하며 복잡한 자유민주주의를 실현한 대표적 민주주의와 인권의 혁명국가가 되었다. 그 저력은 170년간의 독립투쟁의 시간이 축적된다.

정치철학자 한나 아렌트는 미국의 독립과 헌법정신을 그리스의 정신문화로 소급하여 올라가 고유한 유산으로 발굴하여, 미국혁명의 원형으로 제시했다.[207] 한나 아렌트의 주장대로라면 그리스 민주주의와 유럽문명의 비판적 계승은 미국 건국정신과 민주주의와 인권의 가치, 다인종, 다민족, 다문화의 복합적 구조와 다양성의 양상의 통합과정을 이끌어낸 건국과정의 역동성에 있다. 세계사적으로 유례를 찾아볼 수 없는 독자적인 미국적 가치와 미국 민족 정체성을 구축한 **미국혁명**만의 강점이다.

---

206) 동양에서는 어머니 뱃속에 있는 10개월간을 연령으로 친다. 서양에서는 셈하지 않는다.
207) 한나 아렌트, 『혁명론』, 홍원표 옮김, 한길사, 2004, pp.36–40.

미국과 미국인의 삶에서 나타나는 민주주의와 인권의 다양성과 복잡성 그리고 다이내믹한 자유와 평등의 실천경험 그리고 경쾌함과 유연성은 놀랍기만 하다. 동서를 막론하고 역사전통을 자랑스럽게 과시하는 러시아, 중국, 일본 등의 정치체제와 삶 속에서는 상상을 초월한 혁명적인 진보들이 미국에서는 무시로 일어난다. 예를 들어 아프리카 흑인 이민자 2세인 버락 오바마(Barak Obama)가 대통령이 될 수 있는 나라 미국처럼, 중공 공산당 주석직에 조선족 출신 인사가 오른다는 미래상을 꿈이나 가질 수 있는 일이겠는가?

　미국의 강점은 모든 역량이 종국에는 미국화된다는 구심형적 패권인데, 그 자신감은 화폐인 달러에 드러난다. 중국 화폐인 인민폐나 EU 화폐인 유로화는 모두 다민족의 얼굴들을 문양으로 내세워, 국가공동체의 역사정체성과 존엄성을 부여한다. 따라서 중국이나 EU의 화폐에는 국가운명정체성과 그 벡터에 대한 상호작용과 공명의 역사성이 강조되어 드러난다.

　그러나 짧은 역사로 세계를 주도하고 있는 번영과 힘의 상징인 미국 1달러 지폐에는 건국의 아버지인 워싱턴의 얼굴이 그 뒷면에는 백악관이 있을 뿐이다. 1달러 지폐만을 펼치고 보면, 마치 타임머신을 타고 시간을 완전히 거슬러 올라가 2600년 전 고대 로마제국이 재현된 듯, 전 세계의 권력과 부가 집중된다.

　짧은 역사를 가진 미국의 국가운명정체성에는 세계를 향한 자국의 안보역량의 파문을 극대화하고, 그 확대된 동심원 속에서 다시 힘을 미국 중심으로 끌어들이는 구심형적 패권의 특징을 지닌다. 미국이 전개하는 태평양이나 중동안보전략은 미국의 국가이익으로 환원된다.

③ 세계대전 종식 핵무력 안보·경제 중심국가

중국, EU국가, 러시아, 인도 등 대부분의 문명권 국가들은 수천 년간 역사문화를 자랑하는 운명공동체적 삶(벡터)의 통시성과 공시성을 보유한, 그야말로 역사적인 집단연결망 덩어리들이 사회, 집단, 국가화되어 있다.

이들 역사문화 전통의 국가들과 비교할 때 미국의 정체성은 불과 240여 년, 17세기 초부터 영국의 식민지로부터 벗어나기 위한 독립투쟁 과정 170년을 합산하면 410년이 된다. 인간에게 운명이 있듯 국가에도 운명이 있고, 생명이 있어 약동하고 소멸하기도 한다. 정체성은 국가운명의 얼굴이다.[208] 한 국가의 운명적 벡터(삶)는 다른 국가와의 관계성을 생성·구성·형성하고, 그 운명의 미래상을 예견하게 해준다.

미국 건국과 혁명정신은 곧 국가운명정체성의 원형에 해당한다. 미국 국가 정체성을 형성한 원형적 주인공들은 구체제에 저항한 유럽 비주류 세력들과 청교도 정신이다. 당시 중세와 왕권, 귀족권이라는 구체제에 저항한 프로테스탄트들은 저항하는 진보적 지식인들이자 청교도, 기업들이었다. 여기에 아프리카 흑인 노예들과 전 세계의 이민자들이 합세하여 복합적으로 융합되어 새로운 민주주의와 인권, 정신과 물질 문명의 세계를 혁명화했다.

역사적인 맥락에서 본다면, 미국은 유럽문명에서 갈라지고, 또 새로운 인종과 문화가 접목되어 융합된 새로운 역사문화가 들끓은 역사적 가마솥과 같다. 따라서 짧을 수밖에 없는 미국의 역사정체성은 중장한

---

208) 본 연구 III – 국가정체성 생성과정을 참고할 것.

유럽이나 중국 문명과는 또 다른 '경쾌함'과 '물렁물렁한 유연성'이 있다. 그리고 그 벡터는 힘에 의한 정복의 과거사에서 시작하여, 전쟁을 통한 구심력적 현실로 작동되며, 전쟁의 미래상으로 귀결된다.[209]

미국 건국과정은 원주민이었던 인디언 전몰(戰歿) 전쟁에서 시작하여, 독립운동과 내적인 노예 해방전쟁 과정을 거쳐, 자유민주주의 가치에 입각한 국가시스템을 수립했다. 외적으로는 세계 1, 2차대전의 승전과 한국전쟁을 통해 세계 패권국가로서 등장했음은 주지의 사실이다.

미국은 이후 구소련과 양대 이념패권 각축을 세우고, 한국전쟁, 베트남전쟁, 수차례의 중동전쟁에 결정력을 행사하거나 구공산주의 체제 붕괴를 견인해 왔다. 크고 작은 전쟁과정에서, 미국은 구심형적으로 지구적인 힘과 재화를 흡수하면서, 미국 국가정체성을 재생산하며 지속적인 성장엔진 동력을 창출한다.

미국은 세계 제1, 2차 세계대전을 종결시킨 중심국가이고, 핵무력을 지구상에 공식적으로 사용한 최초의 안보무력 국가이자 자국의 달러화폐를 세계의 기축통화로 삼은 세계 경제 중심축이다. 중심축으로서 미국은 끊임없이 세계 전 지역의 안보와 국가 간 이해관계와 분쟁을 기획, 조정, 관리하는 무력 패권 국가, 이름하여 빅브라더라고 부른다.

요컨대, 미국의 힘의 그물망(power web)은 세계의 금융, 산업, 정보, 기술을 전 세계에 네트워킹하는 서버이자 다차원적·입체적인 중앙통제 센터에 해당한다. 미국 외교는 반드시 세계 혹은 국지적 안보와 직결되

---

209) 미국의 국가 정체성, 곧 국가 운명과 삶의 벡터는 북아메리카에 살고 있던 인디언의 나라를 짓밟고 빼앗은 정복의 사건들로부터 시작된다. 미국의 국가운명은 유럽의 구체제에 저항한 청교도의 정신이 이념적 아버지가 되고 칼(총)을 어머니로 하여 탄생하고, 인디언들의 피를 젖으로 하고, 흑인노예들의 육체의 노래 속에서 잉육되었다고 할 수 있다.

고, 안보는 미국의 기업과 금융이익과 직결되어 군–산–학–연의 복합체적 성격과 연동되고, 미국정부의 역할은 전 세계로부터 흡입되는 이 모든 에너지와 부를 미국의 국가이익이라는 단어로 환원하여, 재생산하는 데 있다.

2) 국가 운명정체성 정립과정

미국의 운명정체성은 자유민주주의 국가(유기체), 자본주의정체성(집단), 패권정체성(역할), 서구유럽 역사문화정체성(유형), 세계 이익(안보·경제)전쟁(변강), 서구유럽 중심 이주민 정체성(민족), 이민자 복합정체성(문화), 핵무력 패권정체성(핵무력)의 양상을 띤다.

미국은 유럽문명 전통 위에 민주주의 혁명을 이룩한 국가이다.
미국은 지구적 차원의 다인종·이민자 연합국가이다.
미국은 세계전쟁을 종식시킨 다민족 연합 세계중심국이다.
미국은 지구적 차원의 안보와 경제관계를 주도하는 국가이다.
미국은 세계 제2차대전을 종식시킨 무력의 강국이다.
미국은 지구촌에 핵무력의 실력을 행사한 유일한 국가이다. 미국은 세계의 분쟁과 핵무력 개발의 제한을 강제하는 빅브라더이다.
미국은 태평양을 실질적으로 장악한 해양패권 세력국가이다.
미국은 세계 제1의 자본주의 경제대국이다.
미국의 화폐, 달러는 세계의 기축통화이다.
미국 정치체제는 자유민주주의 인권의 대표명사를 벡터로 한다.
미국은 세계의 모든 안보와 에너지자원을 흡수한다.

	건국이념(원형)	현실이념(현재형)	미래상
정체이념 대북한 입장	자유민주주의 역사적 전쟁적대	자유민주주의 패권 보수-진보 균형	자유민주주의 패권 세계안보, 국가이익
정체성	Bigbrother 패권국가	안보경제 패권강국 태평양구심형 패권	중국포위 패권강화 아시아 안보동맹
실천목표 (북한 핵 정책)	강압중심 대화병행	중국 주도 6자회담 UN 제재, 경제봉쇄	한반도 비핵화 북핵 중국관리체제 북핵 직접관리체제
방법	한미동맹 재래식무기 전쟁	한미동맹 강화 6자회담/북미대화 압박과 회유	한미동맹강화 북핵 평화적 해결 독자핵보유 검토
딜레마	한미동맹: 정권별 죄수의 딜레마(한 5년, 미 4년 시한부정권) 빅브라더, 피그미의 동등 지위 인정 딜레마 대만, 남한, 일본, 중동, 중남미, 아프리카 일부 북한 모델링화		

[그림1-21] 미국의 국가운명정체성 결집구현도해

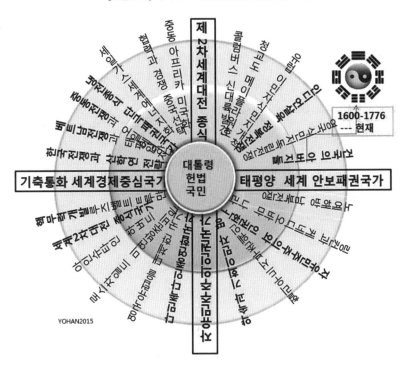

미국 패권의 특성을 한마디로 압축하자면 미국은 구심형 패권국가이다. 이 같은 미국의 패권성은 지리공학적으로는 태평양을 심장부로하여 미국중심 안보의 원심형적 파문의 국제질서 관리와 경제력의 구심형적 흡수라는 형태로 나타난다. 학자들은 이와 같은 미국 국가운명정체성의 속성을 해양 패권세력으로 분류하며, 원심형적 성격을 띠는대륙패권 세력인 중국과 비교하기도 한다. 분명한 오류이다. 미국이든중국이든 모두 복합성을 지니고 있다.

3) 미래목표와 그 벡터

미국의 미래목표와 외교전략, 그 벡터는 모두 '국가이익'으로 설정되어 있다.

국가이익의 관점에서 안보무력은 곧 경제이익으로 변환되며, 경제이익은 곧 미국 내 군-산-학-연의 군·산 복합체적 이익 창출로 연결되어수렴되고, 힘으로 재생산되는 메커니즘이 작동된다. 안보무력은 전쟁수행 실력이고, 기축통화인 달러의 함의(complicate message)는 미국이 안보수행에 지불한 손실을 세계의 금융과 환율차, 국채, 오일관리 등을 통해보전하여 준다는데 있다. 결국 세계의 모든 에너지 자원(오일, 식량 등)과안보관계 산업은 미국을 중심축으로 하여 들락날락 전개된다.

미국은 세계 제일의 자본주의 경제대국이다. 미국이 시장을 열어주면 그 나라는 성장했다. 한국전쟁과 일본, 베트남전과 한국, 대만의 근대화와 경제성장이 그 대표적인 사례이다. 이들 국가에는 여김 없이 미군이 진주하고, 경제구조는 미국과 밀접한 상호작용과 공명의 이익동맹을 형성하고 있다. 월러스타인의 세계체제론적 관점에서 볼 때 안보적 예속과 경제적 예속이 중층적으로 강화되며, 미국 동맹의 이익 착취

구조화가 심화되는 '저강도 전쟁'으로 묘사된다.[210]

   미국은 일본과 한국–대만–베트남–호주 안보동맹으로 태평양을 방어 동맹을 구축하고, 클린턴과 부시에 이르러서는 중동의 친미국가화를 가속화하며, 오바마 행정부에 이르러서는 아프리카의 친미국가화 전략기조를 내세우고 있다. 미국이 약소국가와 맺는 안보동맹은 경제동맹으로 직결되며, 경제동맹은 곧 미국 중심의 교육생활 문화동맹으로 업그레이드되고 역사화된다.

   1978년 덩샤오핑의 개혁개방 노선선회 이후 이룩한 중국 고도성장의 저변에는 미국의 자국시장 개방에 있다. 그러나 중국의 자본시장화는 중국을 G2로 격상시킨 눈부신 성공이라는 반면에 미국의 금융, 정보, 통신, 자동차 등 고부가가치 산업의 중국시장 진입과 미국주도 금융산업의 중국 시장 진입이 숨어 있다.

   미국 패권은 세계의 에너지와 핵심적 정보가 미국으로 수렴되는 구심적 패권의 빅브라더이다. 2000년을 거슬러 올라가 고대 세계의 중심축이었던 로마제국(BC27년)을 연상케 한다. 이와 같은 미국의 잠재능력과 미래전략 노선에서 본다면, 중국경제는 2020년을 안팎으로 일본이나 한국이 겪었던 고도성장의 후폭풍의 위기에 직면할 수 있다. 또 중국특유의 사회주의 중앙집권적 경제성장 주도에 따른 한계를 노출하고 종이호랑이로 전락할 것이라는 비관적인 예언을 일축할 수 없게 된다.[211]

---

210) Immanuel Wallerstein, 2003, The Decline of American Power: The U.S. in a Chaotic World, 『미국패권의 몰락』, 한기옥 · 정범진 옮김, 서울: 창비, 2004

211) 조지 프리드먼, 『100년 후, NEXT 100 YEARS』, 손민중 옮김, 이수혁 감수, 서울: 김영사, 2010, pp.133–151.

미국 대 북한, 국가운명정체성의 한판대결: 시간의 전쟁

이같이 미국의 국가운명정체성과 그 벡터를 정의하고 나면, 우리들의 당면 딜레마이기도 한 미국의 대북한 핵무력 전략기조와 그 벡터에 대한 시사점을 얻을 수 있다.

미국이 바라보는 북한 핵무력 딜레마의 해법은 크게는 두 갈래이다. 북한 김정은 체제가 붕괴되어 핵무력 딜레마가 자동적으로 해소되거나 중장기적으로 중국의 대북한 억제력이 약해지고, 미-북 간에 일대일 협상을 할 수밖에 없는 국면이 도래한다.

미국은 2003년 이미 중국에게 6자회담을 주도국의 지위를 부여하여 북한 핵 딜레마를 해결하기 위해 아웃소싱(outsourcing)하였으나, 중국은 완전히 실패했다. 그 실패는 2015년 중국의 시간을 대변하였던 북한 내 장성택과 그 파워 엘리트들의 숙청으로 입증되었고, 6자회담은 완전히 실종되었다. 장성택 처형 사건을 기점으로 북한은 중국의 국가 정체성을 미국과 다름없는 역사적인 대륙패권 세력으로 정위하였고, 중국은 북한의 국가운명정체성을 파키스탄과 인도에 다름없는 핵을 보유한 오랑캐 변강국가로 규정하였다. 한마디로 김정은 체제의 장성택 처형은 북한과 중국 간에는 중화와 오랑캐국가 간의 길고도 지루한 협력과 긴장관계라는 운명적 역사전쟁이 시작되었음을 의미한다.

미국은 북한을 국제적인 고립과 통제의 구조 속에 넣고, 때로는 중국을 압박하고 때로는 중국과 보조를 맞춰가면서 시간을 비축하며, 대중국 전략적 이득을 취한다. 미국으로서는 혈맹 수준의 한-미 안보동맹은 굳건하고, 북한 핵은 지리적으로는 거대강국 중국과 남한의 미국핵우산에 막혀, 핵 확산과 전이, 도발을 감행할 수 없는 '종이호랑이'에 불과하다. 북한 국가 운명정체성의 아킬레스건이 '고대 왕조적 전체주의 군선

독재국가'라는 아킬레스건이 노출된 이상, 미국으로서는 UN과 국제사회, 중국을 통하여 북한에 대한 고립과 경제 제재조치를 강화하여 강압과 회유의 병진전략을 지속하면서 북한을 핵 폐기 노선으로 유도하고 있다. 미국은 장기적으로 북한이 핵폐기노선으로 전회하거나 지구적 단위의 '자폐 국가'로 전락할 때까지 '시간은 미국 편이다'라는 판단이다.

답답한 쪽은 미국의 압력을 받는 중국과 크고 작은 도발과 안보비용이 누적되는 한국이다. 미국의 패권정체성의 심층적 성격을 읽고 있는 북한은 (중국과 남한을 압박하면서) "시간은 북조선 편이다."라고 목소리를 높인다.

2. 중국: 대미국 급부상, 원심형 대륙 패권국가

1) 기원과 성격: 다민족 역사문화 일통국가

① 중국은 5000년의 역사와 문명이 일통된 대륙의 패권국가이다.

중국을 연구할 때 과거, 현재, 미래를 통틀어 융합되어 전개되어가는 역사의 통시성과 역동성을 중요시하는 특징이 있다. 즉 역사라는 개념이 과거에 일어난 화석화된 사건에 대한 기억의 한 단면이 아니라, 현재와 만나 역동하고 미래를 추동해나가는 '살아있는 그 무엇(alive things)'으로 번안·번역된다. 따라서 중국을 연구할 때는 특정한 사건이나 시기를 잘라내어 독립시켜 인과관계를 분석하는 방법론이 아니라 거대한 통시성의 맥락 속에서 현재 진행되는 국면적인 사건의 공시성을 포착해야 한다.

중국사는 왜 거시중국사인가?

중국은 아시아대륙의 동쪽 절반부에 해당하며, 서쪽으로는 아시아와 유럽의 경계를 이룬다. 지구상 가장 많은 인구가 아시아의 동쪽 절반부

지역에 해당하는 광대한 중국대륙이라는 무대 위에서 무려 5천 년간 독자적인 문명을 연출해온 사극(史劇)이 중국의 역사이다.[212] 중국 역사의 주체(주인공)은 한족(漢族)과 소수민족의 연합이고, 그 연기무대의 발원과 중심지는 주로 황하(黃河), 양자강(揚子江), 및 주강(珠江)의 3대강 유역을 포함하는 동남아 해강 지역에서부터 러시아와 유럽과의 변경지역에 이른다.[213]

중국은 과거 150년 동안 인류역사상 규모가 가장 큰 혁명을 겪었으며, 그 결과 폐쇄적이고 보수적인 중세국가에서 하나의 근대국가로 탈바꿈했다. 그것은 15억이라는 인구의 사상과 신앙, 혼인과 교육 그리고 의식주 등에 이르기까지 막대한 영향을 미쳤으며, 그 상황은 우리가 평범한 잣대로 재는 것을 허락지 않는다.[214] 그 이유는 중국은 다민족 국제사회이고, 다양한 역사문화, 언어적 일통을 하여가는 과정에서 수립되었고, 또 현재도 중국의 변경은 인접국가들과 끝없이 강온양면의 조정관계 속에 있다.[215] 사실 중국은 내면적으로는 한족 중심의 단일민족국가에 다름 아니다. 이런 측면에서 '위장된 다민족 연합국가'로 볼 수 있다.

중국의 근대화를 시작한 지도자들이 공유한 문제의식은 역사의 전환이었다.[216]

---

212) 김영진, 『중국 오천 년사』, 서울: 대광서림, 2002, pp.13-29.

213) 중국은 한족인구 91%, 그리고 그 밖의 여러 민족이 8%를 이루는 다민족 연합 사회국가이다. 그들의 중요성은 표현하기조차 어렵다. 소수민족은 전국 총면적의 50~60%에 해당하는 광활한 지역을 역사적으로 생활 터전화(점유)하고 있다. 그들이 사는 지역은 주로 산악과 사막지대로서 그곳에는 각종 자원(資源), 즉 거대한 광물적, 에너지 자원이 지하에 숨겨진 채로 간직되어 있다. 시간이 흐를수록 소수민족의 중요성은 중국의 미래발전에 중요한 위치를 차지하게 된다.

214) 黃仁宇, 『巨視中國史』, 홍광훈 · 홍순도 옮김, 서울: 까치, 1993, p.6-15

215) 중국 다수민족인 한족(漢族)은 91%, 55개 소수민족이 8% 정도로 구성되어 있으나 소수민족은 중국 국통의 60% 정도를 차지하고 있다. 중국 정부는 5개구와 30개 주, 120개 현에서 이들의 자치를 허용하고 있다. 소수민족들이 사는 대부분의 지역은 가스와 석탄 등 자연자원과 삼림자원과 수력자원이 풍부한 경제적 자원의 보고로서 중국정부가 산업화와 현대화를 추진하면서부터 국가의 핵심적인 요충지로 떠오르고 있다.

216) 黃仁宇, 위의 책, 1993, p.13.

역사적 노선선회를 실천한 지도자들은 한국 근대화 성공 과정을 교본으로 삼았다. 1978년 개혁개방을 선언한 덩샤오핑 등은 모석두과하(摸石頭過河, 돌다리도 두들기면서 강을 건너자)라는 운동을 전개했다. 이와 같은 추세와 징조는 미래상황, 즉 중국의 역사가 서양의 문화와 합류하여 상업조직으로서 과거 농업조직의 체계를 대체하여 점차 수량관리화하는 여러 조건과 부합된다.[217] 통시적·공시적으로는 독재체제를 움켜쥐고 미국의 시장개방으로 경제를 급성장 시킨 박정희 정권의 근대화·산업화 전략은 중국 개혁개방의 야전교본이었다. 중국 덩샤오핑은 박정희 전략노선과 로드맵을 벤치마킹하여 성공했다.

② 중국의 국가적 특성은 국제사회이다.

중국사는 농본문화에 기반한다.[218] 중국민족의 대부분을 차지하는 농민은 항상, 한해와 홍수 등의 전재에 시달렸지만, 언제나 낙천적으로 잘 인내하면서 자연환경에 적응하여 절제 있는 생활을 영위해왔다.[219]

대평원에 정주하는 농민을 바탕으로 광대한 지역 위에 만들어진 한족 왕조국가는 북방 초원을 이동하는 유목민족의 침입이라는 위협을 끊임없이 받아왔고, 또 종종 정복 뒤에 그 압제에 복종하면서도, 중국 고유의 문화를 지속하면서 이민족(異民族)을 동화(中和化)시켰고 결국 정복왕조를 뒤엎고 민족의 독립을 쟁취하곤 했다.[220] 혹독한 자연과 역사

---

217) 黃仁宇, 위의 책, 1993, p.13-14

218) 金忠烈, 1994, 「中國哲學史1-中國哲學의 源流」, 예문서원, pp.58-75.

219) 중화인민공화국을 건국한 마오쩌둥은 에드거 스노우와의 대담에서 "나는 농민의 아들이다." 라고 자신의 정체성을 정의한다. 마오쩌둥에 따르면 중국의 정체성은 역사이며, 중국운명의 주체는 농민이고, 중국의 삶의 벡터는 농민에게서 비롯된다는 역사정체성을 의미한다.

220) 몽고제국이 중국을 정복하여 지배했고, 만주족이 중국의 원나라시대를 열었으나 동화되었고, 청나라도 결국에는 중화민족화(동화)되었다.

의 시련을 견디어 내면서 살아온 중국민족의 오랜 기간에 걸친 경험은, 인내심과 현실중심적인 중국 민족적 성격으로 생장하여 나타난다.[221]

중국은 한족(漢族)을 중심으로 총 56개의 종족으로 구성된 다민족 국가이다. 민족 구성상으로는 한족이 전체의 약 91.59%를 차지하면서 압도적인 다수를 차지하고, 기타 55개 소수민족이 중국 전체 인구의 8.41%를 차지하고 있다. 사실상 한족 단일민족국가라고 해도 무방하다.

중국 일통의 역사는 다민족 사회의 한족으로의 통합과정이라 할 수 있다. 중화화(中和化)로 불리는 역사적 통합과정은 국제사회적 변경의 분쟁과 전쟁, 문화협력과 교류에 의한 동질화, 제도와 규범에 의한 강제화 등을 병진시킨다. 또한 중국의 변경관계의 생성과 대립, 고유의 중앙정부와 지방정부 간의 제도, 문화의 통합 등이 중국대륙의 역사성 속에서 용융(鎔融)된다.

결론적으로 중국의 역사 정체성(변강, 민족, 문화 정체성)은 국제사회이다. 중국의 역대 통일과정은 국제연합 사회구성체의 통일과정이고, 이런 중국 국가 정체성의 중층적 구조와 복합적 성격은 중국사를 국면으로 분리할 수 없게 만든다.

2) 중국의 운명정체성 정립과정과 그 벡터

중국 국가운명정체성은 5000년 역사문화의 결집과정이자 총화에 해당한다. 특히 현재의 중화인민공화국의 정체성은 5000년간 변동되어온 변강(국토)와 역사문명, 중화사상과 실사구시, 심지어 마르크시즘까지도 변용시켜 흡수한 복합적 성격을 띠고 있다. 1978년 개혁개방 이후 아시

---

221) 김영진, 앞의 책, , 2002, p.29.

아 태평양 지역의 새로운 대륙 패권강국으로 부상하였다. 중국의 국가운명정체성은 5000년 역사문명의 총화, 즉 거대집단 네트워크가 보유한 연결망의 총화를 보여주고 있다.

[도표5] 중국의 국가운명정체성과 그 (대북한 핵) 벡터

	건국이념(원형)	현실이념(현재형)	미래상
정체이념 대북한 노선 대미국 노선	사회주의 동지적 혁명전통 적대적 경쟁관계	중국식 사회주의 역사주의와 실용 전략적 동반·경쟁	아시아 태평양 패권 중화중심아시아질서 중화적 이익 실현
정체성	중화인민공화국 역사 국제사회 국가	경제안보 패권강국 태평양 원심형패권	핵무력 동반 정책 중화적 가치 실현
실천목표 (북한 핵 정책)	비협력 불간여	북한과 핵무력분리 (two-track) 미─북 균형 조정역	북핵, 중국핵 역사화 북핵, 중─미 동반관리 체제
방법	북─중 전통 군사경제협력	중─미 관계 확장 6자회담주도 북, 중국의존도심화	중화중심 패권질서 한반도 안보경제 균형조정자 지위
딜레마	미국의 대중국 안보·경제 포위전략 대응책 핵무력을 보유한 북한의 지위와 역할 설정 딜레마 대만, 남한, 일본, 중동, 중남미, 아프리카 일부 북한 모델링화		

[그림1-22]은 중국의 정체성과 관련하여 다음과 같은 규정을 내릴 수 있게 한다.

중국은 역사문명국가이다(역사정체성)

중국은 중화민족주의 국가이다(민족, 유형, 집단정체성)

중국은 곧 국제 사회적 성격을 띤다(유형)

중국 일통 과정은 국제사회의 역사적 연합과 같다(역사)

중국은 가치중심주의적 사회구성체이다(문화정체성)

중국은 대륙 변강 패권국가이다(변강정체성)

중국은 핵무력 포위된 국가이자, 핵 관리 국가이다(핵무력정체성)

중국은 미국에 대칭되는 잠재적 패권국가이다(역할정체성)

중국은 중국 특색의 사회주의 국가이다(집단정체성)

중국은 동아시아 국가이다(집단정체성)

중국의 정체성은 나선형적 원심형적 성격을 띤다(성격)

중국의 주체는 농민이다(성격)

중국의 패권적 벡터의 지향점은 미국이고, 중국의 역사문화적 벡터
의 지향점은 유럽이다(국가 운명노선)

[그림1-22] 중국의 국가운명정체성 결집구현도해

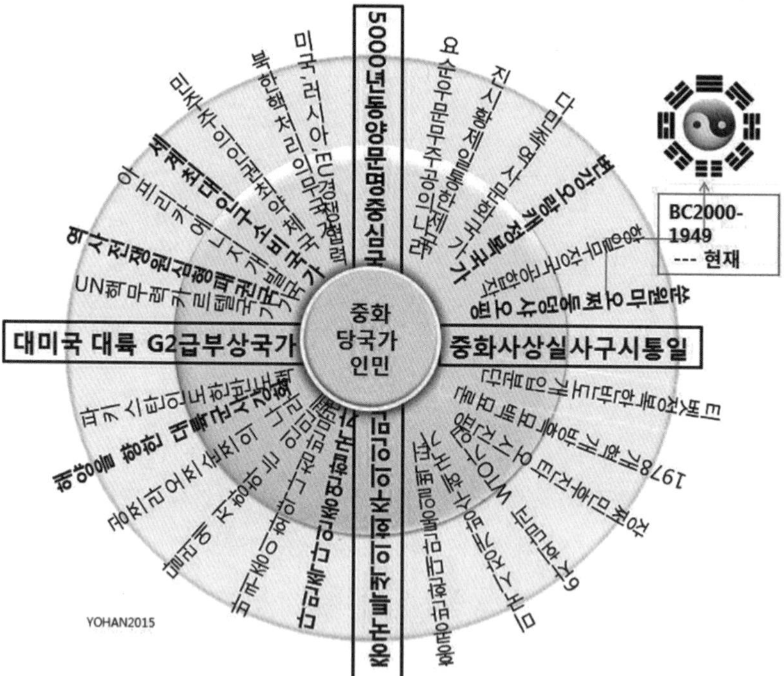

3. 북한: 핵무력 보유 김일성 유일사상체계국가

1) 국가수립의 기원과 성격

필자는 정체성의 주어가 운명이고, 운명의 동사가 삶이며, 삶의 중심 축의 노선이 벡터라고 정의했다.[222] 벡터는 물리학적 개념으로서 경향 성과 크기를 가진 화살표, 즉 중심축을 확실히 하고 지향과 지양의 방향 을 실어가는 힘의 총합, 비가역적 노선에 해당한다. 이 운명과 벡터의 지속성과 축적성과 연속성은 끝없는 상호작용과 공명, 융합과 교직의 생성관계의 기제로 전개된다.

북한 국가 운명정체성 정립의 기원은 항일 빨치산투쟁에 있고, 그 미 래적 벡터는 해방된 조국통일로 정위한다. 한일합병·일제강점의 상황 속에서 독립운동 세력들이 항일 무장투쟁을 선택한 순간은 한반도 운 명의 미래 노선을 결정한 역사적 사건이다.

북한의 입장에서 볼 때, 항일빨치산 투쟁은 김일성(할아버지)-김정일(아 들)-김정은(손자) 3대 장군에 이르게 되는 역사적 맥락의 전개과정의 탄 생점이다. 항일 빨치산 투쟁 과정에서 김일성의 목표는 자주적 사회주 의 조국해방이었고, 그 결과 북조선민주주의 인민공화국이라는 군·당· 국가라는 복합체를 창건한다.

그 벡터는 조국해방전쟁으로 명명된 한국전쟁과 분단고착화로 전개 되고, 북조선에서는 민족형식론과 주체사상, 나아가 선군사상과 핵무 력 네트워킹에 이르는 일련의 역사적 국면과 맥락의 총합에 해당한다.

---

222) 우리말의 강점은 한 단어를 주어, 동사, 목적어로 사용할 수 있다는 데 있다.

한마디로 항일무투는 북한 국가정체성 형성의 기원과 성격을 오롯이 보여준다. '북조선' 건국과정은 전쟁에서 시작하여 전쟁 중에 있고, 앞으로도 전쟁의 시간이 확정되어 있다. 한마디로 북한에게 전쟁은 어제, 오늘, 내일을 통괄한다. 후술하겠지만 전쟁·민족·시간·수령 8자(字)는 북한의 국가운명정체성을 함축한다.

2) 한반도 안보 주도권 획득: 핵무력보유 경제 강성대국

북한의 국가 목표는 사회주의 민족통일국가이고, 실천목표는 자위적 자생적 안보인 핵무력을 보유한 뒤 경제적 강성대국의 실현에 있다. 북한은 1991년 이전에 이미 핵무력 2, 3기를 보유한 것으로 추정된다.[223] 1991년 북한은 핵무기 프로그램을 개발하겠다고 공식 선언한 뒤 길고도 지루한 핵 로고스 게임(N.Logos game)을 거쳐 2006년 핵실험을 감행했고, 2012년에는 강성대국 실현하겠다고 선언, 2011년 김정일 사후 권력을 승계한 김정은은 로켓발사(2012. 12. 12.)와 핵실험(2013. 2. 12.)을 성공리에 감행했다.

북한은 미국과 공포의 심리전쟁을 벌여 가면서 핵무력을 네트워킹한다. 그 과정은 지구적 차원의 관심과 학습효과를 불러 일으켜 전 세계가 북한과 핵무력의 국제관계를 예의주시하게 되었다. 철제 무기체제의 전쟁의 개념을 현대판 북-미 간의 전쟁에 비유한다면, 빅브라더인 미국은 무제한급(super-heavy)이고, '피그미'인 북한은 모기급(mosquito)에 해당하여, 이 게임은 현격한 급의 격차로 인하여 경기(match) 자체가 성립되지 않는다.

---

223) 대다수의 국내외 학자 견해가 일치한다.

그러나 핵무력 게임은 기존의 철제전쟁의 게임 룰(matching rule)을 소멸화시켰다. 이정철은 피그미(난쟁이)와 빅브라더(거인)의 싸움이 성립되고, 피차 간 '말 대 말', '행동 대 행동'의 실력행사(핵무력)는 하지 못한 채 공포의 언어심리 전쟁만을 주고받는다는 사실을 갈파했다.[224]

북한은 핵무력을 과시하면서 이제 미국에게 말과 행동을 강요하는 단계에 이르렀다. 인간의 언어는 기본적으로 궁핍성을 지닌다. 북한이 핵실험에 성공했을 때, 미국은 침묵을 강요당한다. 그 침묵을 6자회담이 대신했다. 그러나 오바마 제2기 미 행정부에 들어와 더 이상 북-미간에 직접 대화를 피할 수 없는 단계에 이르렀다. 이는 학습의 마지막 단계이자 공명의 시작이라고 할 수 있다.

미국으로선 북한 핵을 인정할 수밖에 없다. "북한 핵무력"은 주체사상의 물리적 구현이다. 한국은 요동하는 국제정치의 정세 속에서 자칫 보트피플(boat people) 신세로 전락할 수 있다. 북한은 불안정 속의 동북아 정세가운데 핵무력을 매개로 하여 북-미, 북-중, 북-러 간 외교역량을 강화하고, 한반도의 안보주권 정체성을 주장할 게 뻔하다. 자칫 한미동맹의 좁은 틀에 갇힌 한국은 반쪽의 고립된 섬(isolated island of half-korea)으로 전락할 수 있다. 시간이 흐를수록 북한 핵은 진화하고 핵 보유를 보장받는 연대의 외연과 내연이 확장된다. 미국은 북한과의 직접 대화의 시간과 기회를 늘려 갈 수밖에 없다. 역사철학적·실사구시적으로 대비하지 않으면, 우리 한국은 앞으로 20년, 즉 2030년 안에 '국가 운명정체성의 국제적 실종'이라는 전몰적 상황에 직면할 수 있다.[225]

---

224) 장달중·이정철·임수호, 앞의 책, 2011, p.107, p.124.

225) 조지 프리드먼은 그의 저술 『100년 후』에서 2030년이면 한반도는 통일될 것이라고 전망했다(p.215). 남한의 흡수통일을 의미하는 이 견해는 미국중심축 사고와 한미동맹, 나아가 남

우리 눈앞에 드러난 북한의 국가운명정체성은 그야말로 빙산의 일각에 지나지 않을 수 있다. 운명정체성의 생성은 관계성 속에서 발생하는 우주적 생명관계의 획득이자 지구적 삶의 비축성이다. 관계란 사건적이다. 시체를 누인 관 속과 같은 진공의 공간상태에서는 아무런 문제도 발생하지 않는다(There is no problem). 관계생명의 목표와 지향점, 즉 눈이 먼 상태이자 벡터가 없기 때문이다.

그러나 운명정체성이론은 말하고 있다. 이 세상에 정지된 것은 아무것도 없고, 끊임없는 비평형 불안정한 세계 속에서 끊임없이 요동치고 증폭하며, 그 비평형 무산구조 속에서 불가역적인 시간의 벡터(엔트로피)가 생성될 뿐이다. 2012년 말 이후 김정은 체제의 출범을 미국과 한국은 정지된 시간으로 판단하는 오류를 범했다. 그리고 북한이 자증한 인공위성 로켓발사 3차 핵실험, 잠수함 미사일 발사실험의 실력은 미국과 남한이 전혀 인지하지 못한 사건이다.

북한 핵무력은 항일빨치산 투쟁으로부터 선군사상에 이르는 역사적 과정의 물리적 총화이다. 북한 핵무력 개발의 역사성은 항일무장투쟁이고, 조선민주주의 인민공화국의 'oringins(기원)'은 또한 항일무장투쟁에 있다.

미국은 북한의 국가운명정체성을 정확히 보지 못하고 있거나 외면하고 있다. 부시 행정부와 -김정일 간에 전개되어온 시간은 우리 편 게임(제1차 시간전쟁)에서 미국은 패배하고 말았다. "시간이 흐르면 북한 체제는 무너진다"와 "시간이 흐르면 핵은 진화하고 미국은 협상의 장으로 나오

한의 대북한 경제격차 비교우위만을 고려한 단견이다. 프리드먼이 바라보는 북한의 국가운명정체성은 빙산의 일각에 해당할 수 있다.

274 시간과 인간의 운명정체성

게 되어 있다"라는 정반대의 냉전 종식게임에서 북한의 실력은 입증되었다. 북-미 핵 협상 주도권은 북한에게 돌아갔고, 장성택 처형 이후 중국주도 6자회담은 폐기되었고, 북한 핵의 진화는 현재진행형이다.

3) 역사정체성 정립과정

북한 국가운명정체성의 성격은 주체성, 일관성, 보편성, 유기성, 현장성 등 5가지로 분류된다. 김일성 유일사상체계에 따르면, 북한의 국가정체성은 인간의 자주성과 민족의 주체성을 기반으로 항일빨치산 투쟁기를 통해 운명화되었고, 일본과 미국이라는 제국주의에 대항하여 줄기차게 싸워온 일관성과 지속성을 확보하고 있다.

주체사상의 요체는 결국 인간의 자주성의 실현이라는 점에서 보편성을, 수령이 국가와 전쟁의 일상화 체제를 주도하고, 시스템과 인민이 반려적 역할을 하고 있다는 점에서 유기성을 그리고 끊임없이 국제 구조 환경과 한반도라는 지역단위 안에서 다양한 미니어처 전쟁게임[226]을 촉매제로 추동하는 현장성을 지니고 있다.

---

226) 국지전을 의미한다. 미니어처 전쟁게임이란 제1,2차 연평해전, 금강산 관광객 피살,천안함피침, 연평도피폭, 공포의 언어 심리전, DMZ 지뢰도발 등을 포괄한다.

[도표6] 북한의 국가 운명정체성과 그 벡터

	건국이념(원형)	현실이념(현재형)	미래상
정체이념 대미국 입장	항일무투 주체사상 주적, 패권제국주의	선군사상 핵무력 대결과 협상	선군사상 핵무력 한반도 헤게모니
정체성	사회주의 혁명국가 반미 분단 정전국가	핵보유 강성대국 한반도 신 오랑캐	핵을 보유한 경제강성대국
실천목표 (북한 핵 정책)	강압중심 대화병행 N-Logos game 핵 프로그램 개발	한반도 헤게모니 북-미 직접협상 중국 실리균형외교	핵 아카데미국가 대중 자주외교 대미 단독평화협정
방법	북-중 혈맹관계 철제무기체제 도발과 긴장구축	북한식 경제개혁 6자회담/북미대화 압박과 회유	핵무력 공포강화 북한식 개혁개방 남북한 경제협력
딜레마	한미동맹: 정권별 죄수의 딜레마(한 5년, 미 4년 시한부정권) 빅브라더, 피그미의 동등 지위 인정 딜레마 대만, 남한, 일본, 중동, 중남미, 아프리카 일부 북한 모델링화		

북한은 민족·영토 분단국가이다(민족, 변강정체성)

북한은 '조국해방전쟁' 깃발 아래, 동족 대량살상 전쟁을 일으켰다(민족, 변강정체성)

북한은 중국, 남한, 러시아, 미국, 일본 등 강대국의 변강국가이다(변강정체성)

북한은 중국의 변방 오랑캐 국가이다(변강정체성)

북한은 김일성 유일사상체계 국가이다(유형, 민족, 문화, 역사정체성)

북한은 핵무력 보유국가이다(핵무력정체성)

[그림1-23] 북한 국가운명정체성 구현도해

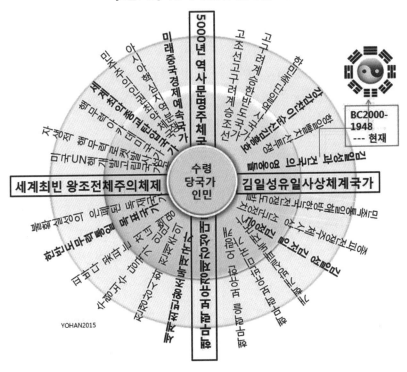

북한은 독립국가이다(유기적정체성)

북한은 왕조적 군선적 전체주의 독재체제 국가이다(유형정체성)

북한은 핵무력과 야만이 공진하는 전체주의 국가이다(집단정체성)

북한은 핵무력을 보유한 반미국가이다(역할정체성)

북한은 핵무력을 보유한 대중국 오랑캐국가이다(역할정체성)

북한은 세계최빈국이자 독재적 인권안보 약체국가이다(유형 정체성)

4) 미래목표와 그 벡터

북한의 미래목표는 무엇이며, 그 벡터는 어디로 향하고 있는가? 북한의 미래를 파악하기 위해서는 먼저 북한 핵무력 정체성을 규정해야 한다. 북한 핵은 내부와 대외적인 두 갈래의 방면에서 정의된다. 내부적으로는, 북한 핵은 항일무장투쟁과 조국해방전쟁 그리고 '조선통일'에 그 역사적 통괄적 벡터를 두고 있다. 북한 핵무력은 ① 미국 제국주의에 대항하는 절체절명의 운명적인 무력이고, ② 한반도의 평화를 강제하는 절대 외교무력이며, ③ 미래에 다가올 자주민족 해방전쟁을 위한 필요충분조건이다. 운명정체성 이론이 갱신한 '시간의 ANT'에 따르면 핵은 북한 정체성의 생성물, 즉 주체사상의 물리적 구현이다. 북한의 운명이다. 김정일은 "핵은 곧 조선이다."라고 정의했다. 김정은은 핵무력과 경제 병진노선을 헌법에 명시했고 제도적, 군사적, 대외적 측면에서 김일성, 김정일을 계승한 3대로 이어지는 운명적 과업으로 규정하여, 전략적 개조사업을 진행하고 있다.

한반도를 벗어나 본다면, 국제관계 연결망 속에서 북한 핵의 정체성은 한반도와 동북아지역에는 공포의 절대무력의 등장에 해당한다. 미국과 일본뿐만 아니라 중국에게도 핵을 보유한 변방오랑캐국가가 탄생함으로써 가상의 동북아와 한반도 전쟁의 미래적 지형과 양상을 뒤바꾸어 놓았다.[227]

언젠가는 한반도에 새로운 국제관계를 실현하려는 북한 핵은 한반도에서 미국 패권안보 질서의 주도권의 특징인 '확실성 속의 혼돈'을 '혼돈 속의 질서'로 번안하여 미국과 중국을 뒤흔들고 있다.[228]

---

227) 북한의 SLBM 실력이 진화되고, 입증된다면 미국 항공모함의 한반도 접근은 가능한 것인가에 대해 검토해야 한다.

228) "미국의 판단과 행동은 지구적 차원의 안보에 진리성을 부여한다. 즉 미국을 따르지 않으면 혼돈과 전쟁이 야기된다."라는 전략 개념이 '질서 속의 혼돈'이다. 북한은 "미국 너희가 혼돈을 일으키고, 우리는 바로잡으려 한다."라는 '혼돈 속의 질서' 전략 개념으로 대응한다.

김계관 북한외상은 "(미국, 중국) 핵은 전 지구적 차원의 불행이다."라고 규정하여, 북한 핵딜레마를 전 지구적 차원으로 확장시키고 있다. 김계관은 "미국 핵이든, 중국 핵이든 지구적 차원에서 없어져야 할 '재앙'이 아니냐?"라고 반문한다. 미국으로선 중남미나 아프리카 등 반미 국가들에게 핵개발 기술이 전이된다면 핵 확산과 편재성의 길이 열려, 지구적 차원의 안보전환이 불가피해진다.

미국 핵전략은 주도권 차원의 시험대에 올랐고, 2016년 현재 말과 행동을 강요당하는 입장에 처했다. 2013년 말 제3차 핵실험과 로켓발사 성공은 북한 핵무력의 협상 주도권은 완전히 북한에게 넘어간 현실을 입증했다. 이제 미국으로선 해상을 봉쇄하고 경제제제를 통하여, 북한 체제가 스스로 붕괴되는 상황을 고대해야만 한다. 하물며, 핵주권 자체가 없는 남한이 북한을 향하여 취할 수 있는 무력 대응방안은 아예 없다. 한미동맹의 유일한 출구전략은 북한이 '질서 속의 혼돈'과 '혼돈 속의 질서' 전략을 혼용하고 있는 현실을 깨닫는 지점에서 시작된다.

4. 남한: 산업화 · 민주화를 이룩한 분단 민족국가

1) 기원과 성격

① 대한민국 정부수립의 기원: 항일무투인가, 미국인가?[229]
본문에 들어가기에 앞서 먼저 한 가지 질문을 던져야 한다. 대한민국 정부수립의 기원은 언제, 누구인가? 주로 중국에서 전개된 임시정부 등

---

229) 박찬표, 『한국의 국가 형성과 민주주의』, 서울: 후마니타스, 2007, pp.118-121.

항일무장투쟁인가? 아니면 미군의 군사점령과 신탁통치기구 수립에 있는가? 앞서 본 연구자는 북한의 정부수립의 기원을 항일 빨치산투쟁으로 삼은 바 있기 때문이다. 그 해답은 북한과는 달리 미국의 국제정치학자 케네시 월츠가 제시한다. 월츠가 주장한, "국제질서에는 오직 힘의 논리만이 존재한다."라는 냉엄한 신현실주의 논리는 적어도 1945년 8월 15일 이후부터 2015 말 현재에 이르기까지 한반도에는 시간성을 초월하여 견고한 진리성을 함유하고 있다.

정의는 객관적으로 정의될 수 없다. 강대국이 내놓기 쉬운 해결책은 그들이 원하는 바가 정의라는 것이다. 세계 패권의 형성이나 강대국 지위의 향상을 통해 체계변화를 조장하는 것은 역사의 거대한 계획들 중 하나다. 패권이 중요하다. 미국의 군사력의 목적은 갈등을 종결하는 데 있다.[230]

서대숙은 우리는 미-소 양국에 의해 해방을 얻었을 뿐 독립하지 못했다면서 한국전쟁은 민족통일을 위한 내전이 국제전 양상으로 확대되었다고 지적했다. 브루스 커밍스는 한국전쟁의 기원은 1945년 분단과 신탁통치에 있다는 입장이다.[231] 페렌바크는 이미 한반도 평양까지 진주한 소련과 무력충돌 없이 한반도를 관리하는 방안으로 미국 연합합동 참모본부가 38도선을 그었고, 정치적 수도인 서울과 항구인 부산이 있는 점이 국무성과 해군의 찬성을 얻어 소련에서 찬성한다는 회신을 받았

---

230) Keneth N. Waltz, 1978, 정성훈 옮김, 『인간, 국가, 전쟁』, 아카넷, pp.201-202.
231) 서대숙, 『김일성 김정일』, 부르스커밍스, 『한국전쟁의 기원 上』

고, 일본의 항복문서에 합동명령 제1호로 집어넣었다고 술회했다.[232]

38선을 획정한 연합참모본부 사람들은 38선이 두 개의 본질적으로 상반되는 철학 사이에 힘의 양극이 생길 줄은 꿈에도 몰랐고, 그 임시의 선이 정치적 국경선으로 굳어지든 (동족상잔의) 충혈을 빚어내는 죽음의 선으로 변하든 관계할 바가 아니었다.

전쟁에서 승리한 미국과 소련 양 패권강국은 서로 체제수호와 승전국 이익 공유의 분할선을 한반도 38선 이남과 이북으로 획정했고, 그 지역에 자국의 정체성과 이익을 보장하는 정부를 수립시켰다. 미-소 양대 패권 구조가 반공반제 블록 전선을 구축하기 위해 그 지역의 친미와 친소 엘리트들을 선택하여, 체제를 결정하고 국가의 제도와 기구를 만들었다.

박찬표에 따르면, 1945년 8월부터 불과 3개월여 정도 허락된 해방의 시공간은 남한의 국가 정체성의 원형이자 국가목표 그리고 미래 경로가 획정된 기간이었다. 미-소 강대국 체계(구조)가 남한의 국가정체성을 구성하고 결정했다고 주장했다. 그는 남한의 국가정체성에 대한 과거 원형, 현재진행 그리고 미래상에 대한 근본적인 물음을 던지고 있다. 남한은 어디로부터 와서, 어떻게 살며, 어디로 가고 있는가라는 국가 운명 정체성과 벡터가 무엇이냐는 것.[233]

---

232) 페렌바크, 『實錄 韓國戰爭』, 안동림 역, 서울: 범한출판사, 1967, pp.43-44.

233) 박찬표, 위의 책, 2007, pp.38-39. 박찬표는 그 해답으로서 남한의 국가원형을 건설한 주체 세력은 미군정 세력(7만 7천 명), 일본 구체제 기구와 인물들 그리고 남한의 양분된 파워엘리트들을 꼽고 있다. 이들 주체세력들은 불과 3개월 동안에 한국전쟁 직후부터 남한의 우파와 좌파 진영의 정치적·이념적 대립과 충돌의 원형이 형성되는 역사적 경로를 획정 짓게 된다.

운명정체성 이론과 박찬표의 주장을 연결하면, 한국독립논의, 분단획정: 미-소 점령 주둔 및 군정 설립 – 분단현실화 – 남북 반소, 반미블록의 형성 – 신탁통치 결정 및 찬성 – 적대적 남북 단독정부수립 – 남침·한국전쟁 – 분단 역사화 – 북한 핵무력 개발·한미동맹역사화 – 분단영구화라는 공식이 도출된다.[234]

(한국의 건국논쟁도 운명정체성이론에 입각하면 자연스럽게 풀린다. 항일무장 독립정부는 1919년 상해 임시정부가 국가의 원형이고, 1945년 광복·분단을 하나로 묶으면, 1948년 8월 15일 대한민국 건국이 탄생한다.)

② 분단국가 냉전패권 전이과정

미국과 소련은 한반도를 분단·분할 통치한 양극단의 힘이다.[235] 2차대전 이후 미국과 소련은 강대국 스스로의 패권목표와 강대국 논리를 펼쳐왔고 무정부 상태의 한반도에 적용했다.[236] 분단에 의해서 남한과 북한은 각기 미국과 소련을 주축으로 하는 두 세계체제에 강제 편입되었다. 따라서 미·소 두 체제 간의 적대적 대결구조는 한반도에서 남한 정권과 북한 정권 및 미국, 소련의 대결 또는 협상에 따른 기복을 보이면서 전개된다.[237]

미-소 양대 패권적 강자의 승리는 곧 한반도에서는 약소한 민족주의자들의 궤멸을 의미했다. 반면, 미국과 소련에 종속적인 극우, 극좌 세

---

234) 박찬표, 앞의 책, 2007, pp.39-40.

235) 한반도 분단배경으로는 미 외부책임론(미국과 소련), 내부책임론(민족내부분열) 등이 있다.(이기후 18-28)
2) 신용하, 앞의 책, (1987)pp.25-26. 신용하는 독립운동의 노선차이를 남북분단의 원인이나 배경으로 보는 것은 전적으로 잘못된 견해라고, 내부책임론을 비판한다.

236) 월츠, 앞의 책, (1978),pp. 204-210.

237) 김현수, "전후 세계 체제의 변화와 한반도",『해방40년의 재인식 I 』(송건호·박현채외 지음, 서울: 돌베 게,1985)p.30.

력의 권력쟁취와 파워엘리트로서의 전면부상을 의미한다. 그러나 이와 같은 미-소 간의 신탁통치에는 분할점령이라는 맥락의 공동점이 있는가 하면, 통치방식 국면에서는 미세하면서도 결정적인 차이점이 존재한다.

소련은 김일성 등 항일빨치산 무장 투쟁군을 인정하여 국가정규군으로 안착시켰고, 이들이 후에 남침의 주력군이 된다. 반면, 미국은 김구 중심의 상해 임시정부와 항일무장투쟁군인 광복군도 인정치 않는다. 이 차이점은 1953년 내전과 국제전의 중첩적 성격을 띤 한국전쟁 정전협상과 함께 중공군은 5년 뒤 북한에서 철수하였으나 미군의 범위와 영향력은 한미동맹의 이름으로 오히려 강화된다.

이 두 가지 국면의 미세한 차이는 한국전쟁 이후 역사적 과정과 맥락에서 남북 간에 천양지차의 격차를 만들고 만다. 본 연구는 '북한의 핵무력 보유'와 '남한의 핵개발의 구조적 제한'의 기원을 이 시점으로 본다.

2) 남한의 국가 운명정체성: 미 핵우산, 대북한 경제력 우위 국가

남한의 국가 정체성은 두 갈래로 정의된다. 외형적 정체성 측면에서는 자유민주주의 국가(유기체), 한—미—일 집단안보 정체성(집단), 신흥 경제강국 정체성(역할), 동아시아 국가군(집단)에 속한다. 역사정체성 측면에서는 남북 분단 국가정체성(변강), 한반도 민족국가 정체성(민족), 다문화 국가 정체성(문화), 미국핵우산 국가 정체성(핵무력)을 띤다. 이 가운데 한—미동맹 안보 예속 정체성(집단)과 신흥 경제강국 정체성(역할)이 한국을 이미지화하는 정체성이라 할 수 있다.

[도표7] 남한의 국가정체성과 그 벡터

	건국이념(원형)	현실이념(현재형)	미래상
정체이념 대미국 입장	자유민주주의 반공의 보루	민주복지국가 보수 – 진보 대립	통일복지국가 경제력 흡수통일
정체성	미국 종속국가 분단 약소국가	경제강국 미국 핵 우산국가	한반도 비핵화 핵무력 비대칭
실천목표 (북한 핵 정책)	전쟁억지 세력균형	한반도 비핵화 남한 핵무장화	한반도 비핵화
방법	한미동맹 재래식무기 전쟁	한미동맹 편승 6자회담/북미대화 압박과 회유	한미동맹강화 북핵 평화적 해결 독자핵보유 검토
딜레마	한미동맹: 정권별 죄수의 딜레마(한 5년, 미 4년 시한부정권) 대북한 핵 정책의 일관성, 지속성, 통일성이 불가능 북한: 대증요법, 언행일치의 원칙에 시간적 열등성 잠재		

남한 내부에는 갈등의 딜레마가 상수화(常數化)되어 있다. 북한에 대한 민족정체성의 공유의식 합의가 없다. 오히려 남남 간 갈등과 대립이 심화되어 불균형 현상을 노출시키고, 이런 정체성 혼란의 경향성은 대통령 선거와 주요 외교정책 결정과정에 심각한 영향을 미친다.

예를 들어, 2007년 말 노무현 대통령과 김정일 국방위원장 두 정상 간에 합의한 11·3 선언과 합의내용은 이명박 정권의 출범과 함께 사실상 백지화된다. 서해 경제평화자유지대를 공동개발하자는 합의문 파기가 대표적인 예이다. 보수와 진보 간의 진영논리에서 출발한 남남갈등은 "민족이냐, 한-미동맹이냐", "북한은 적인가, 민족인가"라는 정체성에 대한 질문이 선거라는 현실정치 그리고 안보의 역설과 맞물려 전개된다.

3) 미래목표와 그 벡터

운명정체성 정립의 딜레마: 한미동맹 대 민족정체성 불화 남한의 국가운명정체성에 대한 정의는 분야와 쟁점 따라 다르게 나타나 그 취합에 궁핍성이 뒤따른다. 특히 민족정체성과 안보와 이익에 대한 개념이 극명하게 엇갈린다. 보수와 진보 양대 진영 간의 반대와 혼동의 혼잡성은 전략과 정책의 통일성과 일관성, 지속성과 다양성을 생성하지 못한 채, 정권별로 극단적으로 폐기, 전환되는 널뛰기 현상의 한계를 노출한다.

　　특히 한반도·한민족 역사 정체성에 있어서 핵심인 한-미동맹 정체성과 민족 정체성 간에는 극명한 인식의 격차를 노정하고 있다. "안보 대결을 위한 한-미동맹의 우선인가, 통일을 위한 대화와 협력이 중요한가?"를 놓고, 국민적인 합의가 없다.

　　오히려 선거 때마다 진보와 보수로 갈라진 여야 진영 간 극단적 차별화를 통해 득표율을 높이는 전략을 도모한다. '친미 대 반미', '수구꼴통 대 종북좌빨' 등 선악 이분법의 말의 쓰레기 덩어리를 양산하며, '편 가르기'를 부추기는 극단적 진영대결로 몰고 간다. 북한은 그들 나름대로 미사일 발사실험 혹은 핵실험, 핵진화 발언, 국지적 도발, 대미국 공포의 심리전 등을 거침없이 행하여 민족정체성 소멸국면을 조장하는 악순환을 가중시킨다.

　　서재정은 한-미동맹 정체성의 강화는 곧 한반도·한민족의 민족정체성을 약화시킨다고 주장한다.[238] 필자는 부분적으로 동의하지만, 핵심 관건은 오히려 북한 핵의 정체성과 그 벡터 그리고 남한의 대북한 핵 인

---

238) Jae-Jung,Suh(서재정). Power, Interest, and Identity Military Alliances, 2007.이종삼 옮김. 『한미동맹은 영구화하는가: 군사동맹과 군사력, 이해관계 그리고 정체성』(서울: 한울,2009) p.175. 그는 아직도 미소의 냉전논리에 입각한 한반도의 분단과 한국전쟁과 그 이후 이념대립 과정에의 천착성을 벗어나지 못하고 있다.

식과 그 벡터가 한민족과 한반도의 미래상을 결정한다고 본다.

　이 인식의 격차가 바로 "남한과 북한은 한 개인가, 두 개의 국가인가?"라는 근본적인 질문을 낳는다. 서재정은 한반도 한 개의 국가를 이상적인 목표로 하고 있다. 그러나 2013년 이후 김정은의 북한은 '두 개의 한국'이라는 벡터를 향하고 있다. 앞으로 20년이면 모든 것은 판명된다.

　특히, 2015년 7월 중순 이란의 핵협상 타결이 우리 남한 정부에게 주는 시사점은 너무나 강력하다. 미국과 이란 간 핵협상 타결의 공동 조인국가는 미국, 영국, 중국, 프랑스, 러시아였다. 즉 알고 보면 이란핵개발문제는 핵무력 카르텔을 형성하고 있는 UN안전보장이사회 6개국이 참여한 지구적 차원의 딜레마였음이 입증되었다.

[그림1-23] 북한 국가운명정체성 구현도해

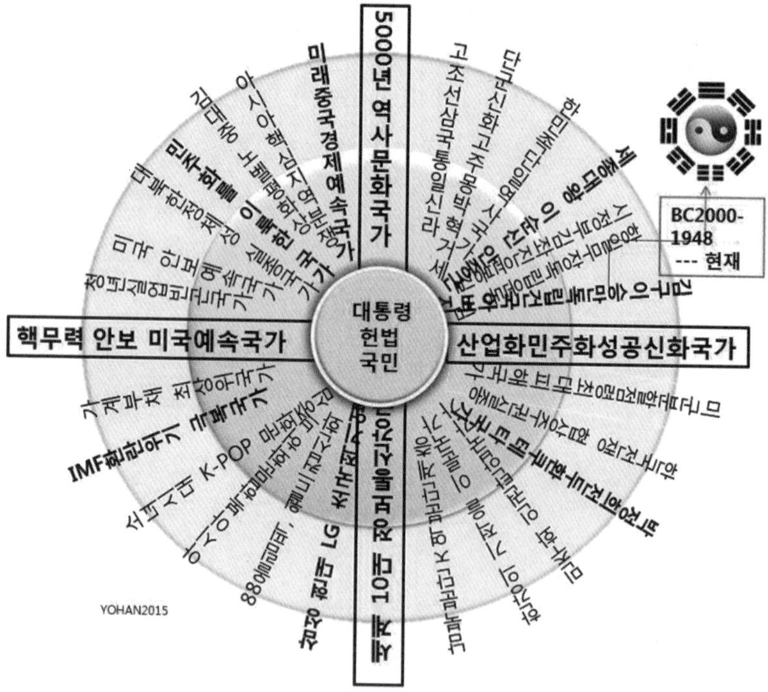

5000년 역사문화국가

미래중국경제예속국가

핵무력 안보 미국예속국가

산업화민주화성공신화국가

대통령
헌법
국민

BC2000-
1948
--- 현재

IMF혁신국가

YOHAN2015

박근혜 정권 이후 어떤 성향과 진영의 정권이 들어선다고 해도, 그 정권과 전혀 상관없이 머지않은 시기에 북-미 간에 핵무력 협상이 전개될 것은 확실할 터이다. 이때 이미 이란보다도 훨씬 앞서 핵보유국을 선언한 북한과 이들 핵 카르텔 국가 간의 협상이 전개되는 국면에 당면한다면, 우리 남한의 자리는 어디인가를 고뇌해야 한다. 남한은 엄정하게 자문(自問)하여 자답(自答)하고, 자증력(自證力)을 갖추어야 한다.

북-미 간 핵무력 운명정체성의 게임과 협상을 벌이는 국면, 한반도를 에워싼 지구적 차원에서, 남한의 국가운명정체성은 어디에서, 어디로 향하고 있는지를 스스로 냉철하고 준엄하게 물어보아야 한다. 남한에 핵주권이 없고, 핵개발의 구조적 제한에 묶여있는 이상, 북-미 간 협상에 남한의 개입이란 상상조차 할 수 없는 것이 국제관계 현실이다.

남한은 스스로 자문(自問: 북한핵무력의 운명정체성은 무엇이고, 우리에게 핵 주권이 있는가?), 자답(自答: 우리 핵개발은 구조적 제한에 걸려 있다), 자증(自證: 민족과 한미동맹을 여하히 일체화로 네트워킹할 것인가?)해야 한다. 그리고 대북한 핵무력에 대한 전략과 그 벡터를 세워야 한다.[239]

요약하자면, 역사적 과정과 맥락 속에서는 한민족과 한반도의 분단이 미소 전승국의 진영 구분과 그 벡터의 시공적 획정행위였고, 한국전

---

239) 후술의 요지: 이에 대한 해답은 2000년 전후 김대중 정권이 도해한 바 있다. 공간과 착점적인 현실 정치에 매몰된 진영논리로는 볼 수 없다. 김대중과 정주영에게는 역사철학과 실사구시와 실용 그리고 미래상에 대한 벡터의 총괄적인 관계망이 설정되어 있었다. 그 벡터가 클린턴 미 행정부의 전략기조의 벡터와 일치했다. 노무현 또한 김대중의 역사철학과 실사구시를 정확히 이해하지 못했고, 그의 노선을 계승했다고 할 수 없다. 노무현은 오히려 신자유주의적 이상주의자에 해당한다. 취임 초기 천명한 '동북아균형자론'이 그 증좌이다.

쟁 정전협정이 미−중−북 간의 이해관계 협상의 산물이었다면, 북−미 간 **핵협상**은 무엇을 의미하고 그 벡터는 어디로 향하는가를 고뇌하여야 한다.

우리 남한 국가 운명결정에 대한 외교안보적 자주권의 실종상태로 연결될 수 있다. 필자는 좌·우 진영논리에 포획된 외눈박이들이 제시하는 북한의 국가운명정체성을 문제 삼지 않는다. 북한 김일성·김정일·김정은 체제, 그들은 그들일 뿐이다. 왜 우리의 반쪽 렌즈로 그 정체성을 강제화하려 드는가. 오히려 고뇌해야 할 쪽은 우리 자신이다.

"우리, 남한의 국가운명정체성과 그 벡터는 어디로 향하고 있는가?"

선행되는 이 물음 자체가 곧 실사구시와 실용, 역사노선의 해답을 포함하고 있다.

이 책을 읽으신 청년들에게

우주적 진리란,

진실되며 자증되기 때문에 깨닫게 되면

인간으로서는 한량없는 슬픔에 젖게 됩니다.

깨달음의 진실은 우리 인간의 한계와 무기력을

엄정하게 회초리질 하며 일깨워줍니다.

철인이자 상인이었던 김대중 대통령이 남긴

마지막 말을 귀에 담아 두었습니다.

"인생은 아름답고 역사는 발전한다."

그런가요? 적어도 우주 시간철학을 감응한

저 요한에게는 멀게만 느껴집니다.

우리의 삶과 운명, 즉 너와 나 그리고 우리의 만남이

시간과의 공진이라면

"현재는 언제나 슬픈 것, 마음은 미래에 살고 모든 것은 순간이다."

이토록 간명하게 정리한 러시아 시인 푸시킨이
훨씬 진솔하게 다가옵니다.
다만 저 요한은 순간은 현재진행형이고,
현재진행형이 곧 영원성이라고
순간과 영원성이 공진한다는 진리성을 강조하고 있을 따름입니다.

슬픈 오늘을 영원성 속에서 오히려 고마움과
감동으로 전회시키며 살자는 것.
순간은 영원성과 현재진행형으로 결합할 때만
환희의 언덕에 이를 수 있습니다.

진리의 역설을 잘 알고 계시지요?
볼 수 있고, 만질 수 있고, 가지고, 누릴 수 있는 것들
이쪽의 욕망을 모두 놓아야만 저편의 진리에 다다를 수 있다는 역설
그 놓는 순간들은 차마 형언할 수 없는, 아픔이고 슬픔을 동반합니다.

누가 바닷가 밀려오는 파도의 숫자를 헤아릴 수 있다고 합니까.
누가 솔가지를 스치는 바람결의 숫자를 헤아릴 수 있다고 합니까.
파도든, 바람결이든 순간마다 다가오는 모든 얼굴은 다릅니다.

그 뼈를 깎는 구도의 고리들이 모두 연환되고 난 다음에야
칠흑의 암흑에서 해방된 새벽 종소리와 함께
묵중하고 자유로운 아침을 맞을 수 있습니다.

단 한 번뿐인 삶, 유일한 운명노선은
구도의 길 뿐임을 응시해야 합니다.

Dr, Yohan' Miserere Mei: 요한박사 참회록

주여,
나를 긍휼히 여겨주소서.
그 영겁의 인드라 눈동자를 내게로 돌리시어
숨결 끊겨가는 개와 같은 자의 비원을 들으시고
실명한 채 무너진 자의 눈과 뇌를 회복시켜 주시고
실족한 채 무릎 꺾인 자를 살려 바로 세워 주소서.

하여,
당신에게로 가는 길을 너무 멀리 돌아가지 않게 하소서.
지금 분노와 치욕이 나의 욕망에서 비롯된 것은 아닌지
지금의 시련과 절망이 나를 향한 당신의 손길이 아닌지
십자가 없는 부활, 고난 없는 영광이 있을 수 없는 진리를
돌이켜 보고 또 경각하게 하여 주소서.

제발,
시시비비의 원인을 나 자신에게서 먼저 찾게 하시고
스스로 양심을 거스르며 저지른 죄악을 통회케 하시며
이 생기다 만 것 같은 자에게 그 눈동자를 꼽아주소서.

주여,

당신이 주신 숨은 메시지는 시간이며, 그 언어는 침묵이고

네가 없으면 내가 없고, 내가 없으면 우리가 없는 진실을

우주의 침묵 속에 담긴 로고스를 깨어 응시하게 하시며

지평선을 향한 사자의 눈동자가 되어

오늘 하루를 나에게 주어진 긍휼의 마지막 날로 여기고

성령과 악한 것을 구분하는 기도를 끊이지 않게 하시고

단 한 사람도 실족케 않기 위한 자기절제의 거룩함을 지켜

이 곤고한 육신을 당신의 십자가 안에서 되살게 하소서.

주님,

우주의 나이만큼 머나먼 여정, 나를 품고 걸어온 신발 벗고

나를 만드시던 첫날에 주신 위대한 숨결 코끝에서 멈추면

독생자 예수 그리스도 이름으로 나의 모든 죄를 사하시고

주님의 영광 속에 있게 하소서.

참고문헌

1. 국내문헌

◎ 강만길·박현채, 『해방전후사의 인식2』, 서울: 한길사, 1985.

◎ 강성철, 『주한미군』, 서울: 일송정, 1988.

◎ 강원택·조홍식, 하나의 유럽: 『유럽연합의 역사와 정책』, 2009.

◎ 고승우·박우정·양영철·윤후상·정진우·정상모, 『핵과 한반도』, 서울: 아침, 1985.

◎ 권헌익·정병호, 『극장국가 북한』, 서울: 창비, 2013.

◎ 기미야 다다시(本宮正史), 『박정희 정부의 선택』, 서울: 후마니타스, 2008.

◎ 김경일, 『중국의 한국전쟁 참전 기원: 한중관계의 역사적·지정학적 배경을 중심으로』, 홍면기 옮김, 서울: 논형, 2005.

◎ 김구산, 『관계의 세계』, 서울: 울림사, 2010.

◎ 김대중, 『김대중자서전1,2』, 서울: 삼인, 2011.

◎ 김명자, 『현대사회와 과학』, 서울: 동아출판사, 1992.

◎ 김상엽, 『毛澤東思想』, 서울: 知文閣, 1964.

◎ 김상일, 『현대물리학과 한국철학』, 서울: 고려원, 1992.

◎ 김승국, 『한국에서의 핵문제·핵인식론』, 서울: 도서출판 일빛, 1991.

◎ 김영진, 『중국 오천년사』, 서울: 대광서림, 2002.

◎ 김옥준, 『중국외교노선과 정책: 마오쩌둥부터 후진타오까지』, 서울: 리북, 2011.

◎ 김일영·조성렬, 『주한미군: 역사, 쟁점, 전망』, 서울: 한울아카데미, 2003.

◎ 김재철, 『중국의 외교전략과 국제질서』, 서울: 폴리테이아, 2007.

◎ 김종성, 『동아시아패권전쟁』, 서울: 도서출판 자리, 2011.

◎ 김용운, 『人間學으로서의 數學』, 서울: 우성문화사, 1988.

◎ 김충열, 『중국철학산고 I , II 』, 서울: 온누리, 1988.

◎ _____, "중국의 천하사상", 『중국의 천하사상』, 서울: 민음사, 1988.

◎ 김학준, 『한국전쟁』, 서울: 박영사, 2010.

◎ 김형석, 『철학입문』, 서울: 삼중당, 1988.

◎ 김환석, 『과학사회학의 쟁점들』, 서울: 문학과 지성사, 2006.

◎ 민석홍, 『서양근대사연구』, 서울: 일조각, 1975.

◎ 박건영, "탈냉전기 중국의 한반도 정책", 『한반도의 국제정치─평화와 통일을 위한 새로운 접근』, 서울: 오름, 1999.

◎ _____, 『오바마와 북한』, 서울: 풀빛, 2009.

◎ 박 진, 『박진의 북핵 리포트』, 서울: 한국경제신문, 2003.

◎ 박찬표, 『한국의 국가형성과 민주주의』, 서울: 후마니타스, 2007.

◎ 박창권·김창수·박원곤·송화섭·전경주·황재호, 『미중관계 전망과 한국의 전략적 대응 방안』, 서울: 한국국방연구원, 2010.

◎ 박요한, "中國統治理念으로서 實事求是", 『고려대학교석사학위논문』, 2006.

◎ 백학순, 『북한 권력의 역사: 사상·정체성·구조』, 서울: 한울아카데미, 2010.

◎ 백창재, 『미국 패권연구』, 서울: 인간사랑, 2009.

◎ 서동만, 『북조선사회주의체제 성립사(1945~1961)』, 서울: 선인, 2005.

◎ _____, 『북조선연구』, 서울: 창비, 2010.

◎ 서보혁, 『탈냉전기 북미관계사』, 서울: 선인, 2004.

◎ 서재정, Power, Interest, and Identity Military Alliances. 2007, 이종삼 옮김, 『한미동맹은 영구화하는가: 군사동맹과 군사력, 이해관계 그리고 정체성』, 서울: 한울, 2009.

◎ 서보혁, 『탈냉전기 북미관계사』, 서울: 선인, 2004.

◎ 서진영, "이데올로기:모택동과 등소평의 맑시즘", 『현대중국정치론』, 서울: 나남, 1997.

◎ _____, 『탈냉전기 동북아의 국제관계와 정치변화』, 서울: 도서출판 오름, 2003.

◎ _____, 『21세기 중국의 외교정책』, 서울: 폴리테이아, 2006.

◎ _____, 『21세기 중국정치』, 서울: 폴리테이아, 2008.

◎ _____, 『중국혁명사』, 서울: 한울아카데미, 1992.

◎ 서 훈, 『북한의 선군외교』, 명인문화사, 2008.

◎ 소광희, 『시간의 철학적 성찰』, 서울: 문예출판사, 2009.

◎ 송두율, 『민족은 사라지지 않는다』, 서울: 한겨레신문사, 2000.

◎ 송성수, 『과학기술과 사회의 접점을 찾아서:과학기술학탐구』, 서울: 한울, 2011.

◎ 신기욱, 『한국민족주의의 계보와 정치』, 이진준 옮김, 서울: 창비, 2009.

◎ 신일철, 『현대철학사상의 새흐름』, 서울: 집문당, 1987.

◎ 신채호, 『신채호』, 안병직편, 서울: 한길사, 1979.

◎ 심지연·김일영편, 『한미동맹 50년』, 서울: 백산서당, 2004.

◎ 안준호, 『핵무기와 국제정치』, 서울: 열린책들, 2011.

◎ 양건열, 『문화정체성 확립을 위한 정책방안 연구』, 서울: 한국문화정책개발원, 2002.

◎ 이강덕, 『북한 '핵보유국'의 진실』, 서울: 해피스토리, 2012.

◎ 이관세, 『현지지도를 통해 본 김정일 리더십』, 서울: 전략과 문화, 2009.

◎ 이근욱, 『왈츠이후:국제정치이론의 변화와 발전』, 서울: 한울, 2009.

◎ 이상민, 『미국현대외교사』, 서울: 비봉출판사, 1998.

◎ 이수상, 『네트워크 분석 방법론』, 서울: 논형, 2012.

◎ 이수윤, 『政治思想史』, 서울: 법문사, 1999.

◎ 이순영, 『원자력과 핵은 다른 건가요?』, 1995.

◎ 이재철, 『요한과 더불어』 서울: 홍성사, 1998.

◎ 이정식, 『유신의 정치논리』, 서울: 박영사, 1977.

◎ 이정훈, 『한국의 핵주권』, 서울: 글마당, 2009.

◎ 이종석, 『북한─중국관계 1945-2000』, 서울: 도서출판 중심, 2004.

◎ _____, 『분단시대의 통일학』, 서울: 한울아카데미, 1998.

◎ 이춘근, 『과학기술로 읽는 북한 핵』, 서울: 생각의 나무, 2005.

◎ 이흥환 편저, 『부시행정부와 북한: 위기의 한반도, 어디로 가는가』, 서울: 삼인, 2002.

◎ 임동원, 『피스메이커: 남북관계와 북핵문제 20년』, 서울: 중앙books, 2008.

◎ 장달중·이정철·임수호, 『북미대립:탈냉전속의 냉전대립』, 서울: 서울대학교출판문화원, 2011.

◎ 장달중·이즈미하지매 공편, 『김정일체제의 북한: 정치·외교·경제·사상』, 서울: 아연출판부, 2004.

◎ 장성민, 『전쟁과 평화』, 서울: 김영사, 2009.

◎ _____, 『부시행정부의 한반도 리포트』, 장성민편역, 서울: 김영사, 2001.

◎ 장회익, 『삶과 온생명』, 서울: 솔, 1998.

◎ 전미영, "김정일 정권의 정세인식: 선군담론 분석을 중심으로"『KINU정책연구시리즈』, 서울: 통일연구원, 2006.

◎ 전재호, 『반동적 근대주의자 박정희』, 서울: 책세상, 2000.

◎ 정병준, 『한국전쟁: 38선 충돌과 전쟁의 형성』, 서울: 돌베개, 2006.

◎ 정욱식, 『핵의 세계사』, 서울: 아카이브, 2012.

◎ 조명철·김지연·홍익표, 『핵포기 국가에 대한 국제사회의 경제개발 지원경험이 북한에 주는 시사점』, 서울: 대외경제정책연구원, 2010.

◎ 최 영, 『現代核戰略理論』, 서울: 일지사, 1977.

◎ 최장집, 『민주화이후의 민주주의』, 서울: 후마니타스, 2009.

◎ 풀 빛, 『근대사회관의 해명』, 서울: 풀빛, 1984.

◎ 한국기독교사회연구원 엮음, 피터 헤이즈·류바 자르스키·월든 벨로, 『핵무기는 가라!: 미국핵전략과 한반도 평화』, 서울: 민중사, 1988.

◎ 한국정치학회·이정복 엮음, 『북한핵문제의 해법과 전망』, 서울: 중앙 M&B, 2003.

◎ 한상진, "유신체제의 정치경제적 성격", 『해방전후사의 인식』, 서울: 돌배게, 1986.

◎ 함형필, 『Nuclear Dilemma: 김정일체제의 핵전력 딜레마』, 서울: KIDA Press, 2009.

◎ 황영채, 『NPT, 어떤 조약인가』, 서울: 한울 아카데미, 1995.

◎ 핵전쟁방지국제의사회, 『핵전쟁과 인류』, 황상익 옮김, 서울: 미래사, 1987.

◎ 홍성욱, 『네트워크 혁명, 그 열림과 닫힘』, 서울: 들녘, 2002.

◎ _____, 『인간·사물·동맹: 행위자네트워크 이론과 테크노사이언스』, 서울: 이음, 2010.

◎ 홍현익, 『21세기 대한민국의 한반도 대전략』, 서울: 한울 아카데미, 2012.

2. 국내논문

◎ 곽승지, "주체사상이론체계", 『북한의 사상과 역사인식』, 서울: 세종연구소, 2002.

◎ 구갑우, "국제정치경제(학)와 비판이론, 존재론과 인식론을 중심으로". 『한국정치학회보』 38집 2호, 2003.

◎ 김상배, "한국의 네트워크 외교전략: 행위자-네트워크 이론의 원용", 『국가전략』, 2011년 제 17권 3호, 2011.

◎ 김영진, "중국의 대북핵정책", 『북핵문제의 해법과 전망』, 한국정치학회·이정복엮음, 서울: 중앙M&B, 2003.

◎ 김용호, "대북정책과 국제관계이론: 4자회담과 햇볕정책을 중심으로 한 비판적고찰". 『한국정치학회보』, 2002.

◎ 김유은, "동북아 안보공동체를 위한 시론(試論)"『국제정치논총』 제 44집 4호,2004

◎ 김재현, "주체사상과 북한연구"『북한연구방법론』, 서울: 한울아카데미, 2003.

◎ 김환석, "두 문화와 ANT의 관계적 존재론", 홍성욱 엮음, 『인간·사물·동맹』, 2010.

◎ _____, "행위자-연결망이론에서 보는 과학기술과 민주주의", 『동향과 전망 83호』, 2010.

◎ 김현수, "전후세계체제의 변화와 한반도", 『해방 40년의 재인식 Ⅰ』, 송건호·박현채외 지음, 서울: 돌배게, 1985.

◎ 김흥규, "중국의 동반자 외교 小考: 개념, 전개 및 함의에 대한 이해", 『한국정치학회보』 제 43집 2호, 2009.

◎ 남궁곤, "동아시아 전통적 국제질서의 구성주의적 이해". 『국제정치논 총』 제 43집 4호. 2003.

◎ 문수언, "러시아 푸틴 정부 대외정책의 새로운 경향과 자유주의 패러다임의 접근." 『국제정치논총』 제 46집 1호, 한국국제정치학회, 2006.

◎ _____, "러시아의 새로운 억지정책과 핵전략", 『슬라브학보』 제 15권 1호.

◎ _____, "고르바쵸프시대의 등장:소련지도자의 배경분석", 『중소연구』, 제10권 2호, 1986.

◎ _____, "러시아 연방공산당의 정강 및 소련지도자의 배경분석", 『중소연구』, 제10권 2호, 1986.

◎ 박순성, "한반도 분단에 대한 두 개의 접근": 분단체제론과 분단/탈분단의 행위자 네트워크, 『경제와 사회 2012년 여름호(통권 제 94호)』

◎ 박영자, "북한 주민의 핵무기 인식 및 정치요인 의식과의 상관성: 사회집단별 핵-권력체제 영향력 실태와 관계분석", 『2013 북한연구학회 춘계학술회의』, 서울: 북한연구학회, 2013.

◎ 박의경, "민족문화와 정치적 정통성: 루소와 헤르더", 『한국정치학회보』, 2002.

◎ 박현채, "남북분단의 민족경제사적 위치", 『해방전후사의 인식2』, 강만길외, 서울: 한길사, 1985.

◎ 박홍서, "월츠가 아인슈타인일 만날 때:상대성이론을 통한 신현실주의이론의 재해석", 『국제정치논총』 제 51집 3호, 2011.

◎ 서 훈, "선군외교의 환경적 요인과 전략모델." 『북한의 선군외교』, 서울: 명인문화사, 2008.

◎ 손용우, "신현실주의 관점에서 본 북한의 핵정책 고찰(1945~2009)", 『국제정치논총』 제 52집 3호, 2012.

◎ 송기돈, "구성주의 국제이론의 기반과 유형론에 대한 분석적 검토". 『정치·정보연구』 제 9권 1호(통권 18호), 2006.

◎ 신기욱, 『한국 민족주의 계보와 정치』.이진준 옮김. 서울: 창비. 2006.

◎ 신용하, "8-15해방전후 한국인의 역사인식", 『현대사를 어떻게 볼 것인가 Ⅰ』. 서울: 동아일보사(편), 1987.

◎ 심지연, "북한연구방법론: 역사적접근", 『민족사상연구』 제 11호, 2003.

◎ 양승태, "국가정체성 문제와 정치학 연구: 무엇을, 어떻게 -하나의 거대연구기획을 위한 방법론적 시론-『한국정치학회보』, 제 40집 제 5호, 2006, 겨울.

◎ 양준희, "월츠의 신현실주의에 대한 웬트의 구성주의의 도전" 『국제정치논총』, 제 41집 3호, 2001.

◎ 유진석, "핵억지 형성기 최초의 전쟁으로서 6·25 전쟁과 미국의 핵전략", 『한국과 국제정치』, (제 27권 제 2호, 2011년여름, 통권 73호)

◎ 윤태영, "북한 핵문제와 미국의 '강압외교': 당근과 채찍을 중심으로" 『국제정치논총』 제43집 1호. 한국정치학회, 2003.

◎ 이성권, 『김정일의 선군 리더십과 '조선인민군'』. 서울: 숭실대학교박사학위논문, 2012.

◎ 이순영, 『원자력과 핵은 다른 건가요?』, 서울: 한세, 1995.

◎ 이아라, "글쓰기과정의 숨은 독자(Hidden Reader)", 『국어교육연구』 제31집. 2008.

◎ _____, "글쓰기의 새로운 인지모형 제안: Chaosmosing의 원리", 『국어국문학』 제 48호. 2008.

◎ 이원설, "한반도 분단의 사적 배경". 『평화연구』 Vol.2, No.1. 1983.
◎ 이정철, "조선 로동당 3차 당 대표자회와 김정일 후계체제: 개혁 개방기 덩샤오핑의 후계전략과 비교를 중심으로". 『유라시아연구』 제 8권 제1호(통권 제 20호). 2011.
◎ _____, "북한의 개방인식 변화와 신(新)" 자력갱생론의 등장", 『현대 북한연구』 제 9권 1호. 2002.
◎ _____, "북한의 핵억지와 강제: 역사와 전망", 『민주사회와 정책연구』 통권 제 13호. 2008.
◎ 장달중, "김정일체제와 주체비전: 이데올로기, 당, 그리고 군중을 중심으로." 『김정일시대 남북한 전망』. 장달중·이즈미 하지메 공편. 서울: 아연출판부. 2004.
◎ 전성훈, "억지이론과 억지전략에 대한 소고." 『전략연구』. 통권 제31호. 한국전략 문제연구소. 2004.
◎ 정성장, "김정일 시대 북한의 '선군정치'와 당·군 관계." 『국가전략』 제 7권 3호. 2001.
◎ _____, "통치이념", 『북한의사상과 역사인식』. 세종연구소. 2002.
◎ _____, "혁명전략", 『북한의 국가전략』. 서울: 한울아카데미. 2003.
◎ 조성렬, "21세기 한·미 동맹과 주한미군의 장래", 『주한미군: 역사, 쟁점, 전망』. 서울: 한울. 2003.
◎ 조철호, "박정희 핵외교와 한미관계의 변화", 『고려대학교 박사학위논문』. 2002.
◎ 조흥식, "민족의 개념에 관한 정치사회학적 고찰", 『한국정치학회보』 39집 3호. 2005.
◎ 진덕규, "미군정 초기 미국의 대한 점령정책", 『해방 40년의 재인식Ⅰ』. 송건호·박현채외 지음. 서울: 돌배게. 1985.
◎ 진 영, "6자회담 합의문과 이행과정 재조명", 『국회의원 진영 자료집』. 2009.
◎ 최종건, "신현실주의 이론의 '무정부신화'에 대한 구성주의적 비판", 『한국정치학회보』 42집 2호. 2008.
◎ 하영선·민병원. "현대세계정치의 국제정치이론과 한국", 『변환의 세계정치』. 서울을 유문화사. 2007.
◎ 홍 민, "행위자 –연결망이론과 분단연구:분단 번역의 정치와 '일상으로의 전환'", 『동향과 전망 83호)』. 2010.
◎ _____, "급변하는 한반도와 통일학(북한학)의 발전방향", 『북한연구학회』. 2011.
◎ _____, "행위자 네트워크 이론과 북한연구:방법론적 성찰과 가능성", 『현대북한연구』 제 16권1호. 2013.
◎ _____, "북한 핵실험에 대한 한국사회의 인식: 수평적분단과 핵무기의 코스모폴리틱스", 『2013 북한연구학회 춘계학술회의』. 서울: 북한연구학회. 2013.
◎ 홍성민, "한국의 국가정체성과 문화분석: 한국의 문화학 연구를 위한 이론적 기초탐구", 『국제정치논총』 제 46집 2호. 2006.
◎ 홍원표, "한국전쟁과 한·미관계", 『사료로 본 한국의 정치와 외교: 1945~1979 제3장』. 한국역사정치연구회 김용직편. 서울: 성신여자대학출판부. 2005.

3. 기타

◎ 국정홍보처, 『참여정부 국정운영백서⑤ 통일·외교·안보』. 2008.
◎ 박태균, 『경향신문』 (2009년 6월 19일자).
◎ 이종락, "원전 4호기마저 폭발...1~4호기 완전 초토화 '방사능 패닉'", 『서울신문』. (2011년 3월 15일자)
◎ 이용수, "北核그늘아래 한국: DJ, 북한의 핵실험 가능성 관련, '불가능할 것'", 『조선일보』. (2012년 2월 15일자).
◎ 박요한, 『주간 인사이드』 (2009년 9월 28일자)
◎ NAVER 지식사전, 중국 (中國, The People's Republic of China, PRC). http://terms.naver.com/print. nhn?docld=561228. (검색일자:2011.9.2)

◎ 정진탄, 『뉴시스』, "김정일, 핵계발 계속....미래에 中 경계유언". (2012년 4월13일자)

◎ 생명의 말씀사, "욥기, 42장 4절", 『NIV 한영스터디 성경』, 2008.

◎ 존 벨러미 포스터(John Bellamy Foster), "미국의 새로운 제국적 거대전략", MONTHLY REVIEW 1. 필맥 MR편집팀 편역. 서울: 필맥, 2007.

◎ 한홍구, "인천자유공원의 맥아더 동상", 『한겨레21: 한홍구의 역사이야기』 제 47호, (2002년 5월 2일자).

4. 외국문헌

◎ Bergson, Henry. Creative Evolution, Llcim, Memphis, TN, USA, 2012.

◎ Capra, Fritiof. The Web of Life, Anchor Books, A dicision of Ramdomhouse, Inc, New York. 1996.

◎ _____, The Tao of Physics, Shambhala .Colorado,USA. 1975.

◎ Carroll,Sean, From Eternity to Here, A Plume Book,New York,USA,2010.

◎ Callon, Michel and Bruno Ratour. "Don't Throw the Baby out with the Bath Scool! A Reply to Collions and Yearley", in Andrew Pickering, eds., Science as Practice and Culture, University of Chicago Press: Chicago. 1981.

◎ Cristian, David. Maps of Time: An Itroduction to Big History, University of Calfornia Press. Berkeley Los Angeles Calfornia.USA. 2011.

◎ Dae-sook, Suh. Kim Il Sung; The North Korea leader, New York: Columbia   University Press, 1988.

◎ Foucault, Michel. The Order of Things, Random House Inc, NEW YORK. 1994.

◎ Freedman, Lawrence. The Evolution of Nuclear Strategy, St.Martin's Press, New York, USA. 1989.

◎ Harry, Collins and Steven Yearley, "Epistemological Chicken", in Andrew Pickering, eds., Science as Practice and Culture, University of Chicago Press: Chicago,1992.

◎ Huges, Thomas P. Network of Power. Electric Supply Systems In the US, England and Germany, 1980-1930. The John Hopkins Press: Baltimore, 1983.

◎ Keohane, Robert O. After Hegemony: CoopePress. ration and Discord in the World Political Economy. NJ: Princeton University. 1984.

◎ Keohane, Robert O. and Nye, JosephS. Power and Independence. Addison and Wesley Longman. 2001.

◎ Latour, Bruno. "Insiders&Outsiders in the Sociology of Science; or, How Can We Foster Agnosticism?" Knowledge and Society 3: 1981.

◎ _____, "Give me a Laboratory, and I Will Raise the World" in K. D. Knorr-Cetina and M. Mulkay eds., Science Observed, London. Sage. 1983.

◎ _____, "The Power of Association," in John Law ed. Power, Action, and Belief: A New Sociology of Knowledge? London. Routledge,1986.

◎ _____, "Mixing Humans and Nonhumans Together: The Sociology of a Door Closer." Social Problems 35:298-310,1988a.

◎ _____, "The Prince for Machines as well as for Machinations," in Brian Elliot ed., Technology and Social rocess. Edinburgh.Edinburgh University Press.1988b.

◎ _____, "Ethnography of a 'High-Tech' Case: About Aramis," in P. Lemonniered., Technological

Choices: Transformations in Material Cultures since the Neolithic, pp. 372–398. London and New York. Routledge.1993b.

◎ ____, "Pragmatogonies: A Mythical Account of How Humans and Nonhumans Swap Properties." *American Behavioral Scientist*. 1994.

◎ ____, "*On Actor–network Theory: A few clarifications*", 1997.

◎ Latour, Bruno. *Science in Action, How to follow Scientists and Enginineers through Society*, Cambridge: Havard University Press, MA,1987.

◎ ____, *We Have Never Been Modern*. Cambridge, Mass. Harvard University Press,1993a.

◎ ____, *Aramis, or the Love of Technology*. Cambridge, Mass. Harvard University Press,1996.

◎ ____, "To Modernize or to ecologize? That's the Question" in N. Castree and B. Willems–Braun eds., *Remaking Reality: Nature at the Millenium*, London and New York. Routledge, 1998.

◎ ____, *Pandora's Hope*. Essays on the Reality of Science Studies. Cambridge, Mass. Harvard University Press, 1999.

◎ ____, *Politics of Nature: How to Bring the Sciences intoDemocracy*. Cambridge, Mass. Harvard UniversityPress. 2004.

◎ Leakey Richard E. and Lewin Roger, *Origins*, E.P. Dutton, New York, USA. 1977.

◎ Mol, Annemarie. "*Ontological politics. A word and some questions*", *Actor Network Theory and after*. Blackwell Publishing/ The Sociological Review. Marston Book Servics Limited, Oxford:UK.1999.

◎ Morganthau, Hans J. *Politics Among nations: The struggle for Power and Peace* Sixth Edition. McGraw–Hill, Inc., 1985.

◎ Paul Davies. *About Time:Einstein's Unfinished Revolution*, Simon & Schuster Inc, New York.USA.1995.

◎ Prigogine, Ilyya. *The End of Certaintity*, The Free Press.NY.USA.1996.

◎ ____, From Being To Becoming: Time and Complexity in the Physical Sciences. WH Freeman and Company New York.1980.

◎ Richie, Nick. *Relinguishing nuclear weapons: identities, networks and the British bomb*. Blackwell Publishing Ltd/The Royal Insititute of International Affairs.2010.

◎ Sean Carrol. *From Eternity To Here*, A Plume Book, New York,USA.2010.

◎ Shakespeare, William. The Complete Works of William Shakespeare. Barnes & Noble, New York,1994.

◎ Smith, Anthony D. *The Ethnic Origins of nations*. Basil Blackwell Inc. NewYork, USA. 1986.

◎ Stenger, Victor J. God and the Multiverse.: Humanity's Expanding View of the Cosmos. Prometheus Books, New York, 2014.

◎ Viotti, Paul R and Kauppi Mark V. 1999. *International Relations Theory: Realism, Pluralism, and Beyond*. Third Edition. Needham Hights, MA: Allyn and Bacon.

◎ Waltz, Kenneth N. *Theory of International Politics*, Addison–Welsey Publishing Inc, 1978. USA.

◎ Wendt, Alexander. *Social Theory of International Politics*, Cambridge University Press, UK, 1999.

◎ Whitehead, A.N. *Process and Reality*, The Free Press. N.Y. USA. 1985.

◎ ____, Science and the Modern World, Cambridge At The University Press 1953. UK. 2011.

5. 국문 번역서

◎ Allison, Graham and Pilip Zelikow. *Essence of Decision: Explaining the Cuban Missile Crisis. Second Edition*. 1971. 『결정의 엣센스: 쿠바미사일 사태와 세계 핵전쟁의 위기』 김태현역. 서울: 모음북스, 2005.

◎ Anderson, Benedict. *Immagined Communities: Reflections on the Origin and Spread of Nationalism*. rev. and extended ed.New York: Verso, 1991, 윤형숙 옮김, 『상상의 공동체』 윤형숙역. 서울: 도서출판나남, 2002.

◎ Beker, Jasper. *Rogue Regime─Kim Jung Il and The Looming Treat of North Korea*. 2005. 김구섭·권영근 옮김, 『불량정권: 김정일과 북한의 위협』 서울: 기파랑, 2005.

◎ Buber, Martin. *Ich und Due(I and Thou)*. 1923. 『나와 너』 표재명역, 서울: 문예출판사, 1977.

◎ Carrol, Sean. *From Eternity To Here*. 2010. 『현대물리학, 시간과 우주의 비밀에 답하다』 김영태 옮김, 서울: 다른세상, 2012.

◎ Chinoy, Mike. Willim Morris Agency, LLC. 2008. 『북핵 롤러코스터』 박성준·홍성걸 옮김, 서울: 시사IN북, 2010.

◎ Chomsky, Noam. *Rogue States*. 2000. South End Press Brookline, Street1, Cambridge, MA, USA. 장영준옮김, 『불량국가』 서울: 두레, 2001.

◎ ____, *HEGEMONY or SURVLIVA*: America's Quest for Grobal Dominance. 2003. 황의방·오성환 옮김, 『패권인가, 생존인가: 미국은 지금 어디로 가는가』 서울: 까치, 2004.

◎ Cosmo, Nicola Di. *Ancient China and Its Enemies*. 2002. 이재정옮김, 『오랑캐의 탄생』 서울: (주)황금가지, 2005.

◎ Cumings, Bruce. 1981, *The history of the Korean war.(Princeton:Princeton University Press,)* 『한국전쟁의 기원 上』 김주환 옮김, 서울: 청사.

◎ ____, *North Korea: Another Country*, 2004. 『김정일 코드』 남성욱 옮김, 서울: 따뜻한 손, 2005.

◎ ____, *KOREA'S PLACE IN THE SUN*.1997.김동노·이교선·이진준·한기욱 옮김, 『브루스커밍스의 한국현대사』 서울: 창비, 2003.

◎ Darwin, C.R. *On The Origin of Species by Means of Natural Selection*. 1959. 『종의 기원』 (이민재 역). 서울: 을유문화사, 1983.

◎ Diamond, Jared. *Guns, Germs,Steel*. 1997. 김진준 옮김, 『총, 균, 쇠』 서울: 문학과사상사, 1998.

◎ Downs, Chuck. *Over The Line: North Korea's Negotiating Strategy*. 1999. 송승종 옮김, 『북한의 협상전략』 서울: 한울아카데미, 1999.

◎ Deleuze, Gilles and Fe'lix Guattari. *Mille plateaux, Capitalisme et schizophrenie*, Minuit: Paris, 1980. 『천개의 고원: 자본주의와 분열증』 김재인 옮김, 서울: 새물결, 2001.

◎ Duncan, D. Ewing. *The History of Calenda* 『캘린더』 신동욱 옮김. 서울: 씨엔씨미디어,1999.

◎ ____, 1954. *Ideas and Opinions*, Three Rivers Press, New York.
Anderson, Benedict. *Imagined Communities: Reflections on the Origin and Spread of Nationalism*, Verso UK: London 1983. Florig, Dennis 『미국의 힘과 패권주의』 김희명·김수연 역, 서울: 매봉, 2005.

◎ Foucault, Michel. 『감시와 처벌』(오생근옮김), 서울: 나남, 1975.

◎ ____, 『헤태로토피아』(이상길 옮김),서울: 문학과지성사,2014.

◎ Gilpin, Robert. *War and Changes in World Politics*. New York: Cambridge University Press, 1981.

◎ _____, *Global Political Economy*. Princeton University Press. 고현욱·강문구·김용복 옮김, 「세계정치경제론」, 서울: 인간사랑, 2001.

◎ Gleick, James. *Chaos making a new science*, 1987. 「카오스, 현대과학의 대혁명」 박배식·성하운 옮김, 서울: 동문사, 1993.

◎ Harrison, Selig S. *Korean and Endgame: A Strategy for Reunification and U.S Disengagement*, Princeton, N.J.: University Press,2002. 이홍동외 옮김, 「코리안엔드게임」, 서울: 삼인, 2003.

◎ Hayes, Peter. *American Nuclear Dilemmas in Korea*. 1991. 「핵 딜레마」, 고대승·고경은 옮김, 서울: 도서출판한울, 1993.

◎ Heisenberg, Werner. *Physics and Philosopy*. 1958. 최종덕 옮김. 「철학과 물리학의 만남: 현대과학의 혁명」, 서울: 도서출판 한겨레, 1982.

◎ Heisenberg, Werner. *Physics and Philosopy*. 1958. 「부분과 전체」, 김용준 옮김, 서울: 지식산업사, 1985

◎ Heidegger, Martin. *The Time and Being*. 1962. 문학과 사회연구소역 「시간과 존재」, 서울: 청하, 1986.

◎ _____, *The Being and Time*. 전양범 옮김, 「존재와 시간」, 서울: 동서문화사, 1968.

◎ Hesiodos, 「신들의 계보」(천병희 옮김), 경기도: 도서출판 숲, 2009.

◎ Hobbes, Thomas. *Leviathan*. 1651. 최공웅·최진원 옮김, 「리바이어던」, 서울: 동서문화사, 1988.

◎ Hobosbawm, E. J. *Nations and nationalism since 1780*. Camerbridge University Press. 1990. 강명세 옮김, 「1780년 이후의 민족과 민족주의」, 1993.

◎ Ikenberry G. John. *After Victory: Institution, Strateguc Restraint, and The Rebuilding of Order after Major Wars*. 2001. Princeton University Press. 강승훈 옮김, 「승리이후: 제도와 전략적 억제 그리고 전후의 질서구축」, 서울: 한울, 서울: 창비.

◎ Jack Prichard, Charles L.2007. *Failed Diplomacy*. 「실패한 외교」 김연철·서보혁 옮김. 사계절, 2008.

◎ Kant, Immanuel. 1781, *Kritik Der Reinen Vernunft*, 정명오 옮김, 「純粹理性批判」, 서울: 동서문화사, 1975.

◎ Kristensen, Hans M. 「Preemptive Posturing」 *Bulletin of AtomicScientist* (2002년 9, 10월호). p.58.

◎ Kuhn, Thomas. S. 1969, *The Structure of Scientific revolutions*, 조은옮김, 「과학혁명의 구조」 서울: 도서출판 조은문화사, 1992.

◎ Lakoff, George. *Whose Freedom?* 「자유전쟁」, (나익주 옮김), 서울: 프레시안북, 2010.

◎ Latour, Bruno. *We Are Never Been Modern*, 홍철기 옮김,「우리는 결코 근대인이었던 적이 없었다.」 서울: 갈무리, 2009.

◎ Latour, Bruno. "행위자 네트워크 이론에 관하여", 「인간·사물·동맹: 행위자네트 크이론과 테크노사이언스」, 홍성욱 엮음, 서울: 이음, 2010.

◎ Latour, Bruno. 「부뤼노 라투르의 과학인문학 편지」. 이세진 옮김, 서울:사월의 책, 2012.

◎ Latour, Bruno. "탈냉전시대의 좌파정치", 「진보의 패러독스」, 서울: 당대, 1997.

◎ Lindberg, David C. 1992. *The beginnings of Western Science*, 「서양과학의 기원들」, 이종흡 옮김, 서울: 나남, 2009.

◎ Lipton Bruce, H. and Bhearman Steve. 「자발적 진화」, (이균형 옮김), 서울: 정신세계사, 2009.

◎ Mearsheimer, John J. The Tragedy of Great Power. W.W. Norton & Company. 이춘근 역. 「강대국 정치의 비극」, 서울: 자유 기업원·나남출판, 2001.

◎ Nye. Jr, Joseph S. 2000. *Understanding International Conflicts: An Introduction to Theory and History*, 『국제분쟁의 이해』, 양준희 옮김, 서울: 한울 아카데미, 2001.

◎ Oberdorfer, Don. *The Two Koreas: A Contemporary History* (New York: Addison-Wesley, 1997. 『한국현대사비록: 두개의 한국』, 이종길 옮김, 서울: 길산, 2002.

◎ Orel, David. 2007. *Applo's Arrow*, 『거의 모든 것의 미래』 이한음 옮김, 서울: 리더북스, 2010.

◎ Orwell, George. *Big Brother is Watching You*. 이기한 옮김. 『조지오웰 1984』. 서울: 웅진코리아,1984.

◎ Prigogine, Ilya. *La Fin Des Certitudes*, 『확실성의 종말-시간,카오스, 그리고 자연법칙』, 이덕환 역, 서울: 사이언스북스, 1996.

◎ _____, *Order Out of Chaos*. 일리야 프리고진·이사벨 스텐저스, 신국조 옮김, 『혼돈으로부터의 질서』, 서울: 자유아카데미, 2011.

◎ Rifkin, Jeremy. 1983 *Entropy a New World View*. 『엔트로피의 법칙』, 최현역, 서울: 범우사, 1983.

◎ Rousseau, Jean-Jacques. 1755. *Discours sur l'origine et les foundement de l'inégalité parmi les hommes*, 『인간불평등기원론』, 주경복·고복만 옮김, 서울: 책세상, 2003.

◎ Rüpke, Jörg. *Zeit Und Fest*, 『시간과 권력의 역사』, 김용현 옮김, 서울: 알마, 2006.

◎ Serres, Michel. 1993. *La légende des anges*, 이규현 옮김, 『천사들의 전설-현대의 신화』, 서울: 그린비, 2008.

◎ _____, *Eclaircissements: cinqentretiens avec Bruno Latour*. 1992, 박동찬 역, 『해명』 서울: 솔, 1994.

◎ _____, 1977. *Hermès IV. La Distribution*, 이규현 옮김, 『헤르메스』, 서울: 민음사, 1999.

◎ Sigal, Leon V. *Disarming Strangers: Nuclear Diplomacy with North Korea*. Princeton, N.J.: Princeton University Press,1988.

◎ Snow, C.P. *The Two Cultures*, 『두 문화』, 오영환 옮김, 서울: 사이언스북스, 1959.

◎ Steven Mithen, 『마음의 역사』, 윤소영 옮김, 서울: 영림카디널, 2001.

◎ Strauss, Leo and Cropsy, Joseph. 1973. *History of Political Pilosophy*, University of Chicago Press edition 1981.

◎ Snyder, Glen H. *Alliance Politics*, Ithaca and London: Cornell University Press, 1977.

◎ Tajfel, Henri. *Human Groups and Social Categories:Studies in Social Psychology*, Cambridge, U.K; Cambridge University Press, 1981.

◎ Thomas Bulfinch, 『그리스 로마신화』, (손명현 옮김), 서울: 동서문화사, 2012.

◎ Wallerstein, Immanuel. 2003, *The Decline of American Power: The U.S. in a Chaotic World*, 『미국패권의 몰락』, 한기욱·정범진 옮김, 서울: 창비, 2004.

◎ _____, 1999. *The end of the world as we know it: social science the twentity-first century*. 『우리가 아는 세계의 종언』, 백승욱 옮김, 서울: 창비, 2001.

◎ Waltz. Kenneth N. Inc,1978. *Theory of International Politics*. Boston:Addison Welsey. Publishing Company.

◎ _____, *Theory of International Politics*. Addison-Weseley Publishing Company Inc. 케네스월츠 지음. 박건영 옮김. 『국제 정치이론』. 서울: 사회평론, 2001.

◎ _____, *Man, the State and War*. 정성훈 옮김. 『인간 국가 전쟁: 전쟁의 원인에 대한 이론적 고찰』, 서울: 아카넷, 2007.

◎ Wendt, Alexander, *Social Theory of International Politics*. Cambridge: Cambridge University Press, 1999.

◎ Whitehead, A. N. 1926 *Science and Modern World*. 『과학과 근대세계』, 오영환 옮김, 서울: 서광사, 1989.

◎ _____, 1933. *Adventures of Ideas* 『관념의 모험』, 오영환 옮김, 서울: 한길사.

◎ _____, 1929. *Process and Reality–an essay in cosmology–*, 『과정과 실재–유기체적 세계관의 구상』, 오영환 옮김, 서울: 민음사, 1991.

◎ Wit, Joel S. Daniel B, Poneman. Robert L, Gallucci, Going Critical: *The First North Korean Nuclear Crisis*, 『북핵위기의 전말』, 김태현역, 서울: 모음북스, 2005.

◎ Wittgenstein, Ludwig. *Tractatus Logical Philosopicus*, 1922, 이영철옮김, 「논리·철학 논고」, 서울: 천지, 1991.

◎ Woodward Bob. *Bush at War*, 『부시는 전쟁중』, 김창영 옮김, 2003.

◎ 渡辺昭夫. 外. 1989.『國際政治理論』, 권호연 옮김. 서울: 한울 아카데미, 1992.

◎ 飯塚央子. "중국의 핵 세력균형과 국제협력", 『핵확산문제와 아시아–핵 억지론을 넘어서』, 김선희 옮김, 서울: 도서출판 문, 2009.

◎ 船橋洋一. 『김정일 최우희 도박』, 오영환·예영준·박소영 옮김, 서울: 중앙일보 시사미디어, 2007.

◎ 平岩俊司. 『朝鮮民主主義人民共和國と 中華人民共和國 :脣齒の關係の構造と變容』, 이종국역, 「북한·중국관계 60년: '순치관계'의 구조와 변용』, 서울: 선인, 2013.

◎ 鄧小平. 『鄧小平文選 (1975–1982)』, 北京: 人民出版社, 1983.

◎ 毛澤東. "增强黨的團結, 繼承黨的傳統", 『毛澤東選集 第五卷』, 中和人民出版 公社, 1991.

◎ 馬大正. 『중국의 국경·영토인식–20세기 중국의 변강사 연구』조세현 번역, 고구려연구재단, 1988.

◎ 王緝思. "北核問題 和 當面 中韓關係", 중한관계 세미나. (2010.9.28)

◎ 李澤厚. 1987. 『中國現代思想史論』, 김형종옮김, 서울: 한길사, 2005.

◎ 朱建榮. 『모택동은 왜 한국전쟁에 개입했을까』, 서각수 옮김, 서울: 도서출판역사넷, 2005.

◎ 川島眞·毛里和子. 『중국외교 15년사: 글로벌 중국으로의 도정』, 이용빈 옮김. 서울: 한울아카데미, 2012.

찾아보기

인간과 우주의 본질을 찾아 나서는
여행을 통해 행복한 에너지가
팡팡팡 샘솟으시기를 기원드립니다!

권선복
도서출판 행복에너지 대표이사
한국정책학회 운영이사

근래 대한민국에는 인문학 열풍이 불고 있습니다. 경제성장이라는 미명 아래 오직 앞만 보며 달려왔던 국민들이 이제 자아를 찾아 나서고 삶의 본질을 향해 눈을 돌리기 시작한 것입니다. 기업을 운영하는 최고 경영자도, 이제 막 사회에 발을 들여놓은 청년들도 인간은 어디에서 왔는지, 나의 존재는 이 우주에서 무엇을 의미하는지 깨닫기 위해 전문가의 강연을 듣고 다양한 책을 읽습니다. 하지만 심도 있는 내용을 담은 강의나 책을 찾기란 쉽지 않은 일입니다. 그저 시류에 편승하여 그럴싸하게 포장만 해 놓은 콘텐츠도 적지 않습니다.

책 『시간과 인간의 운명정체성』은 누군가가 진정으로 인문학적, 철학적 고민을 할 때 등대가 되어 주고 이정표가 될 만한 내용을 담고 있습니다. 고려대학교 철학과를 졸업한 저자는 이후 정치외교학 관련 석, 박사 공부를 마치고 오랜 세월 양심 있는 언론인과 학자생활을 해 오셨습니다. '신(神)의 눈길과 우주정신(宇宙精神)의 가호가 눈물을 거둔 그대에게 함께 있기를 기원'하는 마음으로부터 비롯된 이 책은, 치열한 현대사회를 살아가는 우리들에게 정중동의 깨우침을 전하고 있습니다. 철학, 종교, 국제관계 등 다양한 분야를 아우르는 연구가 커다란 강줄기로 독자의 머리와 마음을 관통합니다. 박요한 박사님의 검증된 연구와 열정이 담긴 책이 더욱 많은 독자에게 사랑받을 수 있기를 기원드립니다.

한 명의 인간으로 이 땅에 태어났다면, 인간만이 할 수 있는 그 무엇인가를 해야 하는 것이 의무이자 숙명입니다. 우리는 죽을 때까지 '인간, 시간, 관계, 운명, 정체성'이라는 숭고하고도 장엄한 키워드들과 마주치고 고민하고 탐구해야 합니다. 이 책이 그러한 질문에 해답이 되어주기를 바라오며, 이 책을 읽는 모든 독자 분들의 삶에 행복과 긍정의 에너지가 팡팡팡 샘솟으시기를 기원드립니다.

하루 5분 나를 바꾸는 긍정훈련

행복에너지

'긍정훈련'당신의 삶을 행복으로 인도할
최고의, 최후의 '멘토'

'행복에너지 권선복 대표이사'가 전하는
행복과 긍정의 에너지, 그 삶의 이야기!

권선복

도서출판 행복에너지 대표
대통령직속 지역발전위원회
문화복지 전문위원
새마을문고 서울시 강서구 회장
한국정책학회 운영이사
영상고등학교 운영위원장
아주대학교 공공정책대학원 졸업
충남 논산 출생

국민 한 사람, 한 사람이 모여 큰 뜻을 이루고 그 뜻에 걸맞은 지혜
로운 대한민국이 되기 위한 긍정의 위력을 이 책에서 보았습니다.
이 책의 출간이 부디 사회 곳곳 '긍정하는 사람들'을 이끌고 나아
가 국민 전체의 앞날에 길잡이가 되어주길 기원합니다.

** 이원종 대통령직속 지역발전위원회 위원장

'하루 5분 나를 바꾸는 긍정훈련'이라는 부제에서 알 수 있듯 이 책
은 귀감이 되는 사례를 전파하여 개인에게만 머무르지 않는, 사회 전
체의 시각에 입각한 '새로운 생활에의 초대'입니다. 독자 여러분께서
는 긍정으로 무장되어 가는 자신을 발견할 수 있을 것입니다.

** 최 광 국민연금공단 이사장

권선복 지음 | 15,000